한 학기 한 권
함께 읽기 깊이 읽기

한 학기 한 권 함께 읽기 깊이 읽기

발행일	2018년 12월 7일			
지은이	김연옥, 김화영, 박정순, 배난희, 백혜숙, 성옥자, 최미숙			
펴낸이	손 형 국			
펴낸곳	(주)북랩			
편집인	선일영	편집	오경진, 권혁신, 최승헌, 최예은, 김경무	
디자인	이현수, 김민하, 한수희, 김윤주, 허지혜	제작	박기성, 황동현, 구성우, 정성배	
마케팅	김회란, 박진관, 조하라			
출판등록	2004. 12. 1(제2012-000051호)			
주소	서울시 금천구 가산디지털 1로 168, 우림라이온스밸리 B동 B113, 114호			
홈페이지	www.book.co.kr			
전화번호	(02)2026-5777	팩스	(02)2026-5747	

ISBN   979-11-6299-423-8 03370 (종이책)   979-11-6299-424-5 05370 (전자책)

이 도서의 국립중앙도서관 출판예정도서목록(CIP)은 서지정보유통지원시스템 홈페이지(http://seoji.nl.go.kr)와
국가자료공동목록시스템(http://www.nl.go.kr/kolisnet)에서 이용하실 수 있습니다.
(CIP제어번호: CIP2018039190)

(주)북랩 성공출판의 파트너
북랩 홈페이지와 패밀리 사이트에서 다양한 출판 솔루션을 만나 보세요!
홈페이지 book.co.kr   •   **블로그** blog.naver.com/essaybook   •   **원고모집** book@book.co.kr

한 학기 한 권

함께 읽기
깊이 읽기

김연옥 · 김화영 · 박정순 · 배난희
백혜숙 · 성옥자 · 최미숙

수석 교사 7인이 학생들과 분야별로 고른 책으로
교사와 아이들이 함께 성장하는
독서 수업 길잡이

북랩 book Lab

'무지갯빛 생각'이 무한히 펼쳐지길 기대하며

이 책은 특별한 장점을 가지고 있습니다. 그것은 수석 교사로 구성된 7명의 필자들이 어떤 권위나 특정 이론에 매이지 않고 오로지 각자의 국어 교육 관련 연구와 수십 년간의 교단 경험에서 우러난 노하우를 바탕으로 이 책을 펴냈다는 점입니다. 그리고 또 하나의 장점은 공동 집필자들이 자주 만나 토론하는 과정에서, 한두 사람의 관점이나 경향에 휘둘리지 않고 각자의 특성과 전공에서 얻은 견해들을 서로 존중해 주고 조화시켜 나갔다는 점입니다.

또한 이 책의 머리글에서부터 마지막 함께 읽기까지의 과정을 보면서 필자들의 학생들을 위한 빈틈없는 배려와 정성을 확인할 수 있습니다. 국어과 '한 학기 한 권 읽기'에서 '무지갯빛 생각'을 얻어내기 위한 방법으로, 필자들끼리 먼저 '함께 읽기'와 '깊이 읽기'를 체험하면서 지속적인 상호 토론을 깊게 하여갔다는 점도 소중합니다.

이런 경험을 바탕으로 해서 얻어진 독서 철학과 방법들을 교실 현장에서 어린이들과 함께 수업하실 선생님들께 자세하게 길 안내하는 것이 아동문학과 우리 어린이들에 대해 남다른 깊은 관심과 애정이 깃들어 있어서 마음이 흐뭇했습니다.

이 책에 담긴 독특한 전문성과 정성, 그리고 깊은 애정이 이 책을 읽을 우리 초등 교육계에 잘 전달됨으로써 초등 국어 교육 현장에서 수고하는 모든 교사에게 큰 도움을 주고, 그 안에서 자라는 어린이들에게도 활기를 불러일으켜, 다음 세대의 국민들이 평생 독자로 성장하여 우리나라가 문화 대국으로 우뚝 서는 데 좋은 기틀이 되어 줄 것을 기대합니다.

아동문학 평론가, 한국교원대학교 명예 교수
신헌재愼

'하나의 사상가로서의 어린이' 준비하기

이 책은 교사들이 '그들의 경험과 관점 나누기'라는 시각에서 '동료나 후배 교사들을 위해서 쓴 안내서'이다. 2015년 개정 교육 과정 국어 수업에 한 단원으로 들어간 '독서 수업'을 제대로 그리고 좀 더 멋지게 만들어낼 수 있었으면 하는 간절한 바람의 표현이자 교사들 간의 특별한 우정의 표현이다. 새로 도입된 독서 교과의 특징이라면 교사들이 그동안 그렇게 요구해 왔던 것, 즉 수업에서 교사의 자유가 거침없이 드러날 수 있는 조건을 제공해 달라고 했던 바로 그런 기회가 주어진 것이다. 교사들은 책을 선정하는 데서부터 어떤 방법을 쓸 건지 일체를 자유롭게 할 수 있다. 한데 막상 그런 자유가 주어지니 어디서부터 어떻게 해야 할지 모르겠고, 마음대로 해 봐도 불안하고, 자신이 없어 한다는 이야기가 들려왔다. 바로 이런 정황이 집필의 단서가 되었다.

도구는 목표에 이르기 위한 수단이다. 그렇지 않고 도구가 목표가 되어버린다면 수단이 목표를 삼키는 결과가 된다. 우리 교육이 오랫동안 미망에 빠져 있었다면 바로 이점이 아닐까 한다. "이 '독서 수업'도 자칫 그렇게 되지 말란 법이 없다." 혹 책을 많이 읽게 해서 오히려 질리게 만들어 버리지 않을까? 재미있어하고 그래서 즐기는 태도를 기르는 게 마땅한 목표가 되어야 한다고 한다.

그러면 어떻게 해야 하나? 수준과 환경이 제각각인 아이들을 또 그렇게 제각각의 경로로 안내하는 것이 첩경일 것이다. 하나의 방법이란 있을 수 없다. 집필자들은 먼저 교사마다 제각각 가진 관심사에 따라 책을 선택하여 그 내용과 영역을 함께 공유하고 이렇게 해서 얻어진 안목으로 아이들을 위해 알맞은 책을 고르면 어떨까 하고 제안하고 있다. 그렇게 해서 일곱 가지 다양한 독서의 길을 예시했는데, 그 각각은 정말 흥미진진하고 재미가 있다. 이 과정에서 집필자들은 직접 아동 도서를 읽고 이야기를 나누는 과정을 그대로 옮겨 놓고 있다. 마치 수업 현장에 와 있는 듯한 착각을 불러일으킬 정도이다. 본문은 읽기로 안내한 후 내용상 제기될 수 있는 질문 상황으로 서서히 이끌어 들이고 이어서 자연스럽게 서로 대화를 나누도록 초대한다. 그리하여 집필자들은 독서 교육의 목표를 아이들이 책을 즐겨 가까이하고 그래서 '한 학기에 한 권의 책'을 즐겨 읽을 뿐 아니라 책을 '깊이 있게' 읽을 수 있을 만큼 즐겨 몰두하는 정신을 갖추게 하는 것으로 설정한다. 책은 모두 2부로 되어 있으며 2부에서는 '교사들을 위한 독서의 길'을 제안하고 있는데, 같은 방향이지만 교사들을 위한 것이라 또 달리 흥미롭다.

집필자들은 오랜 경험을 통해 독서 교육에 일가견을 쌓았거나, 수업과 교육 혁신을 위해 매진해 왔던 분들이다. 방법보다는 철학에 방점을 찍고, 그럼에도 실제 현장에서 검증을 거듭해 감으로써 이론과 실천 사이의 대화를 추구하여 마침내 방법의 차원에서 하나의 호소력 있는 작품을 만들어 냈다. 전혀 지루하지 않고 읽을수록 빠져들게 만들고, 다만 읽을 뿐 아니라 그 내용을 생활에서 실제로 해 보도록 이끌며, 그리하여 마침내 '하나의 사상가로서의 어린이'를 튼실하게 준비하도록 이끄는 구조를 갖춘 보기 드문 작품이라 할 수 있다. 나도 이 책이 나오면 같이 안내를 받아 읽으면서 또한 그런 길이 가능케 하는 아름다운 정신세계를 자유롭게 노닐어 보고 싶다. 집필자들의 노고와 정성 그리고 문제를 대하는 정신적 높이가 우리 어린이들과 교사들에게 또 하나의 진정한 삶의 세계에 기여할 수 있게 되기를 바라마지 않는다.

전(前) 감리교신학대학교 교수, 서울시 교육연수원장
현(現) 삶을 위한 교사대학 이사장
송순재

손잡고 함께 가는 책 소풍

이상한 나라로 떠나는 여행에
앨리스가 친구들과 함께 빠졌더라면
이야기는 얼마나 더 흥미진진해질까

낙엽 수북한 숲길에서
바람 되어 나뭇잎 날리고
갈림길 하나씩 선택하여
흩어져 내려가다가
다시 만나 나누는 이야기는
또 얼마나 풍성할까

책의 길을 함께 가며
내가 본 하늘과
도토리 열매와
알록달록 주워온 나뭇잎 빛깔과
친구의 발밑에서 사락거리던
낙엽 밟는 소리를 흉내 내며
자지러지게 허리 잡고 웃는
작은 새들의 노랫소리

들어 보실래요?

2018년 가을

목차

제1부
아이들과 깊이 읽기

아이들과 깊이 읽기

『나의 를리외르 아저씨』

『나의 를리외르 아저씨』/ 이세 히데코 글·그림 / 김정화 옮김 / 청어람 미디어

1. 그림에 반하다

책을 펴는 순간 상큼하게 깊은 숨이 쉬어진다.

그림이 맑고 투명하다. 파리의 도시가, 뒷골목이, 길에 깔린 돌 타일까지, 주인공 소피가 사는 파리의 속이 맑고 섬세하게 들여다보인다.

색이 여러 번 덧칠되어 있어도 그 속에 들어 있는 색깔들이 모두 살아 있다. 이 그림책 내용도 그렇다. 소피와 를리외르 아저씨의 대화가 수채화처럼 투명하고 맑게 그려져 있다.

파리의 하늘은 맑고 푸른빛이 도는 회색이다. 이 그림책 이야기의 배경에 꼭 알맞다.

그림책은 아주 많은 문장으로도 쓸 수 없는 느낌을 한 가지 색만으로 표현이 가능하다. 소피는 파란색, 울트라마린(ultramarine)색 외투와 원피스를 입고 있다. 그 옷 색깔이 소피의 성격을 보여준다. 를리외르 아저씨는 짙푸른 네이비블루(navy blue)에 회색빛이 감도는 외투를 입고 있다. 소피와 같은 어린아이의 마음을 읽을 줄 알면서도 묵묵히 그리고 고독하게 자기 삶의 가치를 지켜 가는 성격이 그대로 잘 드러난다.

를리외르 아저씨의 얼굴은 정면으로 그려져 있지 않다. 구부정하게 움직이는 모습, 작업하는 모습, 생각하는 뒷모습, 소피와 이야기 나누는 옆모습만으로 아저씨의 삶과 성격이 설명된다. 소피 또한 마찬가지다. 독자는 거리를 걷고, 책을 들여다보고, 아저씨와 마주 보고 하는 모습만으로 소피의 표정과 생각을 모두 알 수 있다.

이 그림책은 글로 그려진 듯 그림으로 읽기가 좋다.

푸르스름한 파리의 아침. 모든 집의 덧문 안에 짙은 색 커튼이 드리워진 아직 이른 아침이다. 몇 집 떨어져 거리를 두고 서로 관계없는 베란다 두

곳이 열려 있고 각각 한 아이와 노인이 많은 식물에 물을 주고 있다. 그림으로 파악해 보건대 이 두 사람은 뭔가 통할 것 같다.

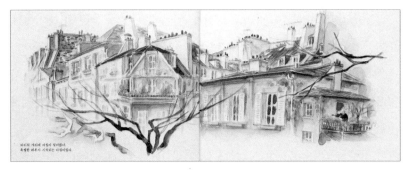

본문 3, 4쪽

"파리의 거리에 아침이 찾아왔다. 특별한 하루가 시작되는 아침이었다."

전혀 관계없는 두 사람에게 어떤 특별한 일이 일어날까?

이후 책에서는 그 두 사람의 일상이 따로따로 전개된다. 마치 영화에서처럼 같은 시간에 아무 관련 없는 사람들이 다른 곳에서 일어나는 일을 무심히 비춰 주는 것 같다. 그림책은 전체 56쪽 중에서 20쪽까지 두 사람이 관계없이 자신의 일상을 보내는 내용이 그려진다. '소피'가 '를리외르 아저씨'와 눈이 마주치고 가게 안으로 들어가도 되는지 허락을 받을 때까지는 두 사람의 일상이 무심하게 따로따로 그려진다. 글도 없다. 그림 안에 많은 글이 들어 있다. 그래서 아이들과 함께 읽기 좋다. 각자의 상상으로 읽을 수 있고 또 나눌 수 있다.

소피는 낱장이 뜯어진 식물도감을 들고 난감해하면서 망가진 책을 들고 서점과 거리의 헌책방을 돌아다닌다. 서점에는 새로운 식물도감이 많이 있지만, 소피는 자신이 아끼던 식물도감을 어떻게든 고치고 싶어 한다. 마침내 '를리외르(Relieur)'[1]라는 방법을 찾고 그 일을 하는 사람을 찾을 때까지 포기하지 않는다.

본문 5, 6쪽

아저씨는 나선형 계단을 내려가 가로수가 많은 거리를 지나서 우체국에도 들르고, 카페에서 아는 사람들과 인사도 나누고, 식물 가게 앞을 지나 그의 가게가 있는 뒷골목으로 들어간다. 두 사람은 동선도 다르고 관심과 일상이 달라 한 번도 만나는 일이 없다. 드디어 소피가 '를리외르(Relieur)' 가게를 찾고 창을 가운데 두고 두 사람의 눈이 마주친다. 소피는 가게 안에서 일어나는 일을 지켜보고 아저씨는 자기 일을 한다. 얼마나 지났을까? 아직 소피가 거기에 있는 것을 발견한 아저씨가 소피에게 가게에 들어오라

---

1 를리외르(Relieur)에 대하여: 를리외르는 필사본, 낱장의 그림, 이미 인쇄된 책 등을 분해하여 보수한 후 다시 꿰매고 책 내용에 걸맞게 표지를 아름답게 꾸미는 직업이다. 좋은 책을 아름답게, 오래 보관할 수 있게 하는 총체적인 작업이다. 중세 유럽에서는 수도승들이, 16세기 이후에는 왕립 도서관 소속인 '를리외르'들이 제본을 담당하였다. 예술 제본이 발달했던 프랑스에서는 지금도 예술의 한 분야로 제 역할을 담당하고 있다.

고 허락하면서 드디어 둘은 만나게 된다. 이 시간은 그림으로만 그려져 있어 아이들과 함께 상상하며 읽을 수 있다.

- 소피는 왜 식물도감을 새로 사지 않고 망가진 책을 고치고 싶어 할까?
- '를리외르'란 머지?
- 파리 사람들은 아침을 어떻게 시작할까?
- 파리의 건물과 골목은 우리가 사는 곳과 어떻게 다르지?
- 특별한 하루가 시작되었다고 하는데 도대체 머가 특별하다는 거지?
- 저 아저씨는 혼자 살까? 가족은 없나? 외로워 보이는데….

2. 헌책을 다시 제본하는 것의 가치에 대하여

아이들은 책을 사는 것으로만 생각하지 그것이 어떻게 만들어졌는지에 대해서는 큰 관심이 없다. 요즘은 책뿐만 아니라 모든 물건이 그렇다. 즐겨 읽던 책이나 보관하고 싶은 가치가 있는 책이 닳아서 해졌을 때는 어떻게 할까? 옷은 작아지거나, 장난감은 그 시기를 지나거나 망가지면 버린다. 그러나 책은 읽을 때 밑줄을 긋고, 내 생각을 써넣고 했던 것들이라 때로는 독후감 공책이기도 하고 일기장을 대신하기도 한다. 그래서 버리기에는 마음이 썩 내키지 않는다. 새로 사고 싶어도 어떤 책들은 절판되어 다시 살 수도 없다. 그럴 땐 어떻게 할까? 이 책을 아이들과 함께 읽는 동안 한 아이가 어렸을 때 정말 좋아해서 매일 즐겨 읽었던 『소공녀』가 다 해졌는데 다시 제본해 보고 싶다고 했다. 몇몇 아이가 "나도. 나도."라고 했다. 그림 책을 읽고 이렇게 해 보고 싶은 것이 생기다니…. 아이들의 말을 듣고 '예술 제본'이 무엇인지 아이들과 함께 알아보았다.

프랑스어에서 제본을 뜻하는 말인 '를리외르(Reliure)'의 어원은 '읽다'라는 뜻의 'lire'로 시작된다. 즉, 'lire(읽다)' - 'relire(다시 읽다)' - 'reliure(제본하다)'의 과정을 보건대, 책 제본의 출발은 책을 읽고 사랑한다는 것이다. 그리고 그 책 중에서 의미 있는 책, 대를 이어 물려 줄 만큼 훌륭한 기존의 저작물을 '견고하고 아름답게' 재구성하는 것이 바로 예술 제본의 목적이라고 할 수 있다. 인류의 가장 위대한 정신적 자산인 책의 전수를 통해 시대와 시대를 이어 주는 '역사성'과 지적(知的) 감성이 가미된 '아름다움'을 입히는 작업인 것이다.[2] 흔히들 예술 제본을 책 속은 그대로 두고 겉표지에 멋을 부리는 작업으로만 알고 있기도 하지만, 중요한 사실은 예술 제본은 책을 오래도록 보관하기 위해 '분해 - 보수/복원 - 제본'의 작업을 통해 새롭게 만든다는 것이다. 프랑스에서는 수백 년 된 책의 성분을 분해하여 현대의 기술력을 총동원하여 그대로 살려내는 복원 작업도 하고 있다. 보수·복원된 옛 책을 다시 꿰매고 표지를 장식하는 과정에 따라 60여 과정을 거치기도 한다. 프랑스 예술 대학 내에는 예술 제본 학과도 있고 디자인 및 미술적인 것뿐만 아니라 고고학의 복원과도 관계가 깊다. 우리나라에서는 책이나 고서를 복원하는 일을 하는 사람이 드물다. 하지만 도서관, 박물관, 미술관들의 역사가 오래되면서 복원 미술에 대한 필요가 늘고 있다고 한다. 요즘 젊은 작가들과 대중들에게는 북 아트의 한 분야로 다이어리 만들기, 자신만의 한 권 책 출판, 기념될 만한 책이나 앨범 만들기, 교회나 단체에서 의미 있는 책 만들기 등으로 예술 제본 작업이 이어지고 있다. 그리고 이 그림책에서는 아저씨의 아버지에 대한 회고를 통해 를리외르 장인들이 대대로 지켜온 예술 제본의 가치가 아름답게 표현되어 있다.

---

2 예술 제본 공방 '렉토베르쏘'

아버지 손도 나무옹이 같았어.
하지만 얼마나 섬세했는지……
아버지가 얇게 갈아 낸 가죽은 벨벳 같았지.

를리외르의 일은 모조리 손으로 하는 거란다.
실의 당김도, 가죽의 부드러움도,
종이 습도도, 재료 선택도
모두 손으로 기억하거라.

책에는 귀중한 지식과 이야기와 인생과 역사가 빼곡히 들어 있단다.
이것들을 잊지 않도록 미래로 전해 주는 것이 바로 를리외르의 일이란다.

60가지도 넘는 공정을 하나하나 몸으로 익히고
마지막에는 책등 가죽에 금박으로 제목을 넣지.
여기까지 할 수 있으면 어엿한 를리외르가 된 거야.

이름을 남기지 않아도 좋아.
"애야, 좋은 손을 갖도록 해라."

본문 45쪽

3. 예술 제본에 도전하다

이 그림책은 6학년 아이들에게 습식 수채화와 건식 수채화를 지도하던 중에 아름다운 수채화로 그린 그림책을 소개하면서 읽어 주게 되었다. 그림으로 이야기를 표현하는 느낌을 아이들과 함께 나누고 싶었다. 그림책의 마지막 장은 "아저씨가 만들어 주신 책은 두 번 다시 뜯어지지 않았다. 그리고 나는 식물학 연구자가 되었다."로 끝난다. 자신이 관심 있는 분야에 어떻게 애착을 갖는지, 그리고 그것을 평생 깊고 길게 연결해 가는지 함께 생각해 보고 아이들과 자신의 진로에 관해 이야기를 나누기도 했다.

- 그림을 그리는 것으로 할 수 있는 일.
- 현재 쓰이고 있는 모든 것(의식주)들에 디자인, 색감에 대한 감각이 필요하다.

- 건축가에게도 필요하다.

- 농사짓거나 정원을 가꾸기에도 필요하다.

- 화분 기르기, 플로리스트(Florist) 등도 미술적 감각이 필요하다.

- 과학자는 관찰한 것을 잘 표현할 수 있어야 한다.

- 아무런 관련이 없이 그냥 그림만으로도 사람들을 위로할 수 있다.

- 내가 좋아하는 일을 어떻게 지속해갈 수 있을까?

- 관심사가 자꾸 바뀌어서 걱정이다.

- 한 가지만 좋아할 수 있을까?

- 각자 개인적인 경험 나누기.

책을 읽어 주면서 '소공녀' 이야기를 꺼내는 아이의 이야기를 들으니 아이들과 제본 작업에 도전해 보고 싶어졌다. 그러나 교사인 내가 한 번도 해 보지 않은 일이라 무턱대고 하긴 어려웠다. 여기저기 찾아본 결과 우리나라에도 예술 제본 공방이 있고 직접 프랑스에 가서 예술 제본을 배워온 분들이 있었다. 몇 주에 걸쳐 제본에 대하여 가장 기초만 익힌 후 겁 없이 아이들과 해 보기로 했다.

4. 학교 도서관 프로젝트 수업을 시작하기까지

때마침 학교 도서관에서는 낡아서 더 이상 대출이 안 되는 책을 6년 만에 버리려고 서가 한 곳에 모아 놓고 있었다. 함께 수업하던 6학년 학생들은 개교할 때 입학했기 때문에 아이들이 경험한 도서관의 모든 책이 새 책이었다. 그리고 6년 동안 헌책 없이 지냈는데 이제 책이 해지고 낡아서 버리게 되는 책이 생기기 시작한 것이다. 아이들에게 한 가지 질문을 던졌다.

"6학년을 졸업하면서 후배들에게 뭔가 좋은 일을 하고 싶은데, 도서관과 연계해서 미술 시간에 할 수 있는 일이 없을까?"

아이들은 학교에 대한 자부심이 대단한 상태였고 6학년으로서 학교에 기여할 수 있는 의미 있는 일을 찾기를 원하고 있었다. 이 질문이 있고 일주일이 지난 후 아이들과 어떤 일을 할 수 있을지 토론했다.

- 우리 학교의 자랑을 책으로 만들어 도서관에 기증해요.
- 서가 배치를 저, 중, 고학년 다르게 설계해서 건의해요.
- 나의 학교생활 6년을 그림책으로 만들어 봐요.
-『나의 를리외르 아저씨』처럼 도서관에 있다가 해진 책을 다시 제본해서 도서관에 돌려주는 건 어떨까요?

다양한 의견들이 나왔다. 투표 결과, 낡은 책을 제본해 보자는 의견이 압도적이었다. 아이들도 도서관에서 해진 책을 모아 놓은 서가를 본 모양이었다. 그리고 그 해진 책들은 자신들이 가장 많이 읽었던 책들이었다. 『제로니모』, 『해리포터』, 『마법의 시간 여행』 등 아이들이 좋아해서 가장 많이 읽은 책이 가장 빨리 해졌다. 아이들이 좋아했던 책을 다시 제본한다는 것도 이 프로젝트를 해 보고 싶은 의욕을 일으키는 데 큰 도움이 되었다. 프로젝트 수업에서 아이들의 자발적인 의지를 불러일으켰으니 이제 제본 작업을 진행하면 되었다. 그러나 남은 과제는 '전문가가 해도 60여 가지의 공정을 거쳐야 하는 작업을 아이들이 과연 해낼 수 있을까?'였다.

수업의 흐름을 잡고 『나의 를리외르 아저씨』를 다시 꼼꼼하게 읽기 시작했다.

프로젝트 단계	프로젝트 활동
프로젝트 학습 준비	• 도서관+미술과 관련하여 우리가 할 수 있는 일 생각하기 • 우리 학교 도서관에서 발생한 문제 해결을 위해 토의하기
프로젝트 학습 진행	• 『나의 를리외르 아저씨』 책을 읽고 예술 제본 과정 및 예술 제본가 이해하기 • 책 꼼꼼히 읽기 : 제본가에 필요한 것, 재료, 용구 알기 : 제본 방법과 순서 알기 • 복원하고자 하는 책 선정, 내용 이해하기 • 책 내용에 맞는 표지 색상, 모양 등 조형의 원리를 이용하여 디자인하기 - 정교한 손작업의 필요성을 알고 작업하기
프로젝트 학습 마무리	• 도서관에 전시하고 소감문 쓰기 • 전시된 작품에 대하여 학교 구성원들(학생, 교사, 학부모 등)에게 피드백 받기 • 전시된 제본 책을 도서관에 기증하기

5. 예술 제본하기

□ 그림책 꼼꼼히 읽기

아이들도 토론을 통해 결정한 이후 어떻게 해야 할지 난감해했다. 그래서 그림책을 모둠별로 꼼꼼히 읽으면서 방법과 순서를 정리했다. 모둠별로 읽고 정리할 때 예술가에게 필요한 것이 무엇인지도 토의하게 했다.

- 창의적인 아이디어
- 꼼꼼한 손작업
- 복잡하고 힘든 공정을 끝까지 해내는 인내

모둠별 꼼꼼히 읽기

□ 제본 방법과 순서 익히고 제본하기

아이들은 나름대로 『나의 를리외르 아저씨』 그림책을 읽으면서 느낀 것들을 이야기했다. 그러나 이것을 실천할 수 있을까? 나는 내심 아이들에게 반신반의했다. 게다가 아이들은 이제 6학년이 아닌가? 하고 싶은 것과 하기 싫은 것이 분명하고, 귀찮고 힘든 일은 피하는 나이인데 과연 가능할까? 그러나 아이들이 책을 함께 읽고 방법과 순서를 스스로 깨닫고 난 후에는 그런 걱정은 괜한 것이었다는 것을 알게 되었다. 아이들은 모둠별로 정리한 것을 다 함께 나눈 후 각자 제본하고 싶은 책을 선정했다. 그리고 해진 책의 표지를 뜯어내고 그림책에서 익힌 순서를 조금 단순화해서 스스로 방법을 찾아갔다. 완전히 보수한 후에는 겉표지를 새롭게 디자인했다. 아이들은 뭔가 자기 힘으로 만들고 자기 생각이 실현되어 눈앞에 모습을 드러낼 때 굉장한 기쁨을 느끼고 뿌듯해했다.

이렇게 노력해서 새로 탄생한 책을 도서관에 기증하지 않고 자기가 갖기를 원하는 몇몇 아이도 있었다. 그러나 기증표를 붙이고 예술 제본가명에 자신의 이름을 쓰고 도서관 바코드까지 책에 붙여 주니 너무나도 자랑스러워했다. 일주일 정도 학교 전체에 아이들이 만든 예술 제본 책 전시회를 하고 도서관에 기증하였다. 학교 도서관 바코드를 붙여서 아이들에게 대여도 가능하게 했다. 졸업 후 1년이 지난 다음 학교에 다시 온 아이들은 물었다. 우리가 제본한 책들이 도서관에 잘 있는지. 그리고 후배들이 잘 읽고 있는지. 물론 아이들은 아주 자랑스럽게 읽고 있었다.

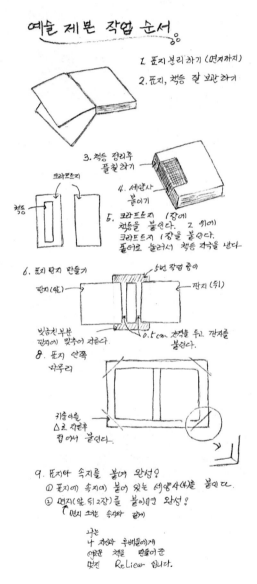

아이들과 함께 정리한 제본 작업 순서

제본 작업

표지 디자인

제본 책 전시장

제본 책 전시

6. 프로젝트 수업 그 이후

프로젝트 수업 이후, 여학생 중 일부는 '책 만들기 동아리'를 만들어 자신의 다이어리를 제본해서 만들었다. 또 한 학급은 6학년 1년 동안 학급 생활을 찍은 사진으로 '각자 앨범'을 제작하기도 하였다. 그렇게 할 수 있었던 힘은 무엇이었을까? 그림책에 대한 완전한 공감, 감동이 그 힘의 바탕이 되었을 것이다. 또 프로젝트 활동 시에 아이들이 자신들이 하는 활동이 의미 있는 일이라고 생각하게 될 때, 바로 그 힘이 동력을 잃지 않고 끝까지 할 수 있게 한 힘일 것이다. 이는 교사가 아이들에게 직접 하나하나 제본 방법을 가르치지 않고 아이들이 모둠에서 함께 그림책을 읽으면서 스스로 제본 순서와 방법을 익혔기 때문에 가능했을 것이다.

처음에는 이 그림책의 수채화 그림이 좋아서 아이들과 읽었었다. 그리고 좋아하는 일을 할 때 좋아하는 것에서 그치지 않고 깊이 간직하여 평생 긴 호흡으로 가꾸어 가기를 바라는 마음으로 수업 시간에 아이들에게 이 책을 읽어 줬다. 그러나 아이들은 그 이상을 해냈고 책을 제본하는 방법까지 스스로 터득해서 몸에 익혔다. 책을 선택하거나 읽어 줄 때 교사의 목표는 아이들에 비해서 어쩌면 너무 단순하게 한 가지 목표일 수도 있다. 그러나 그것을 함께 읽는 아이들은 더 많은 것을 생각하고 더 많은 것과 연결하며 더 많은 것을 창조할 수 있다. 이세 히데코의 그림책엔 그림을 통해 가슴에 감동을 주고 더 많은 상상을 하게 하는 힘이 있다.

7. 이세 히데코 작가의 그림책 세계

교사가 책과 만나는 방식으로 아이들은 책과 만난다.

교사가 작가와 만나는 방식으로 아이들도 작가와 만난다. 많은 그림책과 동화책이 있지만, 나는 독자인 아이들이 더 많이 상상할 여지를 주는 책이 좋다. 그림책은 생활 동화나 도덕적인 가르침을 직접 설명하는 것보다 비유와 상징적인 표현들을 통해 아이들이 스스로 이를 해석하고 삶과 생명, 이 우주의 모든 것들에 대하여 더 큰 질문을 가질 수 있게 해 준다. 그래서 나는 그림책이 좋다. 또한 책을 읽고 이런저런 활동을 많이 하는 것보다 그냥 읽어 주거나 함께 읽고 책과 더 깊이 만나고 싶다. 작가의 삶에도 들어가 보고 어떤 생각을 하며 살고 있는지 관계를 맺고 싶다. 직접 만나지 못해도 작가가 사람들과 만나는 방식과 그것으로부터 길어 올려 만든 책을 읽고 싶다. 그리고 그것을 아이들과 나누고 싶다. 이런 그림책에 대한 내 생각은 그림책을 선택하거나 그것으로 수업할 때 수업 방법을 선택하는 바탕이 된다.

『나의 를리외르 아저씨』를 아무 활동 없이 1학년 아이들에게 읽어주었을 때 아이들은 식물을 키우고 싶어 했다. 파리라는 나라를 궁금해했고, 식물도감이 뭔지 나에게 질문했다. 를리외르가 뭔지는 모르지만, 다음 날 자기가 많이 봐서 떨어진 그림책을 들고 온 아이도 있었다. 이처럼 저학년생들은 말로 잘 설명할 수 없지만, 작가가 전하고자 하는 것, 교사가 전달해 주고 싶은 것을 그 몇 배로 느끼고 상상할 수 있었다. 똑같은 책을 6학년에게 읽어 주니 이번에는 도서관과 함께하는 프로젝트 수업의 일환으로 예술 제본을 하는 활동까지 이어갈 수 있었다. 그림책은 어린 독자에게만 필요한 것이 아니다. 어린아이나 어른이나 읽는 독자가 더 많이 상상하고 질문이 생기는 책이 좋다. 『나의 를리외르 아저씨』가 내겐 그런 책이었다. 그래서 그 책의 작가인 이세 히데코에 관심을 갖기 시작했고 그의 책들을 찾아서 읽었다. 그의 어느 책이나 그림이 맑고 투명했고 비유와 상징으로 가득하여 그림책 한 권을 읽고 아주 많은 시간 동안 스스로 질문을 하고 답을 찾아 깨닫는 과정을 주는 작가였다.

이세 히데코는 1949년에 삿포로에서 태어나 13살까지 홋카이도에서 자랐다. 동경예술대학을 졸업하고, 일본과 프랑스에서 그림 공부를 했으며, 화가이며 그림책 작가다. 현재 일본 나가노현 아즈미노시에 살고 있다. 그의 그림을 보면 빛이 부서져 아름답게 색이 퍼지면서 아스라이 넓어지는 느낌이다. 그 느낌은 분명하게 그려진 사물을 보는 것보다 사물들이 가지고 있는 본질에 더 가깝게 다가갈 수 있게 해 준다. 작가가 이렇게 표현하는 것은 그가 표현 기법만을 좇은 결과는 아니다. 여기에는 작가의 개인적인 아픔이 들어 있다. 이세 히데코는 30대 후반의 나이에 오른쪽 눈의 망막박리 수술을 받아 사물을 세밀하게 표현할 수 없었다. 삶의 고통을 예술로 승화시킨 작가의 그림이 더 빛나 보인다.

그의 작품을 세 가지 경향으로 분류해 보았다. 그는 좋은 시와 문장을 만나면 그림으로 표현하고 싶다고 한다. 마음에 와닿는 시가 있으면 그 시에 맞는 그림이 떠오를 때까지 몇 날이고 읽고 또 읽는다고 한다. 그만큼 글에 걸맞은 그림을 그리려고 노력했다. 그런데 그 작업이 너무 힘들고 지난하여 직접 자신이 글을 쓰고 그림을 그리는 그림책을 쓰기로 했고, 그 결과로써 나온 작품이 바로 『나의 를리외르 아저씨』다. 그는 또한 사람들의 삶 속에 있는 고통, 아픔과 함께한다. 단지 아파하고 위로하는 것을 넘어 생명에 대한 깊은 통찰을 함께하고자 했다. 고통을 그려내는 사람이 아니라 함께 깊이 애도하고 그 애도를 그려내고자 했다. 고베 지진의 아픔에 함께하고 그 풍경을 그린 것이 『천 개의 바람 천 개의 첼로』와 같은 작품이다.

8. 생명을 그리는 그림책 작가

그림책의 작가 중 글쓴이와 그림을 그린 화가는 서로 어떻게 관계를 맺을까? 함께 작업하기도 하고, 좋은 글과 문장을 읽고 그림을 그리는 이가 이를 그림으로 표현하기도 할 것이다. 한편으로는, 글쓴이가 맘에 드는 화가에게 그림을 부탁하기도 할 것이다. 이세 히데코는 오사다 히로시의 〈아이는 웃는다〉라는 시를 화폭에 담아내기 위해 시를 벽에 붙여 놓고 약 1,000번 정도 읽었다고 한다. 시가 머리에서 가슴으로, 가슴에서 손끝으로 옮겨지기까지 1,000번… 옮긴 이도 우리말로 표현하기 위해 오랜 시간 오사다 히로시의 〈아이는 웃는다〉 시를 소중히 품고 다녔다고 한다.

이렇게 탄생한 그림책 『아이는 웃는다』는 아이들을 위해 일본 교과서에도 실린 시이지만, 실은 교사인 나를 위한 그림책이다. 많은 설명이 필요 없이 인생의 본질을 깨닫게 하는 시는 아이와 어른의 구별이 없을 것 같다. 게다가 그 시를 오롯이 살려낸 이세 히데코의 그림을 함께 볼 수 있는 그림책이라면 더더욱 그럴 것이다.

"오늘 하늘을 보았나요? 하늘은 멀었나요, 가까웠나요?"

어른과 아이들에게 이렇게 묻는다면 어른들은 질문에 대답하기보다는 이상한 질문을 다 한다는 표정을 지을 것이다. 반면에 아이들은 맘껏 상상하고 꿈꾸며 자신의 느낌을 말할 것이다. 그림이 시에 어찌나 잘 어울리는지, 마치 글쓴이와 이세 히데코는 깊은 동질감을 바탕으로 연결된 것 같다. 『첫 번째 질문』은 그런 책이다. 작가는 이 책에 "더 찬찬히 들여다보고, 더 많이 질문하고, 더 깊이 생각하는 아이가 되기를 바라는 마음을 담았다."고 한다. 마음과 기억을 두드리는 소중한 질문과 답, 삶을 커다란 울림으로 채워 줄 아름다운 시가 담긴 그림책이다. 나는 아이들과 그림책을 읽을 때 이런 커다랗고 본질적인 질문을 하고 싶다. 그리고 그런 질문을 많이 할 수 있는 아이들로 자라게 하고 싶다.

산을 지나가던 나그네가 산에 있는 쓸쓸한 벚나무 한 그루와 생명의 대화를 나누는 그림책이다. 그림책의 나그네가 나와 동일시되는 듯한 느낌을 받는 것은 비단 나뿐만이 아닐 것이다. 나그네와 산에 있는 모든 생명이 사계절을 지나면서 서로 대화를 한다. 『다시 만날 수 있을까요?』에서는 이세 히데코의 빛이 부서지는 듯한 느낌의 그림이 사계절을 지나면서 절정에 이르렀다. 그만큼 사계(四季)의 느낌이 잘 살아있다.

"다시 생명의 꽃이 필 때, 그때를 위해, 우리가 만났다는 걸 기억해요."

이 그림책을 보는 순간 작년에 다녀왔던 홋카이도가 떠올랐다. 그곳의 토착민들은 곰을 죽이고 난 후 곰의 가죽과 고기를 이용한다. 그러나 그리고서는 친구로서 곰의 영혼을 달래고 위로하며 보낸다. 이러한 과정을 인간으로서 곰을 이용한다기보다는 생명의 근원에서 다른 생명과 만나는 과정이라고 표현했던 홋카이도 아이누족 할아버지의 이야기가 귓가에 울린다.

9. 보일 듯, 보이지 않을 듯 ─ 연작

『나의 를리외르 아저씨』와 『커다란 나무 같은 사람』.

이 책들은 이세 히데코가 직접 글을 쓰고 그림으로 그려낸 책이다. 그는 글에 걸맞은 그림을 그리는 작업이 너무 힘들어 스스로 글을 써 그림책을 만들기로 했다. 식물을 사랑하는 소녀와 식물학자 이야기인 『커다란 나무 같은 사람』의 후기에 그는 다음과 같이 적었다.

"파리에는 수령이 400여 년 된 아카시아 나무 두 그루가 있다. 그중 커다란 한 그루의 이야기는 이미 그렸다. 나머지 한 그루는 지금도 식물원의 보살핌 속에서 한 살, 한 살 더 나이를 먹고 있다. 그 나무는 아무 말도 하지 않는다. 하지만 많은 이야기를 알고 있다."

작가는 두 그루 중 한 그루를 『나의 를리외르 아저씨』에서 그렸다. 그리고 를리외르 아저씨에서 식물학 연구자가 된 소피는 이 책에서 식물원의 연구자로 나온다. 두 책을 보면 이야기가 전혀 관계없는 듯하면서도 적절하게 이어진다. 소피는 식물이 좋아서 뜯어진 식물도감을 다시 고쳐 묶는 를리외르 아저씨와 연결된다. 『커다란 나무 같은 사람』에서는 식물이 좋아서 식물원에 무단 침입하여 그림을 그리던 '사에라'와 '소피'가 소리 없이 또 연결된다. 이세 히데코는 이렇게 선(禪)적인 사고의 흐름으로 그림책을 그렸다. 어떻게 이들이 연결되는지 시시콜콜 설명하지 않는다. 그것은 그림책을 읽는 사람의 몫이다. 또한 작가는 『나의 를리외르 아저씨』의 주인공 소피의 이야기를 『커다란 나무 같은 사람』 20쪽과 35쪽에 살짝 숨겨놓았다. 아이들과 이런 숨어있는 이야기를 찾아보고 상상해 보면 또 하나의 멋진 그림책이 만들어질지도 모른다.

"안녕, 꼬마 손님. 내 식물도감 보여 줄까?"(20쪽)

"소피 언니는 왜 식물원에서 연구하고 있어요?"

"너처럼 어렸을 때 세상의 모든 나무를 보고 싶었거든. 여기에는 그 나무들이 다 모여 있단다."(35쪽)

10. 사람들과 깊이 연결되는 음악과 그림

『천 개의 바람 천 개의 첼로』 후기에 그는 이렇게 썼다.

"1995년 3월 대지진으로부터 두 달 후 고베. 그 풍경으로 한 장의 그림도 그릴 수 없었다. 처음으로 스케치북이 백지인 채로 돌아온 여행이었다. 그로부터 3년 후인 1998년 11월, 천 명 중 한 사람이 되어 잊어서는 안 될 풍경 앞에 서서 함께 첼로를 켰다. 파도 같은 천 개의 활을 마음으로 담고 기도를 담아 멜로디를 이어갔다. 그로부터 2년, 이 그림책이 완성되기까지 내가 그린 첼리스트도 천 명이 되었다."

작가는 고베의 아픔을 함께하고 애도를 함께했다. 그 이후 이 책을 썼다. 시대와 사람들의 아픔을 함께하는 것이 먼저인 작가. 그렇게 나온 작품은 울림이 있다. 이 책과 함께 그 배경을 아이들과 나눌 수 있다면  우리는 타인의 아픔과 함께하는 진실에 닿을 수 있을 것이다. 작가와 그 작품을 탐구하는 것은 책에 다 못 쓴 그 뜻까지도 함께 읽는 것이다.

 아주 오랫동안 나무를 그려온 작가는 나무와 사람 이야기를 하고 싶었다고 한다. 할아버지가 키운 나무를 소중히 여겨 아버지가 그 나무로 첼로를 만들고 아이가 첼로를 켜는 이야기로, 음악의 세계와 숲의 세계를 하나로 묶는 메시지를 담으려고 『첼로 노래하는 나무』를 썼다고 한다. 쓰는 도중 고베 지진이 있었고 그 이후 이 책을 완성하지 못하고 '천 개의 바람 천 개의 첼로'로 애도가

끝난 후 이 책을 완성했다고 한다. 어쩌면 두 그림책은 나무와 생명과 음악을 함께 그린 책일 것이다.

11. 같은 글, 다른 그림

2000년에 우리나라에 소개된 세계적인 베스트 셀러 로버트 먼치의 『언제까지나 너를 사랑해』는 안토니 루이스가 그린 그림책이다. 만화처럼 사랑스럽고 이야기가 많이 들어있는 책이다. 2017년 북뱅크에서 이세 히데코의 그림으로 이 책이 새로 출간되었다. 안토니 루이스의 그림은 이해하기 쉽다. 로버트 먼치의 글을 그림으로 돕고 있다. 그러나 이세 히데코의 그림은 푸른 슬픔이 배어 있다. 삶의 순환이 투명한 수채화로 자연의 순환과 함께 표현되어 있다. 생명에 대한 연민이 느껴지는 그림이다. 동양적 선(仙) 사상이 그림으로 표현되었다고나 할까? 이와 같은 그림이 때로는 먼치의 글을 이해하는 데 방해가 되기도 하지만, 더 넓은 차원에서 생명의 순환을 이해할 수 있게도 해 준다. 같은 글이지만 다른 그림을 통해 완전히 다른 느낌의 그림책으로 다가온다. 아이들과 함께 읽으면서 서로 어떻게 느껴지는지, 어떤 차이점이 있는지 찾아보는 것도 그림책을 읽는 묘미가 될 것이다.

『나의 를리외르 아저씨』를 아이들과 함께 읽고 예술 제본 프로젝트 활동을 통해 아이들이 책에 한 발 더 가까이 갈 수 있었다. 또한 작가 이세 히데코의 작품 세계를 통해 그림책을 깊이 들여다보았다. 그림책의 그림이 글의 내용을 보충하는 것을 넘어 그림 자체로도 의미를 가지는 것을 읽을 수 있었다. 스토리를 구성하기보다 그림의 느낌으로 더 많은 상상을 할 수 있는 그림책. 나는 그런 그림책이 좋다. 어린아이들과 읽을 때는 맘껏 상상으로 읽을 수 있고, 고학년생들과 읽을 때는 책 속으로 한 걸음 더 들어가 볼 수 있는 깊이 읽기를 아이들과 함께할 수 있어 그림책이 참 좋다.

II. 아이들이 만들어가는 한 권 깊이 읽기

『시간 가게』

1. '두꺼운 책 읽기 부' 모여라

2. 서로의 별명을 불러 주자

3. 내가 읽는 책으로 나를 말해 보자

4. 우리가 읽고 싶은 책, 우리가 정해 보자

5. 질문 주고받기로 책 소개해 보기

6. 책으로 인생 질문을 던져 보자

7. 우리가 정한 책! 독서 준비를 하자

8. 생각의 폭을 넓히면서 책을 읽자

9. 우리들이 만들어 가는 독서 후 활동을 하자

10. '두꺼운 책 읽기 부' 다시 모여라

1. '두꺼운 책 읽기 부' 모여라

'두꺼운 책 읽기 부'는 학생 동아리 이름이다. 처음에 동아리 부원을 모집할 때 6학년 담임 선생님들은 이름을 바꿔야 한다고 하셨다. 동아리 이름만 듣고 지원하는 아이가 없을 거란다. 그래도 작심하고 책에 도전하고 싶어 하는 자발적인 아이들이 올 것이란 믿음이 있었다. 책 읽기에서의 자발성은 능동적인 독서에 꼭 필요하다. 당일이 되자 아이들이 삼삼오오 모여들었다.

이 글은 나를 포함한 12명의 한 권 깊이 읽기 독서 모임에 관한 이야기다.

먼저 아이들과 '두꺼운 책 읽기 부'에 오게 된 이유와 바람에 대해 이야기를 나누었다.

"조용한 가운데 책에 푹 빠지고 싶어서.", "지금 읽고 있는 『해리포터』 시리즈 같은 책을 읽을 것 같아서.", "판타지 소설을 읽을 것 같아서.", "직접 고른 책을 읽고 싶어서.", "엄마가 두꺼운 책 좀 읽으라고 해서.", "소설책을 읽으려고.", "책을 좋아하는 친구가 있어서 따라 왔어요." 등 이유가 다양했다.

2. 서로의 별명을 불러 주자

자신이 불리고 싶은 별명을 적고 그 별명에 의미를 부여하며 독서 모임에서는 별명으로 서로를 부르기로 하였다. 아이들은 별명 붙이기에 많은 호기심을 보였다.

- 저는 책을 읽을 때 필요한 '책갈피'입니다.

- 저는 '얍삽이'입니다. 개인적으로 다른 사람이 뭔가를 다 해놓았는데 살짝 숟가락 얹는 것을 좋아하기 때문입니다.
- 제 머리가 보시다시피 파마머리인데 책을 보고 지식이 보글보글 불어났으면 해서 '파마머리'라고 정했습니다.
- '준형이 남친'입니다. 준형이가 책을 좋아하고 그런 친구가 좋기 때문입니다.
- '타로'입니다. 운명이 정해져 있는 소설을 좋아하기 때문이에요.
- '은하수'. 왜냐면 은하수가 좋아서요. 좋아하는데 이유가 뭐가 필요해요?
- 평소에 책을 좋아하진 않지만, 이 기회를 통해 책벌레가 되고 싶어서 '책벌레'로 정했어요.

교사도 자신을 소개하였다.

"'봄봄쌤'이라고 불러 주세요. 이 말은 '책 봄', '마음 봄'이라는 말이 숨겨져 있어요. 책을 보면서 나를 돌아보고, 친구가 왜 외롭고 힘들어하는지 마음을 살펴보는 것을 배우고 가르치는 선생님이 되고 싶어서입니다."

이렇게 서로 별명을 부르면 스스럼없이 이야기하게 되고 자신을 객관화시켜 말을 하게 된다. 특별한 시간의 소중한 만남을 위한 나름의 의미 부여다.

3. 내가 읽는 책으로 나를 말해 보자

이어서 최근에 가장 재미있게 읽었던 책 제목만 가볍게 말해 보았다. 읽는 책이 그 사람을 말해 주기에 서로에 대한 이해를 높이기 위해서다.

『레몬 첼로 도서관 탈출게임』에는 명작이 많이 소개되고 신기한 일들이 많이 나오기 때문이라고 타로가 먼저 이야기를 시작했다. 『레미제라블』은 장발장이 빵을 훔친 벌로 19년의 형벌을 받고 다시 새롭게 시작하는 이야기로, 이 책에서 많은 감동을 받았다고 했다. 『해리포터』는 지금 읽기 시작했는데 재미있고 시리즈를 다 읽어보고 싶다고 했다. 『원피스』, 『헬렌 켈러』, 『생명이 들려준 이야기』는 교훈이 있는 이야기여서 좋아한다고 했다. 『개성빵』은 탈북 이야기가 흥미진진하여 소개하고 싶다고 하였다. 『고양이 전사 시리즈』, 『인어의 노래』 책을 소개하는 아이도 있었다. 『톰 소여의 모험』을 이야기하는 파마머리는 자유로운 영혼이었던 허클베리 핀과 톰이 섬에서 지내는 것이 부럽다며 이 책이 읽었던 책 중에서 가장 재미있었다고 말했다.

아이들의 이야기를 들으면서, '늘 책을 가까이 두고 독서가 일상이 된다면 얼마나 좋을까?' 하는 생각이 들었다.

4. 우리가 읽고 싶은 책, 우리가 정해 보자

다음은 교사가 준비한 책 15권 중에서 아이들이 읽고 싶은 책을 선정해 보기로 하였다. 어느 정도 선택의 폭을 교사가 제시하는 것은 좋은 책을 함께 읽고 생각을 나눌 때 필요하다는 생각이 들었기 때문이다.

『마지막 거인』, 『책과 노니는 집』, 『서찰을 전하는 아이』, 『봉주르, 뚜르』, 『진짜 도둑』, 『클로디아의 비밀』, 『책비』, 『시간 가게』, 『나는 선생님이 좋아요』, 『짜장면 불어요!』, 『주병국 주방장』, 『복수의 여신』, 『불량한 자전거 여행』, 『톰 소여의 모험』, 『플레이 볼』 등의 책을 죽 펼쳐두었다.

5~6명이 한 모둠이 되어 7~8권 중에서 함께 읽었으면 좋은 책을 정해 보기로 하였다. 한 모둠에서 두 권씩 먼저 선택하였다. 아이들이 책을 선정하

는 기준이 자못 궁금했다.

먼저 개인별로 한 권씩 가져가서 살펴보다가, 아이들은 자신이 펼쳐본 책에 관해 이야기하기 시작했다.

- 나는『책과 노니는 집』을 정말 재미있게 읽었어.
- 표지를 보니 재미있을 것 같은데.
- 책 속의 그림을 보니 내용이 재미있어 보이는데.
- 천주교 박해와 관련된 책이구나. 재미있겠네. 지금 사회 시간에 배우고 있잖아.
- 천주교 책 불태울 때, 그거와 관련된 거 아니야?
- 낙심인가? 아! 여기다. 우리가 책에서 봤던 거.

책장 넘기는 소리가 들렸다. 그리고 아이들은 펼친 부분을 읽기 시작하면서 역사책에서 배운 내용들을 떠올리기 시작했다.

-『톰 소여의 모험』도 재미있을 것 같지 않니? 모험이잖아.
-『진짜 도둑』은 뭐야? 이 이야기 아는 사람? 오리가 나오네. 뭘 훔친 건가?
- 왕궁에서 어떤 일이 일어나는 건가?
- 서로 고르고 싶은 책이 다른데, 그러면 투표로 정할까?
- 문학 한 권, 비문학 한 권으로 할까?

이와 같은 이야기가 오가더니 실제로 있었던 일은 비문학이고, 실제 일어나지 않은 것이 문학이라고 구분하기 시작했다. 동물이 주인공으로 나오는 책은 "문학이야."라고 한다. 동물이 말할 수는 없다는 것이 그 이유였다. 아이들은 문학, 비문학이라는 말은 알고 있으나 정확히 그 뜻을 알지는 못하는 듯했다. 서사 구조, 즉 이야기가 있으면 문학이라는 말에 "그럼 역사,

과학책 등이 비문학인가 봐!"라고 말한다. 그리고 흑백 그림의 책은 재미없다고 제쳐 둔다. 그러더니 주제별로 보기 시작했다.

- 여행 쪽 읽을까? 『톰 소여의 모험』이 진짜 있었던 일이래?
- 해피 엔딩이지?
- 『플레이 볼』은 표지만 봐도 야구 이야기네. 난 야구에 관심 없는데.
- 꿈에 대한 것 같은데. 협력에 대한 이야기 같은데.

그리고 대부분의 아이가 다 내용을 안다고 하는 『톰 소여의 모험』은 제외하였다. 만화 영화로 본 것은 내용을 알기에 굳이 책으로 볼 필요는 없다고 생각하는 것 같았다. 영화도 보고 책도 본 사람들은 책이 훨씬 재미있다고 한다. 자신의 상상력을 영화가 따라가진 못하리라. 한참 책에 대한 다양한 이야기가 오갔다.

이후, 자신만의 책 선정 기준에 대해 말해 보기로 하였다.

- 차례를 보고 내용이 흥미로울 것 같은 걸 골라요. 그리고 주변에서 추천하는 책을 주로 읽는 편이에요. 조선 시대와 관련된 내용을 배울 땐 관련 책도 읽고요.
- 책 표지가 예뻐서요. 솔직히 책 표지가 중요하긴 해요. 『복수의 여신』은 무서울 것 같기도 하고, 제목이 별로 읽고 싶은 생각이 들지는 않네요.

좋아하는 친구에게 복수를 핑계로 애정 공세를 하는, 제목과 다른 반전이 있는 책이 『복수의 여신』이다. 이 책을 읽고 나면 마음 따로, 행동 따로인 자신의 모습이 비쳐져서 배시시 웃을 수도 있을 것 같았다.

- 저는 주로 만화책, 시리즈물을 주로 보죠. 관심 있는 분야의 책을 먼저 고르는 편이에요.

오랜 논의 끝에 아이들이 고른 책은 4권이었다. 먼저 『책과 노니는 집』. 교과서에서 보긴 했지만 정독하여 읽지 않았기에 기회가 되면 읽어도 좋을 것 같아서 골랐다고 한다. 『시간 가게』는 이미 읽은 아이들이 강력하게 추천한 책이라 골랐다고 한다. 『책비』는 뒤편의 작가의 말을 읽어보니 심사평이 재미있고 초등학생들의 심리를 잘 담은 책이라는 안내를 보았다고 한다. 게다가 옛날이야기인데 힘들게 살아가는 이야기에 관심이 끌렸다고 한다. 『클로디아의 비밀』은 제목이 호기심을 불러일으켜 읽고 싶은 생각이 들기는 했으나 누구도 읽은 아이들이 없어 선뜻 읽자고 추천하질 못했다. 교사의 책 안내가 필요하단 생각이 들었다.

이 4권의 책 중에서 다시 한번 책에 대한 이야기를 나눈 후 아이들의 최종 선택을 받은 책은 『시간 가게』였다.

책 주문과 도착에는 시간적인 여유가 있어 개인적으로 읽고 싶은 책을 읽고 다음 모임을 준비하기로 하였다.

5. 질문 주고받기로 책 소개해 보기

2주 후 동아리 시간. 아이들은 서로의 별명을 부르며 반갑게 인사를 나누었다. 그리고 그동안 자신이 읽었던 책을 보여 주고 친구들이 궁금한 점을 질문하고 답하면서 책을 소개하는 시간을 가졌다.

교사가 먼저 『나의 린드그렌 선생님』 책을 보여 주자 아이들이 질문하였다. "린드그렌이 누구인가요?"를 첫 질문으로 자연스럽게 줄거리에 관해 이야기가 시작되었다. 린드그렌의 책 37권을 말하자 『내 이름은 삐삐 롱스타킹』조차 읽지 않은 아이들이 생각보다 많다는 것을 알았다. 그래서인지 아이들은 이 책에 많은 관심을 보이진 않았다.

　개인적으로 이 책을 참 좋아한다. 아이들은 주인공처럼 한 작가의 책을 쭉 읽어본 경험이 있는지 궁금했다. 한 작가의 작품을 집중해서 읽어 보니 서사 구조가 비슷하다는 것과 등장인물의 성격이 무척 비슷하다는 생각을 했다. 결국 '작가 자신의 이야기를 썼구나!'라고 느꼈던 적이 있었다. 이처럼 책은 나와 다른 삶을 사는 사람과의 만남이다.

　『레몬 첼로 도서관 탈출 게임』을 읽은 타로. 제목이 주는 힘이 있었다. 질문이 쇄도하기 시작했다. "왜 레몬 첼로 도서관인가요?", "어디에서 어디로 탈출하는 건가요?", "어떤 아이들이 초청장을 받게 되었나요?"라고 질문을 주고받으면서 아이들이 스스로 그 책의 줄거리를 짐작해 나갔다. 그리고 그 두꺼운 책을 읽고 싶어 하는 아이들이 많아졌다. 도서관에서 빌린 책이라고 하자 서로 내가 반납할 테니 그 자리에서 빌려달라고 했다. 책 동지다.

　『인형의 집』을 읽은 남친에게는 "왜 남자아이인데 '인형의 집'이라는 제목의 책을 읽게 되었나요?", "주인공 이사벨의 성격은 어떤가요?", "사회적 차별에 관한 이야기라는데 약자로 등장하는 사람들은 누구인가요?" 등의 질문이 이어졌다. "주제가 거창한 것을 보니 좋은 책인가 봐?"라고 은하수가 말했다. 재미있기만 한 책보다 여운이 남는 책이 좋은 책이라고 생각하는 듯했다.

　『플레이 볼』을 읽은 책갈피는 자세한 이야기를 전했다. 구천초, 야구부, 노력 등. 아이들은 그 아이가 왜 야구를 좋아하게 되었는지 그 계기가 무척 궁금한 듯했다. 그리고 해피 엔딩인지 아닌지에 대해서 꼭 질문했다.

『해저 2만리』에 나오는 사람들과 잠수함의 어려운 이름들을 척척 말하면서 이야기하는 파마머리. 독서력이 굉장했다. 배경이 바다라는 말에 여러 이야기가 오갔다. 잠수함이 만들어질 때 이 이야기의 상상력이 모티브가 되었다는 말에 아이들은 신기해했다. 과학 이전에 인간의 상상력이 우선이고, 상상의 세계를 현실에서 구현해 내는 걸 보고 문학의 위대함을 느끼는 듯했다.

학원 숙제여서 『톰 소여의 모험』을 읽었다는 얍삽이. 인상 깊었던 사건을 이야기했다. 잔머리를 잘 굴리고 자유로운 영혼인 톰 소여를 보고 닮고 싶다는 말을 할 때의 표정이 행복해 보였다. 그리고 다음번에 읽을 책으로 『동물 농장』을 말했을 때 과연 읽어낼 수 있을지 교사인 나만 놀라는 듯했다. 아이들끼리는 서로 재미있는 책이라고 이야기했다.

『엘리의 비밀일기』를 사랑짱이 이야기하자 "왜 비밀일기를 쓰게 되었는지?", "엘리의 성격은 어떤지?", "가장 기억나는 장면은 무엇인지?"에 대한 질문이 이어졌다. 평점으로 별 몇 개를 주고 싶으냐고 물으니 4개 반이라고 한다. 그러면 어느 책에 별 5개를 주었는지를 물으니 『인어의 노래』가 진짜 재미있었다고 한다. 한 번 읽어 봐야겠다는 생각이 들었다. 사랑짱이 별 5개를 준 책을.

『해리엇』을 읽은 책벌레는 바다에서 죽고 싶은 꿈을 품은 동물원의 갈라파고스 거북이에 대한 이야기를 전했다. 누가 도와주었는지, 갈라파고스 거북이는 땅 거북이라는데 왜 바다를 꿈꾸었는지. 이야기를 나누다 보니 점점 그 이야기의 주제에 닿게 되었다. 왜 꿈을 꾸게 되었을까? 나 혼자 힘으로 하지 못하는 일을 왜 주변에서는 도와주려고 하는 걸까? 많이 궁금했다. 그래서 읽고 싶어졌다.

『주병국 주방장』을 읽은 고무줄. 단편 동화집인데 주병국 이야기만 무성했다. 대표 작품이라고 생각되었는지, 주병국이 그래서 결국 어떻게 되었는지를 물었다. 결론을 알면 이야기 전체를 다 안다는 듯했다. 우리가 책을 읽을 때 결론은 한 줄이지만 과정은 책 한 권이다. 인생은 알 수 없기에 삶의 과정에 의미를 두는 것은 아닐까? 아이들은 주병국이 어찌 되었든 꿈을 이루기 위해 노력한다는 것에 초점을 맞추고 그것이 인생이라는 것을 알아 갔으면 한다.

『절대 딱지』는 가장 질문이 많았던 책이다. 아이들은 절대 딱지의 능력은 무엇이고 딱지를 치던 아이가 왜 왕따를 당했는지 몹시 궁금해했다. 책 소녀의 대충대충 말하는 화법이 아이들의 호기심을 더욱 자극했다. 속 시원히 말해 주었으면 좋겠는데 얼버무리는 말투로 인해 아이들은 '내가 읽어 봐야지, 들어선 모르겠는데?'라는 표정으로 읽고 싶은 책의 우선순위를 차지했다. 제목도 한몫 거들었다. 절대 반지도 영화를 통해 익히 알고 있는데 절대 딱지는 특별한 재주가 있을 것 같아 호기심을 자극한 것이다. 도서관 도우미인 타로가 저 책은 우리 학교 도서관에 없다고 하자 너도나도 먼저 빌려달라고 했다. 도우미인 타로는 당장 사서 선생님께 신청한다고 벼르고 갔다. 읽고 싶은 책이 생겼다는 것은 얼마나 가슴 설레는 일인가!

『진짜 도둑』을 다 읽어오지 못한 은하수. 법정 단어가 많이 나오는 이야기여서 그런지 어렵게 느껴졌다고 한다. 전체적인 줄거리를 이야기하기보다는 지엽적인 이야기를 주로 했다. 예를 들어 "보석이 팔천육백칠십두 개였는데 팔천육백사십삼 개로 줄어들기 시작했어."처럼 자신이 읽었던 부분만을 이야기하니 전체 주제를 담은 이야기를 엮어내질 못했다. 진짜 도둑이 누구인지를 묻는 질문에도 더 생각해 보면 보물을 훔친 데릭도 도둑이지만 의심하고 신뢰를 저버린 사람들이 진짜 도둑일 수도 있다는 것까지 사고를 확장하지는 못했다. 제대로 읽고 나누는 경험이 필요한 시점이었다.

『복수의 여신』을 읽은 남자 책벌레에게는 주인공이 복수를 즐기는 스타일인지, 왜 복수를 하게 되었는지를 묻는 질문이 나왔다. 대신 복수를 해 준다고 말하자 아이들은 "와! 오지랖이 넓은 아이네."라고 한다. 책벌레는 동화집이어서 이야기를 다 해 줄 순 없으나 무척 재미있었다는 말을 남겼다.

이렇게 서로 읽은 책에 대한 이야기로 시간이 훌쩍 지나갔다. 아이들은 읽고 싶은 책 정보를 알게 되어 좋았고 도서관에 가야 할 이유가 생겼다고 했다. 그리고 서로가 이야기한 책들을 하나둘씩 집어 들기 시작했다. 책이 책을 부르는 경험이었다. 에너지가 굉장했다.

6. 책으로 인생 질문을 던져 보자

이번에는 읽은 책 중 자신과 닮은 인물에 관해 이야기하고 그 느낌을 발표한 후, 이 책을 읽지 않은 아이들과도 나눌 수 있는 인생 질문을 던져 보는 시간을 가졌다.

『책과 노니는 집』을 읽은 고무줄은 자신과 가장 닮은 인물로 낙심이를 꼽았다. 성질이 까칠하고 속에 있는 말을 툭툭 잘 던지는 것이 자신과 닮

았다고 했다. 다음은 고무줄이 우리에게 던진 질문과 그에 따른 친구들의
의견들이다.

💡 장이의 아버지는 최서쾌가 준 천주학책을 필사하다가 매를 맞아 죽었는데, 그
런 최서쾌가 한 달 정도 숨어 있다가 장이에게 책방에 와서 일할 것을 권한다.
만약 당신이 장이라면 아버지처럼 목숨이 위험할 수도 있는 필사를 할 것인가?

💡 한 명에게만 돈을 갚을 수 있다면, 자신의 물건을 훔쳐 가고 돈을 내놓으라고 협
박하는 허궁제비와 나를 믿고 순순히 돈을 빌려준 낙심이 중 누구에게 먼저 돈을
갚을 것인가?

💡 나라에서 금하는 일이며 아버지의 목숨까지도 빼앗은 일을 굳이 할 이유는 없다.

💡 먹고 살기 힘든 그 상황은 선택할 수 있는 상황이 이미 아니다. 어쩔 수 없이 할
수밖에 없지 않나.

💡 협박한 사람한테 우선 돈을 가져다줘야 한다. 나를 믿어준 사람에게는 한 번
더 잘 말하면 된다.

💡 그 협박은 한 번으로 끝나지 않는다. 아마 또 다른 것을 계속 요구할 것이다. 그리
고 믿고 빌려준 사람과의 신뢰를 지키는 것이 나는 더 중요하다고 생각한다.

　　의견 대립이 만만치 않았다. 이 책을 읽은 아이들은 허궁제비에 많은 흥
미를 보였다. 그래서 홍교리의 인품이나 장이의 신뢰를 지키고자 하는 용기
를 놓칠 때가 있다. 함께 읽고 생각을 나누는 깊이 읽기가 필요한 지점이다.

　　『해리엇』의 책 소녀는 찰리의 소심한 면이 살짝 자신과 닮았다고 했다.
우리에게 한 질문과 오간 이야기들이다.

💡 당신이 해리엇처럼 한 달 정도만 살 수 있다면 무엇을 하고 싶은가?

💡 한 달 정도면 난 아무것도 하지 않겠다. 1년이면 모를까, 어차피 금방 죽을 건데 무엇을 한다는 것이 무슨 의미가 있을까?

💡 한 달이 어디야. 그 시간이라도 할 수 있는 걸 해야 하지 않을까? 어차피 죽을 거면 하고 싶은 걸 해야 후회가 없지.

맞고 틀리는 것이 아니라, 삶을 대하는 자세에 대한 이야기인 듯했다. 진지했다.

『동물 농장』을 읽은 얍삽이의 질문은 다음과 같았다.

💡 욕심이 평소에 많았던 스노볼은 동물 농장의 왕이 되고자 한다. 여러분은 권력을 갖고 싶은가? 아니면 자유롭게 살고 싶은가?

얍삽이는 어떤 삶을 선택할지를 물었다. 권력을 가지면 내가 할 수 있는 것이 많기에 더 많은 자유를 누릴 수 있을 것이란 의견이 있었다. 그러자 권력을 유지하기 위해서 다른 사람의 자유를 제한하는 경우도 있는데, 다른 사람의 자유를 침해하면서 나의 자유를 이야기하는 건 잘못된 것 같다고 반대 의견을 말하는 쪽도 있었다. 다른 사람을 내 맘대로 하는 권력보다는 자유로운 삶을 선택하고 싶다는 의견도 있었다. 이런 주제의 이야기가 아이들 사이에 오가는 것이 신기했고 그만큼 아이들이 대견스러웠다.

아이들은 자기가 직접 그 책을 읽진 않았지만, 친구들의 질문이 단서가 되어 자기 생각을 술술 풀어놓았다. 책으로 이야기꽃을 피우는 경험을 한 후 아이들은 얼굴이 벌겋게 상기되어 "재미있어요. 책으로 이야기를 이렇게 길게 나눌 수 있다는 게 신기해요. 다음에 또 했으면 좋겠어요."라고 말했다. 책을 다 읽진 않아도 던져진 질문에 대해 자기 생각을 정리해 보고, 서로 다른 다양한 생각들이 맞부딪히자 긴장감 있게 이야기가 진행되었다. 권력형 인간과 자유형 인간의 장단점을 이야기하면서 나는 어떤 삶을 살 것인지를 이야기할 때의 분위기는 자못 진지하고 신중해 보였다.

7. 우리가 정한 책! 독서 준비를 하자

드디어 아이들이 선정한 『시간 가게』 책을 모두 한 권씩 받게 되었다. 책 냄새도 맡아 보고 훑어보면서 자신들이 고른 책에 남다른 애착을 갖고 한참을 들여다보았다. 우선 표지 그림을 보고 이야기를 나누었다.

- '시간 가게'라는 명칭은 어떤 의미로 붙여진 것일까?
- 표지의 컨베이어 벨트는 무엇을 상징하나?
- 시간 가게 사용 방법은 무엇일까?
- 초등학생인데 왜 이렇게 복잡한 수학 문제를 풀고 있나?
- 시간을 사는 게 아니라 팔고 싶을 때는 없나?
- 뒤표지의 아이는 왜 도로 위를 달리고 있나?
- 할아버지는 왜 시간을 사고파는 일을 하나?
- 시간 가게란 가게는 진짜로 시간을 사고파는 가게인가?
- 시간 가게에 가는 사람들은 과연 누구일까?
- 표지에 나와 있는 남자아이와 여자아이의 관계는 무엇인가?
- 주인공이 시간을 더 필요로 하는 상황은 어느 때인가?

- 시간을 사고팔 때 지불해야 하는 것은 무엇인가?
- 시간 가게가 있다면 좋은 점과 안 좋은 점은 무엇일까?
- 왜 작가는 책 제목을 '시간 가게'로 정했을까?

『시간 가게』는 제목과 표지 그림만 보고도 책에 대한 흥미를 갖기에 충분했고 아이들은 자신이 짐작한 책의 내용과 실제 책 내용이 어떨지 무척 궁금해했다.

그리고 '시간'에 대해 평소에 어떻게 생각했는지, 각자 한 문장으로 정리해 보기로 하였다.

- 시간은 빼기다. 주어진 시간을 계속 빼서 사용하기 때문이다.
- 시간은 동반자다. 죽을 때까지 함께 하기 때문이다.
- 시간은 물건이다. 왜냐면 필요할 때는 없고 필요 없으면 남기 때문이다.
- 시간은 강물이다. 흘러가 버리기 때문이다.

시간은 주어진 것이라는 생각과 채워가야 한다는 것, 시간을 쓴다는 것은 무엇을 의미하는지, 시간을 잘 쓴다는 것과 낭비한다는 것은 무엇을 말하는지 등. 평상시 시간 속에 살고는 있으나 염두에 두지 않았던 생각들이 하나둘씩 생기기 시작하는 상태에서 아이들은 책을 읽었다.

또한, 책을 읽을 때마다 다음의 세 가지는 꼭 하기로 하였다.

첫째, 아름다운 문장 쓰기다. 아이들에게는 필사하는 이유에 대해 다음과 같이 이야기하였다.

『짜장 짬뽕 탕수육』 책의 첫 문장은 "새봄을 시샘하듯 꽃샘추위가 대단하다."로 시작한다. 아이들은 정확한 뜻을 모르지만 아름다운 문장이라며 베껴 쓴다.

3월에 친구들과 관계 맺기를 할 즈음의 일을 예로 들었다. 한 아이가 교실에 들어서며 "꽃샘추위가 대단하다. 날씨가 춥네."라고 말했다. 반면에 다른 아이는 교실에 들어서자마자 "더럽게 춥네. 개 추워."라고 말했다고 가정해 보자. 아이들에게 누구에게 가서 먼저 이야기를 하고 싶은지 물었다. 당연히 첫 번째 아이다. 두 번째 친구는 그 말에 응대하기라도 하면 싸움으로 번질까 봐 가까이 가고 싶지 않다고 했다. "말에는 향기가 나기도 하고 냄새가 나기도 한다. 말은 인격이다. 향기 나는 말을 하는 사람은 아름다운 세상을 꿈꾸는 사람이다. 이런 말들은 책을 읽고 한 문장, 한 문장 필사하다 보면 어느 날 나도 모르게 불현듯, 느닷없이 무심하게 툭 나오는 말이 되어 나를 만들어 간다. 문장 필사는 나를 아름답게 만드는 나의 노력이다."라는 말에 아이들은 수긍한다는 듯 고개를 끄덕였다.

둘째, 질문 만들기다. 책을 읽다 보면 어느 장면에서 나의 삶이 훅 치고 들어올 때가 있다. 그러면서 많은 생각이 피어난다. 그 지점에서 나의 삶을 질문으로 드러낸다. 그것이 내가 책을 읽는 이유다. 내 삶에 물음표를 던지고 함께 해결해 나가며 내면을 견고하게 만들어가는 작업이 질문이다. 그리고 이런 질문이 수업에서 함께 나누기의 중요한 요소가 된다.

셋째, 어려운 낱말들을 적는 것이다. 어휘는 이해와 표현에서 중요한 역할을 한다. 특히 맥락 속에서 낱말의 의미를 이해하는 것은 매우 중요하다. 어려운 낱말을 보고 인터넷 사전을 활용하든지, 사전을 찾든지, 주변 사람들에게 물어보든지, 생소한 낱말을 친숙하게 하여 일상생활에서 사용할 수 있도록 하는 것이 중요하다.

8. 생각의 폭을 넓히면서 책을 읽자

『시간 가게』를 읽으며 아이들이 정리한 인상 깊은 문장은 다음과 같았다.

"기분 좋은 기운이 우리 둘을 감싸는 것 같았다."
- 이런 표현은 왠지 모르게 나도 기분 좋게 만든다.

"눈이 초승달 모양이 되어 웃고 있었다."
- 웃고 있는 모습을 표현한 말이 가슴에 와닿았다.

"잘못한 것도 없는데 수영이를 보자 주눅이 들었다. 이 울렁증은 언제쯤
사라질까."
- 나도 이런 경험이 있다. 자신감이 떨어지고 다른 아이가 부러울 때 이런 기분이 들
었다.

"이제 나에게 세상 모든 책은 교과서와 다름없었다."
- 책 읽는 것마저 간섭당하고 책장을 덮자마자 느낀 점을 묻는 어른들이 모든 책을
교과서로 만들어버린다는 말에 나도 공감이 간다.

"걱정은 공부 안 한 사람이나 하는 거야."
- 이 말을 보자 가슴이 답답해지고 반항하고 싶은 생각이 들었다.

필사하다 보면 그 문장들이 내 생각과 버무려져 여운을 남기는 경험을
하게 될 것이다.

그리고 과거의 나, 현재의 나, 미래의 나를 보게 만드는 것이 바로 질문이다. 다음은 책을 읽고 아이들이 만든 질문이다.

- 전교 2등을 했는데도 혼나는 이유는 무엇일까?
- 왜 가질 수 있는 시간이 1시간도 아니고 10분일까?
- 할아버지는 10분의 시간을 주는 대신 왜 굳이 행복한 기억을 받았을까?
- 엄마는 왜 모든 것의 최고에 집착할까?
- 선행학습이 초등학생들에게 필요할까?
- 공부를 잘해야만 커서 훌륭하게 살 수 있는 걸까?
- 할아버지는 왜 시간을 살까?
- 시간 가게의 비밀은 윤아 말고 또 누가 알고 있을까?
- 행복한 기억과 시간은 무슨 관계가 있을까?
- "지금이 얼마나 중요한 때인지 알지? 열심히 공부해야 미래가 편한 거야. 지금은 힘들어도 나중엔 웃게 돼."라는 엄마 말에 대해 어떻게 생각하나?
- 부모님을 위해 공부하는 것에 어떻게 생각하나?
- "걱정은 공부 안 한 사람이나 하는 거야."라는 엄마 말이 옳다고 생각하나?
- 어떤 친구를 사귀느냐에 따라 인생은 정말 달라지는 것인가?
- 엄마처럼 살지 말라는 말은 무슨 뜻인가?
- "공부만큼 쉬운 게 어디 있어. 하라는 대로 하기만 하면 되잖아."라고 말하는 사람들한테 해 주고 싶은 말은 무엇인가?
- 엄친아의 특징은 무엇인가?
- "최선을 다하는 것, 그것이 시험에 대한 예의"라는 말은 무슨 뜻인가?
- 공부보다 착한 마음씨가 중요한가?
- 나는 우리 부모님처럼 살고 싶은가?

다음은 아이들이 추려낸 어려운 낱말들이다.

- 동질감, 타박, 해명, 컨베이어벨트, 앙다물다, 미적거리다, 성능, 넉살, 너스레, 참담하다, 안도의 한숨, 샐쭉한, 까무룩 잠이 들다, 지청구를 먹다, 구애, 가까스로, 적임, 적반하장, 모면하다, DIY, 스산하다, 유예, 학생인권조례, 파국, 모티브, 정체성 등

이런 낱말들로 즐겁게 노는 시간을 가졌다. 서로 선생님이 되어 짧은 글 짓기를 하면서 낱말의 의미를 가르쳐 주었다. 또 나열된 낱말을 활용하여 책 속의 내용을 요약하기도 하고, 낱말을 넣어 이야기를 서로 만들어가면서 상상 놀이를 하였다.

9. 우리들이 만들어 가는 독서 후 활동을 하자

독서활동 후 수업을 어떻게 할까? 교사가 주도적으로 할 것인지, 아이들에게 물어서 할 것인지에 대한 고민이 있었다. 그래서 아이들을 믿고 가 보기로 하였다. 『시간 가게』 책을 다 읽고 만난 아이들에게 "재미있는 이 책이 우리의 삶에 여운을 남기기 위해 어떤 의미 있는 활동들을 더 했으면 좋을지 모둠별로 의논해 봅시다."라고 운을 떼며 도움을 청하였다. 자발성이 답이다. 아이들은 삼삼오오 모여 자신들이 읽은 책에서 어떤 의미 있는 활동을 할 수 있을지 머리를 맞대고 의논하였다. 서로의 독서 경험이 다 다른지라 자신들이 경험했던 것, 책에서 보았던 것, 이 책을 읽고 특히 생각났던 것들을 모둠 칠판에 적기 시작했다.

- 필사한 것을 공유하고 서로에게 질문하기
- 읽을 때 느꼈던 점에 대해 대화하기
- 등장인물과 나의 닮은 점에 대해 비교해 보기
- 각본을 짜서 한 장면을 연극으로 표현해 보기
- 주인공의 심적 변화 알아보기
- 인상 깊은 내용에 관해 이야기 나누기
- 서브 캐릭터가 캐릭터에게 주는 영향에 대해 알아보기
- 현실과 책 속의 세상과의 차이점 살펴보기
- 자신의 삶에 대한 계획을 다시 한번 생각해 보기
- 인상 깊었던 것을 그림으로 표현하기
- 『시간 가게』 책 분석하기
- 주인공이 무엇인가 선택했을 때 나라면 어떤 선택을 할지 생각해 보기
- 주인공과 나를 비교하여 장단점을 찾고 그것을 통하여 성격 알아보기
- 각자의 질문을 가지고 토론하기
- 책 내용에서 주제를 뽑아 토의해 보기
- 책에 대한 느낀 점을 써서 상대방과 비교해 보기

역시 아이들은 창의적이다. 각자 서로 다른 경험 속에서 새로운 것을 잘 만들어낸다. 교사인 나도 한 번도 생각해 보지 못했던 활동들이 꽤 되었다. 이럴 때 무척 기분이 좋다. 아이들이 교사인 나를 능가할 때 교사의 보람을 느끼며 뿌듯함이 차오른다.

□ **내가 정한 선택 활동으로 선생님이 되어 보자**

모둠별로 이 책에 적합한 의미 있는 활동을 발표한 후 각자 또는 2~3인

이 어울려서 해 보고 싶은 것을 스스로 정하도록 하였다. 다른 모둠의 것을 선택한 아이들, 자기 모둠에서 제안한 것을 선택한 아이들. 역시 선택할 때 자발적인 배움이 일어난다.

자신이 선택한 활동에 대해 먼저 생각을 정리하는 시간을 가졌다. 그 뒤 돌아가면서 각자 5분 이상 선생님이 되어 자신의 주제에 대해 친구들의 의견을 서로 나누는 시간을 직접 진행하도록 하였다. 주제를 발표하는 학생이 선생님이 되어 이끌어가는 시간이었다.

○ 나라면 어떤 선택을 할까요?(6학년 고무줄)

이 책의 주인공 윤아는 크고 작은 선택을 하게 됩니다. 그중 처음 시간을 사서 친구의 시험지를 보고 베껴 전교 1등을 하고, 친구들을 골탕 먹이기 위해 도둑 누명을 덮어씌우기도 하는데요. 나라면 어떤 선택을 했을까요?

행복한 기억으로 시간을 사는 건 처음 한두 번은 재미있고 신기할 것 같지만 점점 갈수록 사람이 많은 곳에서 이걸 사용하다가 연구소에서 와서 나를 데려간다든지, 경찰서로 가게 된다든지 여러 고민이 생길 것 같아요. 시간을 사서 했던 나머지 일들도 결국은 내가 양심에 찔려서 그만둘 것 같은 생각이 듭니다.

여러분은 어떤 선택을 할 것인지 의견을 주시기 바랍니다.

- 고작 10분에 행복한 기억을 팔고 싶진 않습니다. 생각해 보면 10분 동안 할 수 있는 것이 그리 많지 않아요. 생각나는 것은 편의점에 가서 먹고 싶은 것을 맘대로 먹는 것, 은행에 가서 필요한 돈을 내 맘대로 갖는 것 등입니다. 결과적으로 유익한 일에 쓰지는 못하는 것 같습니다.
- 10분의 시간과 행복을 바꾸고 싶진 않아요.

- 행복한 기억을 잃고 싶지 않기에 시간을 사지 않을 것 같습니다. 행복한 기억은 힘들 때 나를 지탱해 주는 에너지 같은 거니까요.
- 나는 호기심이 있어 일단은 해 볼 것 같습니다. 모든 것이 멈춰 있고 나만 움직일 수 있다는 것이 굉장히 신기할 것 같아요.
- 행복한 기억은 자꾸 만들면 됩니다. 10분의 시간을 산다면 한번 해 보고 싶어요. 무언가를 하기보다는 신기한 경험이 될 것 같기 때문입니다.

○ 느낀 점을 질문으로 말해 주세요(6학년 은하수)

엄마는 자신이 못다 한 걸 윤아를 통해 이루려는 것 같아요. 윤아는 자기를 소중히 해야 하는데 왜 늦게까지 공부하면서 부모님을 기쁘게 하고 싶은지 궁금해요. 그리고 '수영이에게 좀 더 일찍 다가가서 이야기했다면 윤아는 좀 다른 학교생활을 할 수 있지 않았을까?'라는 생각이 들었습니다. '행복한 추억을 버리고 10분이라는 시간을 갖고 싶었을까?', '나였다면 이런 상황에서 시간을 샀을까?' 등의 질문이 생겼습니다.

여러분도 책을 읽은 후의 느낌을 질문으로 발표해 주셨으면 합니다.

- 자신의 행복한 기억 10개를 떠올려 보세요.
- 평소 시간을 어떻게 보내야 후회 없는 인생을 살 수 있나요?
- 내 인생의 주인공으로 산다는 것은 어떻게 사는 건가요?
- 내가 무엇을 좋아하는지 어떻게 알아가야 하나요?
- 의미 있는 인생은 무엇을 말하나요?
- 윤아가 1등 하는 수영이에게 거리감을 느끼는 이유는 무엇 때문일까요?
- 만약 내가 윤아라면 1등을 강요하는 엄마에게 어떻게 할까요?
- 윤아는 진심으로 1등이라는 걸 하고 싶었을까요?

- 시간 가게 할아버지는 무엇을 얻으려 했을까요?

- 내가 사고 싶은 행복한 기억들도 있나요?

- 윤아가 엄마를 기쁘게 해 드리고 싶은 이유는 무엇일까요?

- 할아버지의 정체는 무엇일까요?

- 왜 시간 가게 전단지가 하필 윤아에게 떨어졌을까요?

○ **궁금한 점을 서로 이야기해 봐요**(6학년 사랑쨩)

이 책을 읽고 내가 느낀 점은 일단 주인공은 어머니의 압박 때문에 굉장히 성격이 우울하고, 자존감이 낮고, 자신의 의견을 잘 표현하지 못하는 소심한 성격을 가지게 된 것 같습니다. 공부에 대해 압박하지 않고 내 의견을 잘 따라 주시는 부모님께 감사한 마음이 들었고 난 이렇게 소심하게 되지 말아야겠다는 다짐을 하였어요. 이 책은 읽을수록 빠져드는 신비로운 책인 것 같아요.

여러분에게 질문하고 싶습니다. "할아버지가 왜 행복한 기억을 시간과 바꾸도록 했을까요?"

- 행복한 기억이 할아버지에게 왜 필요했을까요? 시간과 행복한 기억은 무슨 관계가 있는 걸까요? 행복은 시간을 함께 보낼 때 만들어지는 것 아닐까요? 시간을 멈추고 싶으면 행복한 기억을 팔아야 합니다. 시간이 멈췄을 때 혼자서는 무엇도 할 수 없어요. 시간이 멈춰 있을 때는 혼자서는 행복할 수 없지 않나요?

- 과학적으로 풀면 이런 일은 불가능합니다. 동화책이니까 가능한 것이죠. 이것이 무엇을 상징하는 것인지를 풀어내는 것이 재미있어요.

- 영훈이도 시간을 산 것은 아닐까요? 초점 없이 시험을 볼 때, 윤아가 들락날락하는 걸 알고 있는 것 같기도 하고, 윤아에게 네가 좋아하는 삶을 살라고 이야기하는 걸 보면 이미 영훈이도 시간 가게를 들러본 적이 있을지도 모른다고 생각했어요.

- 행복한 기억은 관계에서 나오는 것 같아요. 행복한 기억을 잘 살펴보면 사람들과의 관계에서 나옵니다. 혼자 있을 때보다는 친구와 있을 때, 가족들과 무엇을 할 때 행복했던 것 같아요. 윤아는 학원도 혼자 가고, 밥도 혼자 먹고, 놀이동산도 혼자 다닙니다. 행복은 함께할 때 가능하다는 걸 작가가 알려주려는 것 같아요.
- 할아버지는 어린이들이 어떤 때 행복함을 느끼는지 알고 싶어 할 수도 있습니다. 그걸 알아서 손주들에게 해 주고 싶을 수도 있어요.
- 할아버지는 스스로 행복해지고 싶어서 그럴 수도 있어요. 인생이 오래 사는 것보다 행복하게 사는 것이 중요하다는 걸 알려 주고 싶어서 그런 것 같다는 생각이 들었어요.
- 할아버지가 오래 살다 보니 행복한 기억이 별로 없는 후회되는 삶을 살아서 어린이들에게 행복한 삶에 대해 알려 주려고 한 것 같아요.

○ 등장인물과 나를 비교해 봐요(6학년 책 소녀)

『시간 가게』의 윤아와 책 속의 인물들은 우리와 달리 공부를 아주 많이 하는 것 같은데요. 그래서 무척 예민한 것 같습니다. 아직 초등학생인데도 선행학습을 하고 모의고사를 본다는 게 무척 놀라웠어요. 고등학교 3학년 수능생처럼 매우 힘들어 보였습니다. 우리 학교는 그런 것이 없어서 다행이라는 생각이 들었어요.

현실에서는 시간을 살 수도, 돌릴 수도 없습니다. 만약 시간을 물건처럼 사고판다면 돈이 많은 부자들은 더 오래 살 수도 있을 것 같아요. 만약 책속 세상처럼 시간을 산다면 나는 어떤 때 쓰게 될까? 여러 가지 생각이 들었습니다.

우리는 행복한 일이 있으면 절대 까먹지 않고 기억하려고 하는데, 책에서는 10분을 사는 대신 행복한 기억을 없애는 것이 이상하다고 생각되었습니다. 행복한 시간들이 내가 힘들 때 나를 지켜주는데 그걸 모르는 것 같아 안타까웠습니다.

○ 내 식대로 이야기를 정리해 봐요(6학년 책갈피)

『시간 가게』에서 엄마는 윤아가 전교 1등을 해야 좋은 국제 중학교에 들어가고 나중에는 편해진다고 강조하십니다. 윤아는 그런 엄마 때문인지 수영이를 이기려고 애쓰고 시간 가게의 시계를 사서 비겁한 짓을 많이 하게 됩니다. 하지만 자기가 그런 짓을 할 때마다 행복했던 기억이 사라지고, 시간을 많이 살수록 결국 자신만 더욱 비참해지고 망가진다는 것을 깨닫게 됩니다.

윤아는 행복했던 기억이 사라지자 자신의 행동이 어리석었다는 것을 알고 결국 시계를 부수게 됩니다. 윤아는 시간을 살수록 자신을 잃어버리게 되고 시간이 지날수록 양심의 가책을 받게 됩니다. 살아가면서 무엇이 소중한 것인지를 깨닫게 되면서 행동의 변화가 일어납니다.

○ 상황에 따른 선택을 비교해 봐요(6학년 타로)

상황에 따른 주인공의 행동을 보며 만약 나였다면 그런 상황에서 어떻게 행동할 것인지를 생각해 보았어요.

상황	주인공	나라면?
전단지 광고를 보고 시간 가게에 갈 것인가?	시간 가게에 간다.	친구를 끌고 간다. 혹시 모르기 때문이다.
시간 가게에서 10분을 살 수 있는 시계를 살 것인가?	거래를 한다.	거래하기 전에 부작용이 있을 수 있기에 엄청나게 물어보고 거래한다.
수영이를 이기기 위해 10분을 사서 시험지를 가져올 것인가?	수영이의 시험지를 커닝한다.	1등을 못 해도 엄마께 혼나지 않으니 시험지를 가져오지 않는다.

상황	주인공	나라면?
미라의 립틴트를 수영이의 가방에 넣을 것인가?	가방에 넣는다.	나는 아예 못 찾을 곳에 꼭꼭 숨긴다.
기억을 산다.	기억을 샀다.	부작용이 싫으므로 또 엄청나게 물어볼 것이다.

여러분은 이런 상황이라면 어떻게 할 것 같은지 이야기해 주시기 바랍니다. 과연 여러분은 시간 가게를 찾아갈 것 같습니까?

- 저는 그 상황을 느껴보기 위해서 호기심 때문이라도 갈 것 같아요.
- 행복한 기억이 아니라 나쁜 기억을 팔면 더 좋을 텐데요.
- 시계 디자인이 예쁘면 난 시계를 받을 것 같아요.
- 10분의 한계점이 있어서 시간을 사지는 않을 것 같아요.

그렇다면 만약 나를 위한 10분, 또는 다른 사람을 위한 10분을 쓸 수 있다면 어떻게 사용할 것인가요?

- 노숙자를 도와줍니다.
- 낮잠을 잡니다.
- 내가 좋아하는 피규어 숍에 갑니다.
- 누군가 차에 치일 때 교통사고를 막아 줍니다.
- 편의점에 가서 먹을 것을 먹고 치킨집에 갑니다. CCTV에 찍힐지 몰라서 안 하고 싶기는 한데 호기심이 있으니 해 볼 것 같아요.
- 범죄 현장에서 범인을 잡아요.
- 교실에서 싫어하는 아이를 괴롭히는 데 쓰고 싶어요.

- 호감 가는 아이의 손을 슬쩍 잡아 봅니다.

아이들은 별별 상상을 하면서 함박웃음을 지었다.

○ 인물 분석을 해 봐요(6학년 남자 책벌레)

'윤아'는 힘들게 일하는 엄마를 위해 1등을 하려고 시간을 사지만, 자기 자신을 위해 1등을 하는 것이 아니라 엄마의 욕구를 충족시키기 위해 공부에 집착합니다.

'엄마'는 국제 중학교에 들어가려면 성적이 중요하다고 윤아에게 엄청난 양의 공부를 시키지만, 엄마도 지금 이 생활이 썩 마음에 들지는 않은 것 같습니다.

'영훈'이는 머리도 좋고 엄청나게 똑똑하고 공부도 잘하지만, 공부보단 만화 그리기를 좋아하는 것 같은데 왠지 영훈이도 윤아처럼 시간 가게의 비밀을 아는 것 같은 비밀스러운 인물이란 생각이 들었습니다.

'수영'이는 공부도 잘하고 영훈이, 미라와 단짝입니다. 그리고 시험에서 윤아에게 1등을 빼앗겼지만 그래도 윤아를 욕하지도 않고, 뭐라고 하지도 않은 것을 보면 친절할 것 같다고 생각합니다.

저는 등장인물 중 '윤아 엄마는 왜 수영이를 이겨서 1등을 하라고 할까?' 에 대한 여러분의 의견을 듣고 싶습니다.

- 엄마는 자신이 이루지 못한 것을 딸을 통해 이루려는 것 같습니다.
- 딸을 통해 1등을 이루려는 대리 만족이 있는 것 같아요. 아이가 꼴찌를 하면 엄마는 자신이 꼴찌라고 생각합니다. 엄마는 자식을 키울 때 자신의 딸이니까 공부하라고 하는 것은 좋으나 성적에 대해 지나치게 압박하고 스트레스 주는 것은 옳지 않다고 생각합니다.

- 부모라면 내 아이가 1등을 했으면 좋겠다는 생각이 들 수 있어요. 공부하는 것이 아이를 위해 좋은 건데 왜 잘못된 것인지 모르겠네요.

- 아이의 재능을 살려 주는 것이 부모의 역할이지 공부하라고 강요하는 것은 아닌 것 같아요. 윤아가 진짜 좋아하는 것, 하고 싶어 하는 것은 책에 나와 있지도 않아요. 강요하는 것은 그 사람을 위한 것이 아닙니다. 엄마 딸은 누구의 것인가요? 소유물을 대하는 것과 인격체로 대하는 것은 다릅니다. 소유물은 자신이 원하는 경우에만 사용하는 것이고 인격체는 다른 사람에게 휘둘리지 않고 자신의 삶을 살아가는 것입니다. 인격체는 자기의 감정을 표현하고 생각할 수 있는 것입니다.

- 엄마뿐만이 아니라 윤아도 1등을 하고 싶어 합니다.

- 윤아가 왜 1등에 집착할까요? 그건 엄마 때문입니다.

- 1등 하면 돋보일 수 있고 원하는 것을 부모들이 해 주기도 하니까 윤아가 1등을 원할 수도 있어요.

- 윤아를 위해서일 수도 있어요. 1등 하면 더 돋보일 수 있으니 그렇게 한 것 같아요.

- 자신의 노력에 의한 것이 아니면 온전한 행복이 아닙니다.

- 온전히 거리낌 없이 행복한 것과 행복한 척하는 것은 뭐가 달라요?

- 온전히 행복한 건 어떻게 알아요?

- 즐거워요. 재미있고요. 그게 온전히 행복한 거 아닌가요?

- 친구들과 놀 때, 맛있는 것을 먹을 때, 여행 갔을 때, 달콤한 것을 먹을 때, 놀러 갈 때, 발야구해서 이겼을 때 행복해요.

- 나는 윤아가 공부에 시달리다가 시계를 벗어 던지고 새 삶을 살 때 기분이 홀가분해지고 상쾌해졌어요.

- 윤아는 엄마의 바람을 들어주고 싶을 수도 있습니다. 아빠도 돌아가시고 자신을 위해 직장 생활을 힘들게 하시는 엄마를 행복하게 해 드릴 수 있는 방법이 1등이라면 그렇게 해 드리고 싶은 마음이 들 수도 있어요.

- 엄마는 어디 가서 자랑하고 싶어서 그런 것 같아요. 아빠도 안 계시는데 1등 하는 딸을 만들다니 대단하다는 말을 듣고 싶어서 윤아에게 욕심을 부리는 것 같다는 생각이 듭니다.

○ 서브 캐릭터가 주인공에게 준 영향을 분석해요(6학년 남친)

'엄마'는 윤아에게 언제나 공부하라고만 하며 스트레스와 압박감을 주고 자신감이 떨어지게 합니다. 아빠가 돌아가시면서 엄마는 자식이 더 잘되어야 한다는 마음에 공부를 더 강요하게 됩니다.

'다현'이는 윤아의 절친한 친구로 빅뱅을 좋아하여 윤아를 빅뱅 박사로 만듭니다. 윤아의 행복했던 기억에 그 기억도 들어 있습니다.

'영훈'이는 언제나 밝고 쾌활한 성격으로 윤아를 믿어줌으로써 자신감을 키워 주고 당당하게 살도록 자극을 줍니다.

'수영'이는 윤아의 경쟁 대상으로 전교 1등을 놓치지 않지만, 윤아의 시간 스톱으로 인해 1등을 뺏겨도 신경 쓰지 않습니다.

'할머니'는 윤아가 엄마에게 느끼지 못하는 가족의 사랑과 따뜻함을 느끼게 해 준 사람입니다. 윤아를 언제나 지지해 주고 행복한 시간을 많이 만들어 주신 분입니다.

수영이가 전교 1등을 놓쳐도 신경 쓰지 않은 이유와 각자가 느끼는 서브 캐릭터에 대한 자기 생각을 말해 주세요.

- 수영이는 전교 1등을 그리 중요하게 생각하지 않은 게 아닐까 생각합니다. 공부에 압박을 받는 것이 아니라 하고 싶어서 하는 느낌을 받았습니다. 1등을 놓쳤지만, 다음 기회가 있기에 당당했던 것 같아요.
- 수영이는 자존감이 높은 아이입니다. 그리고 공부하면서 행복한 사람이 있나요?
- 자기가 좋아하는 공부를 할 땐 괜찮아요. 저도 제가 좋아하는 수학을 공부할 때 공

부가 좋아요.

- 하고 싶은 걸 할 때 공부가 좋아요. 제가 하고 싶은 것은 과학 중에서도 화학입니다.

- 저는 물리를 좋아해요.

그때 파마머리가 말했다.

- 나는 사회가 요구하는 쪽으로 나의 진로를 맞출 생각입니다.

- 꿈을 갖고 하고 싶은 걸 해야죠?

- 현실적으로 시대가 원하는 걸 해야죠? 시대가 필요한 걸 공부해야 하는 것 아닙니까?

갑자기 소란스러워지면서 왈가왈부 말이 많아지기 시작했다.

- 자기가 좋아하는 것만을 하면서 살 수는 없어요. 저도 처음에 꿈이 컸었는데 나이가 들면서 현실에 눈을 떴어요. 재능이 없어서 그런 게 아니라 시대는 계속 바뀔 텐데 변화하는 시대에 제가 맞춰야 한다고 생각합니다.

- 시대는 변하는데 어떻게 계속 맞춰서 살 수 있나요? 피곤하게. 어차피 맞출 수 없지 않나요? 그러느니 자신이 원하는 것, 좋아하는 것을 하면서 살면 될 것 같은데요.

- 시대가 원하는 것도 준비해야 합니다. 시대가 요구하는 것을 끊임없이 탐구해서, 사회가 나를 부르도록 해야 합니다.

- 저도 그 말에 찬성합니다. 자기 재능에 맞는 게 있나요? 놀고 싶다고 놀 수 있나요? 기본적인 것을 갖추고 놀아야 합니다. 놀면 나는 많이 불안해요. 시간이 있어서 뭘 해도 될 것 같은데 맘 편하게 내가 하고 싶은 것을 하지 못했던 적이 많아요. 공부

걱정이 되는데 정말 노는 사람들이 많을까요? 난 노는 생각을 잘 안 하려고 합니다. 커서 잘 되면 그때 하고 싶은 것도 할 수 있잖아요. 현재 즐거움보다 미래를 위해 미뤄도 된다고 생각해요.

아이들이 이런 생각을 가지고 있다는 것에 새삼 놀랐다. 꿈을 가지고 사는 것, 내가 좋아하는 것을 하면서 사는 것을 당연하게 생각할 줄 알았는데 미래에 대한 막연한 두려움과 불안한 마음 등이 있었던 것이다. 내 생각과 마음을 드러내놓고 표현할 수 있어서 다행이란 생각이 들었다.

- 가장 불만이고 비판해 보고 싶은 캐릭터는 윤아에게 "공부는 잘하는데 매력이 없다."고 말하는 미라입니다. 자기보다 잘하는 아이에 대해 시기와 질투가 많고 다른 사람이 잘하는 것을 인정해 주지 못하는 아이가 싫어요.
- 자기 인생을 못살고 엄마한테 끌려다니는 윤아가 싫습니다. 자신의 이야기를 솔직하게 털어놓지 못하고 하기 싫으면서도 억지로 하는 윤아를 이해할 수 없네요.
- 수영이는 전교 1등을 놓쳐도 신경 쓰지 않아요. 어차피 지금까지 잘해왔으니 한 번 뺏긴 것은 크게 마음 쓸 일이 아닌 것 같다는 여유를 보이는 것이 당당해 보였어요. 그리고 윤아의 엄마가 자기 자식이 밥을 먹을 때조차도 옆에서 수학 공식, 영어 단어를 말하면서 공부의 압박감을 줄 때 너무 어이없고 지나치다는 생각이 들었습니다.
- 엄마가 윤아를 자신의 소유물처럼 대하는 것 같아 정말 안타까웠습니다. 엄마가 시키는 대로만 하는 건 자기의 삶이 아니라 엄마의 삶이나 다름없다고 생각해요.
- 수영이도 윤아처럼 겉으로는 웃고 있지만 1등을 놓쳤을 때 아주 속상하고 슬플 수도 있어요. 그리고 수영이는 자신이 공부하고 싶어서 하는 것이고 마음만 먹으면 1등 할 자신감이 있기에 윤아를 별로 신경 쓰지 않는 것 같습니다.

- 공부에 집착하는 아이와 즐기면서 하는 아이는 많은 차이가 나는 것 같아요. 공부
  에 집착하는 아이는 공부 잘하는 아이들을 미워한다는 생각이 들었어요.

○ 주인공과 나를 비교해 봐요(6학년 여자 책벌레)

나도 윤아처럼 그다지 공부를 좋아하진 않고 부모님께 공부하라는 말을
자주 듣습니다. 학원 가느라 버스를 많이 타고 엄마가 나에게 실망하는 것
을 본 적이 있어요. 공부를 좋아하진 않지만, 공부에 대한 압박감과 항상
공부하고 있어야 할 것 같아 복습이라는 걸 하는 편입니다.

윤아는 1등에 집착하고 소심하고 놀고 싶어도 못 노는 아이지만 난 1등
이 그렇게 부럽지는 않고 친구도 많습니다. 단순하게 사는 편이고 행복한
기억과 10분을 바꾸지는 않을 것 같아요.

여러분도 주인공과 자신의 차이점과 공통점에 관해 이야기해 주시기 바
랍니다.

- 나도 윤아처럼 공부 세상에서 내 위에 누가 있는 것 같아서 불안해요.
- 나도 윤아처럼 항상 공부하고, 1등을 원합니다.
- 나도 공부를 싫어하고 엄마 때문에 학원에 가고, 약간 소심한 편입니다. 하지만 공
  부에 집착하지는 않습니다.
- 윤아처럼 나도 항상 복습이란 걸 해요. 하지만 공부에 집착하지는 않는 편입니다.
- 나도 윤아처럼 늘 놀고 싶은 마음이 있어요. 하지만 윤아처럼 시간을 사기 위해 행
  복한 기억을 내놓지는 않을 것 같아요.
- 윤아처럼 공부에 대한 압박감을 느끼고 편히 쉬지 못하며 늘 초조해하는 편입니다.
- 윤아처럼 나도 똑똑한 편이지만 무언가에 늘 시달리는 것 같아요. 하지만 1등이 그
  렇게 부럽지는 않고 놀고 싶을 때 노는 편입니다.
- 나도 윤아처럼 공부에 흥미가 있지는 않지만 1등을 하고 싶었던 적이 있어요.

○ 작품 세계와 현실 세계를 비교해 봐요(6학년 책벌레)

책벌레는 시간 가게와 현실의 공통점과 차이점에 관해 이야기한 후 이를 다음과 같이 정리하였다.

작품 세계와 현실의 공통점	작품 세계와 현실의 차이점
• 엄마들의 공부 열정과 간섭이 심하다. • 아이들 간의 경쟁이 심하다. • 학원이 많다. • 편의점에서 밥을 해결한다. • 부모님이 돈 버느라 늦게 집에 오신다. • 많은 부모가 자녀가 1등 하기를 원한다. • 공부를 하지 않으면 할 수 있는 것이 없다. • 심야에 공부한다. • 혼자 밥을 먹는다. • 엄마들이 우리 공부에 참견을 많이 한다. • 공부를 중요시한다. • 공부를 못하면 안 되는 나라다. • 1등을 하려고 노력해 봐도 잘 안 된다.	• 중학교, 고등학교, 대학교에 가기 위해 수능생처럼 공부하는 것이 아니라 놀 때는 놀고 시험이 있을 때만 주로 공부한다. • 엄마 말에 복종하기보다는 내가 원하는 쪽과 엄마가 원하는 쪽을 적당히 조정하여 협상한다. • 책에서는 좀 더 나은 미래를 위해 오늘의 시간을 돌아보지 않지만, 우리는 오늘의 행복을 위해 지금의 시간을 낭비하지 않는다.

○ 책을 읽은 후 느낌을 써 봐요(6학년 타로)

이 책을 읽은 후 궁금증이 생겼다. '윤아, 영호, 다현, 수영, 미라는 모두 같은 학생인데 왜 윤아만 마음고생을 할까?' 이런 생각이 들었는데 자세히 생각해 보니 꼭 윤아만의 문제는 아닌 것 같다.

책 겉표지에서 영호는 어두운 표정을 짓고 있다. 겉으로만 밝은 척하고 괜찮은 척하지만, 마음고생하는 인물일지도 모른다는 생각이 들었다. 그리고 수영이가 공부하지 않는다는 내용은 어디에도 없다. '어쩌면 수영이도 윤아처럼 생활하는 것은 아닐까?'라는 생각이 들었다. 그런데 다시 읽어

보고 생각이 바뀌었다. 수영이는 전교 1등을 뺏겼음에도 표정에 변화 하나 없이 괜찮았다. 과연 수영이도 윤아 같은 환경에서 자랐다면 그때도 괜찮았을까?

다음으로는 시간 가게 할아버지와 윤아 엄마에 대해 생각해 보았다.

할아버지는 이 세상 사람, 그러니까 살아있는 사람인가? 나는 살아있는 사람일 수도 있겠다는 생각이 들었다. 만약 10분의 시간이 할아버지의 시간이라면 살아 있을 수밖에 없다. 시간이라는 것은 흘러가고, '시간이 흘러가는 것'은 죽은 사람에게 적용될 수 없다. 왜냐하면 죽은 사람은 시간이 멈춰있기 때문이다. 할아버지는 왜 굳이 행복한 기억을 사려고 했을까? 친구들은 할아버지가 행복한 기억이 없기 때문이라고 하지만 내 생각은 이익에는 희생도 따른다는 것을 알려 주려고 했던 것 같다.

윤아 엄마는 왜 1등을 고집할까? 나는 그것이 윤아 엄마가 자신이 이루지 못한 것을 대리만족하기 위해서이며 딸이 성공하는 모습을 보고 싶어서일 거라는 생각이 들었다.

이 책을 읽으며 우리가 사는 세상이랑 공통점이 많다는 것을 느꼈고, '왜 우리는 공부라는 걸 해야 할까?'라는 생각이 들었다. 그리고 '내가 원하는 삶은 무엇일까?'라는 생각도 들었다. 이런저런 생각이 많이 들게 하는 책이다.

10. '두꺼운 책 읽기 부' 다시 모여라

한 학기 동안 '두꺼운 책 읽기 부'의 한 권 깊이 읽기 활동은 열정 그 자체였다. 열띤 논의 끝에 읽을 책을 정하고 그 책을 받았을 땐 책에 대한 기대감과 설렘이 넘쳤다. 내가 직접 고른 책을 읽었을 때 책 읽는 재미는 한층 높아진다. 책을 읽어가면서, 마음에 와닿는 문장들을 눌러 쓰면서 마음에 새기고, 멈칫하는 장면에서는 내 생각을 다시 한번 정리하여 질문으로 만들면서 책이 나에게 말을 걸어오는 경험을 하게 된다. 책 읽는 재미에 푹 빠지게 된다. 책에 푹 담겨 있다 나오는 시간이 긴 호흡의 책 읽기다.

다음은 책에서 의미를 찾는 시간이다. 교사의 설계에 의한 의미 전달이 아니라 아이들이 읽고 느낀 바를 자신들이 희망하는 대로 표현할 때 의미 있는 것으로 다가가리란 생각이 들었다. 아이들의 창의적인 생각은 교사를 뛰어넘었고 직접 와닿는 날것 그대로의 생각들은 아이들의 삶 그 자체였다. 아이들은 책을 읽고 느꼈던 것들의 표현 방법을 스스로 정해 드러내 보고, 다른 친구들과 나누면서 다시 한번 자기 생각을 곱씹는 값진 시간을 스스로 만들어낸 것이다. 함께 나눌 때의 이야기는 끝이 없었고 어느 때는 깊은 공감으로, 어느 때는 열띤 공방으로 이어졌다. 수업 끝을 알리는 종소리가 울릴 때면 아쉬움을 내비쳤고 이어서 계속하자는 아우성이 있었다. 뭔가 내면에 엉켜있던 실타래가 책을 매개로 하나씩 풀어 헤쳐지는 경험을 통해 내가 고민하는 것이 무엇이고, 나는 어떤 삶을 살고 싶은지 명료하게 깨닫기 시작했다. 서로 다름을 통해서 서로 도움을 배워가는 소중한 시간이었다.

처음에는 한 권 깊이 읽기를 교사의 친절한 안내에 따라 책도 선정해 주고 수업 설계도 교사 주도로 했다. 하지만 아이들은 관심 분야도 다르고, 생각도 다르고, 그에 따라 삶의 결도 다르기에 어떻게 하면 깊이 읽기가 아이들의 다양한 삶의 빛깔을 충분히 드러내는 쪽으로 나아갈 수 있을까 고민하게 되었다. 아이들은 스스로 선택했을 때 자신의 빛깔을 선명하게 나타낸다. 선택에 따른 적극성이 "나는 이런 사람이고 이렇게 살고 싶다."고 주저 없이 말할 수 있게 한다. 책을 통해 내 삶의 독특함을 살리고 세상 속에서의 어울림을 배우게 된다. 또한 나를 찾고 인간을 이해하는 능력도 갖추게 된다. 책을 통해 아이들은 성장하고 자신의 삶을 설계한다.

한 권 깊이 읽기의 본질은 책을 통해 자신을 포함하여 세상을 따뜻하게, 때론 적극적으로 품어 보고 싶은 마음이 들게 하는 것이란 생각이 든다.

새 학기에 다시 시작되는 '두꺼운 책 읽기 부'. 어떤 책을 정하고 함께 나누면서 아이들이 주인공이 되는 수업을 만들어 갈지 무척 기대된다. 아이들을 믿을 때 아이들은 그 이상의 능력을 발휘하여 자신들의 시간을 의미 있게 만들어간다는 것을 깨달았다.

'두꺼운 책 읽기 부' 다시 모여라!

『소리 질러, 운동장』

『소리 질러, 운동장』/진형민 글, 이한솔 그림/창비

1. 좋은 책은 많은데, 어떤 책을 함께 읽지?

2. 함께 읽는 것은 왜 좋을까?

3. 책을 읽기 시작했어요

4. 책을 읽으며 나를 세우다

5. 행복한 삶에 대한 질문이 계속되길 바라며

1. 좋은 책은 많은데, 어떤 책을 함께 읽지?

'한 권 깊이 읽기'의 필요성과 효과를 이해하고 준비하면서 기대감보다 더 큰 고민 몇 가지가 생겼다. '어떤 책을 선택해야 하지?', '혼자 읽는 것이 좋을까, 함께 읽는 것이 더 좋을까?', '어떤 방법으로 수업하는 것이 아이들에게 흥미도 주고 교육적 효과도 얻을 수 있을까?'

첫 고민인 책 선정에 대한 답은 이미 정해져 있었다. 아무래도 문학이라는 특수성을 고려한다면 문학적 향기가 뛰어난 책이 우선이어야 할 것이고, 아이들이 처음부터 끝까지 몰입할 수 있게 재미있는 책, 또 한 권의 책으로 초등학교 교육 과정 속의 성취 요소를 만족시킬 뿐만 아니라 인문학적 소양도 키울 수 있는 책이어야 할 것이다. 그리고 아이들이 원하는 책이어야 하고.

아이들이 책 선택에 있어서 결정권을 갖는 것은 매우 중요하다. 친구와 함께 좋아하는 같은 책을 읽고 이야기를 나누다 보면 공감대가 형성되고 관계도 좋아진다. 그러나 각자가 좋아하는 책은 100인 100색이므로 어느 한 권으로 딱 정하기는 매우 어렵다. 그러기에 아이들의 취향이나 희망을 최대한 고려하여 책을 선택한다면, 비록 교사의 의도성이 내재되어 있다 하더라도 그 책에 대한 자발적 선택권을 어느 정도는 만족시켜 줄 수 있을 것이다.

첫 시간에는 아이들에게 나를 소개하면서 아이들이 원하는 책을 찾는 시간을 가졌다. 이름을 둘러싼 원 안의 낱말을 넣어 질문한다. 예를 들면, "선생님 나이가 65살이에요?"라는 질문을 한다면 "그건 아니고, 서울시에 수석 교사가 있는 학교가 65개란다."라고 답해 주는 식이다. 자연스럽게 "수석 선생님이 좋아하는 책이 『어린 왕자』예요?"라는 질문이 나왔다. 다시

『어린 왕자』에 대한 생각 지도를 만들었다. 그 책을 좋아하는 이유, 저자, 책의 내용, 좋은 구절 등을 넣고 소개하였다. 그러면서 "여러분이 좋아하는 책은 무엇입니까?"라는 질문을 아이들에게 돌려주었다.

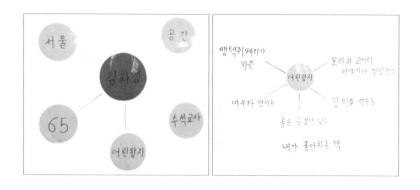

자신이 좋아하는 책을 짝과 함께 질문하고 말하는 시간을 가졌다. '왜 그 책을 좋아하는지', '왜 추천하는지' 등 이야기를 나누어 보았다.

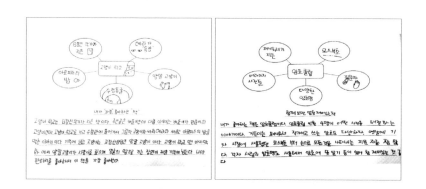

그렇다면 아이들은 어떤 책에 흥미를 보일까?

나이	관심을 보이는 내용
6~7세	• 자연에 관한 이야기, 동화, 삽화가 많이 들어 있는 책
8세	• 동화, 사실적인 이야기에 관심을 보임
9세	• 실생활 이야기, 자신에 대한 이야기
10세	• 여행, 다른 나라 이야기, 신화, 전설, 간단한 전기
11세	• 모험과 미스터리(소년), 가정과 학교생활 이야기(소녀)
12세	• 전기, 역사, 모험(소년), 가정과 학교생활, 성인 소설

　나이별 독서 발달 단계에 따른 독서 능력을 살펴보았다. 3, 4학년부터는 책 속에서 따라 하고 싶은 롤모델을 발견하고 동일시하게 된다. 이 시기를 '역사 이야기 시대'라고 이름 붙인 이유는, 합리적 사고기로 접어들어 스스로 책을 선택하고 신화와 역사 속 영웅의 이야기를 동경하기 때문이다. 5, 6학년이 되면 소리 내지 않고 의미 중심으로 책을 읽을 수 있다. 내용을 사실과 의견으로 구분하고 비유적 표현에 담긴 의미를 유추할 수 있게 된다. 5, 6학년은 '지식과 논리의 시대'라고 할 수 있다. 따라서 지적 호기심이 폭발하는 고학년 아이들은 점차 우정을 키우는 긴 이야기에 관심을 갖고, 많은 아이가 추리나 공상과학 소설, 판타지 소설을 탐닉하기도 한다.

　초등학생들의 발달 단계에서 책 선호도에 대한 이유를 찾아보았다. 3, 4학년 아이들은 상상의 세계에서 벗어나 현실에 가치를 두면서 닮고 싶은 인물을 갖게 된다. 호기심이 많아지고 점차 또래 집단을 형성하기도 한다. 진로 발달 이론에 따르면 자기를 인식하기 시작하여 독립적으로 되고, 자기 인식의 초점이 동기와 욕구, 친구와의 관계 형성에 있다는 것이 3학년 아이들의 특성이라고 한다. 이에 반해 4학년은 일의 세계를 이론적으로 탐색하고 사회 내에서의 자신의 위치 등을 생각하며 의사 결정에 관심을 갖는 시기다. 또한 이 시기 아이들의 발달 과제는 "친구가 중요한 위치를 차지하기 때문에 친구들과 사이좋게 지내는 것에 대한 학습으로 일상생활에서 필요한 개념을 발달시켜야 한다."라고도 했다.

5, 6학년 아이들은 어린이도 아니고 어른도 아닌 어중간한 상태에서 불안정과 불균형으로 인한 긴장과 혼란을 경험하게 된다. 이 시기는 부모와의 관계 지향에서 벗어나 또래 집단에 대한 소속 욕구가 팽배해지는 시기다. 타인의 입장을 고려하며 자신의 생각, 감정, 행동을 다른 사람의 관점으로 볼 수 있는 인지 능력과 타인의 행동이나 관점을 이해하는 조망 수용 능력이 발달하는 시기이기도 하다.

아이들이 추천한 책을 살펴보고 통계로 아이들이 선호하는 주제와 내용에서 다음과 같은 결론을 얻었다.

- 창작 동화와 판타지 소설류의 책을 좋아한다.
- 아름답고 감동을 주는 책을 좋아한다.
- 남학생과 여학생이 모두 좋아하는 재미있는 책이면 좋다.
- 평균 정도의 수준에 맞는 읽기 편한 책이어야 한다.

거기에 덧붙여 교사인 나는, 아이들이 자신의 삶과 진로에 대해 생각할 수 있는 기회를 주는 책이면 더 좋겠다고 생각했다. 그래서 좋아하는 것과 잘하는 것에 공통점이 있는 두 주인공이 만들어내는 동화인 『소리 질러, 운동장』을 떠올렸다.

□『소리 질러, 운동장』

이 책은 진형민의 장편소설로 이미 인지도가 매우 높은 책이다. 그만큼 인기 있는 책이라는 뜻이다. 그러기에 오히려 나만의 시각으로 접근하는 또 다른 책 읽기 방안을 제시할 수도 있겠다는 생각이 들었다.

야구를 좋아하는 김동해는 정직하게 "아웃"이라고 말한 것 때문에 학교 야구단에서 쫓겨났다. 태어나면서부터 공을 좋아하는 공희주도 아빠가 운영하는 학원에서 쫓겨났다. 지지리도 공부를 못 하는 딸 때문에 '자식도 못 가르치는 학원 원장'이라는 소문을 두려워하던 아빠가 희주를 해방시켜 준 것이다.

동해와 희주는 야구를 좋아하는 아이들을 모아 야구단 같지 않은 야구단인 '막야구단'을 만들게 된다. 그런데 운동장 사용으로 학교 야구단 감독님과 갈등을 빚게 된다. 실내화로 공을 받고 빗자루로 공을 쳐도 부끄럽지 않고 마냥 즐겁기만 한 이 '막야구단'은 과연 좋아하는 야구를 계속할 수 있을까? 그리고 행복할 수 있을까?

2. 함께 읽는 것은 왜 좋을까?

함께 책을 읽으면 책 속에서 사람을 만나게 된다. 나와 다른 듯했던 등장인물들이 어쩌면 나일 수도, 내 옆의 사람일 수도, 곧 만날 미래의 나와 너일 수도 있다.

함께 책을 읽으면 나와 다른 사람의 생각이 만나게 된다. 생각과 생각이 만나 더 크고 더 넓게 증폭될 수 있다. 그래서 내 속의 작은 세상이 큰 세상으로 이어지는 경험을 할 수 있다. 내 삶의 계획이 더 촘촘해지고 아름다워질 수 있다.

함께 읽으면 '경청'이라는 소중한 덕목을 기를 수 있다. 혼자서 조용히 의미를 곱씹으면서 책을 읽을 수도 있지만, 짝과 함께 말하면서 서로의 생각이나 느낌을 공유하는 것은 생각의 지평이 넓어지는 경험이다.

함께 책을 읽을 때, 교사의 주도로, 혹은 아이들의 자발적인 관심으로 이야기가 본래의 길에서 벗어날 수 있다. 그렇다면 이렇게 샛길로 빠져나갔을 때 어디까지 갔다가 돌아오면 좋을까? 물론 자연스러운 것이 좋을 것이다. "이 책으로도 '느리게 읽기'를 경험할 수도 있지 않을까?" 하는 바람에 덧붙여 샛길로 빠져나가는 것도 즐거운 책 읽기의 한 방법으로 인정하고 싶었다.

둘째 시간에는 선정된 책을 소개하였다. 약간의 긴장감을 주기 위해서 5단계 그림 퀴즈로 책 제목 알아맞히기를 했다.

- 1단계 힌트: 치어리더의 활기찬 모습
- 2단계 힌트: 초등학교 아이들의 활짝 웃는 얼굴
- 3단계 힌트: 야구공과 배트
- 4단계 힌트: 소리 지르면서 노래 부르는 가수의 모습
- 5단계 힌트: 학교 운동장 모습

책의 표지를 보여 주고 답을 확인하면서, 아이들의 책 내용에 대한 궁금증이 더 커지는 것 같았다.

3. 책을 읽기 시작했어요

□ 토론으로 가치 판단하기

드디어 책의 첫 장을 열었다. 1장과 2장은 우리의 주인공, 김동해와 공희주를 소개하는 내용이다. 두 주인공의 공통점은 바로 5학년이라는 것과 공을 좋아한다는 것, 그리고 서로 다른 이유로 쫓겨났다는 것이다. 동해는 정직하게 "아웃"이라고 말한 이유로, '작전상 후퇴'라는 감독님의 애매모호한 표현에 따라 학교 야구단에서 나왔다. 희주는 수학을 못한다는 이유로, 수학 학원 원장인 아빠의 돈벌이에 방해가 될 가능성 때문에 학원을 더 이상 못 다니게 되었다.

1장을 읽고 아이들은 '아웃! 사건'이라는 별칭을 붙였다. 그리고 '스포츠 정신과 정직한 삶'에 대한 질문을 던졌다. '스포츠 정신'의 정의를 묻는 질문에 아이들은 '정정당당하게 최선을 다하는 정신'이라고 대답했다. 그렇다면 동해가 정직하게 "아웃"이라고 말한 것에 대해 아이들은 어떻게 판단했을까?

- 동해 때문에 6학년 형들이 중학교 가는 데 피해를 봤으니까, 동해가 실수한 것이 아닌가요?
- 저도 그렇게 생각해요. 6학년 형들한테는 정말 중요한 기회인데 동해가 한 말 때문에 사라진 것이잖아요?
- 아닙니다. 정직하게 말하는 것이 옳아요. 6학년 오빠들이 이번에 졌다고 인생이 없어지는 것도 아니고요. 어쨌든 거짓말은 하면 안 됩니다. 스포츠맨은 스포츠 정신을 지켜야 해요.
- 지금은 속상할지 모르지만 자꾸 거짓말을 하면 나중에 더 큰 일이 생길 수도 있어요.
- 정직하게 말하는 것은 그 때는 좀 힘들다고 부모님이 말씀하셨어요. 그러니까 결국

동해가 잘한 거예요.

아이들은 '나의 정직'과 '집단의 이익'의 둘 사이에서 갈등을 느끼는 것 같았다. 어느 쪽을 지지하든 마음이 불편한 것은 어쩔 수 없다. 세상 살이가 원래 그러하기에…. 그렇지만 결국 아이들은 더 큰 가치로 '정직'을 선택했다.

김동해는 야구를 무척 좋아하지만 점수가 나게 공을 잘 치지는 못한다. 그런데도 동해가 야구를 계속하는 것에 대하여 어떻게 생각하는지 아이들끼리 주고받은 말을 일부 소개한다.

- 동해는 야구를 좋아하는데, 좋아하는 것을 안 하면 사는 게 재미없을 것 같아.
- 하고 싶은 것을 하는 것은 그 사람 자유야.
- 지금은 좀 못해도 열심히 연습하면 잘할 수도 있지.
- 좋아한다고 못하는 것을 계속하면 다른 것도 못하게 돼. 그러니까 잘하는 것을 하는 게 나을 거야.
- 아니야. 좋아하는 것을 못 하면 불행할 것 같아. 그러니까 동해는 좋아하는 야구를 해야 해.
- 맞아. 우리는 아직 어리니까 못하는 것도 연습하면 잘하게 될 거라고 생각해. 나는 동해가 좋아하는 야구를 즐겁게 계속했으면 좋겠어.
- 개인적으로 야구를 하는 것은 자유야. 그런데 야구단은 다른 것 같아. 야구단원을 안 하면 자기만 피해를 보지만, 야구단에 남으면 다른 사람한테도 피해를 줘.

좋아하는 일을 계속해야 할까? 잘하는 일을 찾아야 할까? 아이들이 주고받은 이 말들은, 어쩌면 동해의 문제가 아닌 자신들의 진로에 대한 고민일지도 모른다.

　공희주는 여자라고 야구단에 들어갈 수가 없었다. 이 점에 대해서 어떻게 생각하는지 의견을 나눠 보았다.

- '왜 여자는 야구를 하면 안 되나?' 하는 생각을 하게 되었어요.
- 요즘은 남녀평등시대이고, 야구를 좋아한다는데 여자라고 야구를 못 하게 하는 것은 불평등이라는 생각이 들어요.
- 감독님은 희주 어깨가 야구를 잘하게 생겼다고 했어요. 몸도 좋고 공도 잘 던지는데 여자라서 하지 말라는 것은 말이 안 되죠.
- 요즘엔 여자 야구단도 있어요.
- 그래도 우리나라 프로 야구단에는 여자선수가 없어요. 나중에 취직 문제로 고민하는 것보다 숫제 지금 안 하는 것이 나아요.
- 아니에요. 우리가 어른이 되었을 때 우리나라에도 여자 프로 야구단이 만들어질 수도 있잖아요?
- 맞아요. 다른 나라에 여자 프로 야구단이 있다면 그쪽으로 가도 되고요.

　여자 주인공 희주의 이야기를 좀 더 확장해서 직업에서의 성차별과 역할에 대한 토론 학습을 해 보는 것도 좋을 것 같았다.

□ 친구 가르치기로 주요 용어 익히기

　책 읽기는 사전 지식이 있는 만큼 이해하기도 쉽고 재미있다. 주요 등장인물부터 주제에 대한 접근 방법까지 이 책은 야구를 소재로 한 책이다. 야구를 모르는 아이들도 한 번은 들었을 만한 야구 관련 용어들이 연달아 나온다. 야구를 좋아하는 아이들은 용어나 규칙이 어렵지 않지만, 야구에 관심이 없던 아이들은 책의 내용보다 낯선 용어로 인해 책에 대한 호감이 줄어들 수도 있다. 그래서 '친구 가르치기 하브루타'로 야구에 대하여 공부하는 시간을 가져 보았다. 아이들은 교사가 나눠 준 야구 용어와 야구장 그림 자료를 보고 짝과 함께 설명하고 질문하면서 야구에 대한 지식을 얻었다. 참고로 '학습 효율성 피라미드'를 보면 친구에게 설명하는 공부 방법의 효율성이 매우 높은 것으로 나타나 있다. 24시간 후, 기억에 남는 비율이 강의식 공부법보다 18배나 높다는 연구 결과도 있다.

친구 가르치기 하브루타의 방법은 다음과 같다.

- 한 문장씩 읽으면서 내용을 설명한다.
- 말하거나 그리는 등 자신만의 방법으로 설명한다.
- 잘 모르는 부분은 서로 질문한다.
- 질문에 대한 답을 들으면서 반론이나 문제점, 예시 등을 주고받으며 서로 가르친다.
- 그래도 모르면 표시해 두고 다른 친구나 교사에게 묻는다.
- 야구에 대한 공부가 끝나면 수준별 학습지로 자신의 실력도 확인해 보고 모르는 것은 배우는 시간을 가졌다.

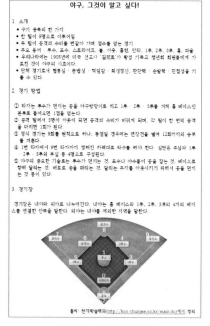

친구 가르치기 학습지

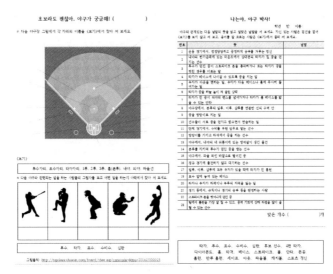

수준별 학습지(기초, 심화)

□ 지난 시간에 읽은 내용 확인하기

다음 시간은 전 시간의 내용을 상기하는 것으로 시작했다. 짝과 함께 가위, 바위, 보를 한 다음 이긴(또는 진) 친구가 누가 먼저 말할 것인지 선택한다. 먼저 말하게 된 친구는 1장의 내용을 간략하게 말한다. 듣는 친구는 짝의 말이 끝나면 보충이나 질문을 할 수 있다. 짝의 말이 끝나면 2장의 내용을 들려준다. 역시 간추려 말하기가 끝나면 들으면서 느꼈던 것이나 하고 싶은 말을 할 수 있다.

또는 지난 시간에 읽은 내용을 '도미노 말하기'로 한 문장씩 말하는 방법도 있다. 전체 학생들이 그냥 떠오르는 내용을 순서 없이 한 문장씩 줄줄이 말한다. 갑자기 생각이 안 나면 "통과."라고 말하고 마지막에 말하면 된다. 이때는 친구들의 도움을 얻을 수도 있다.

내용과 관련된 낱말들을 나열해 놓고 그 낱말들을 엮어서 내용을 말하는 방법도 있다. 예를 들면, '감독님', '양보'라는 두 낱말로, "'감독님'은 막야구단에게 운동장을 '양보'하라고 했습니다."라는 문장을 말하는 것이다.

첫 번째 방법으로 내용을 상기해 보았다. 짝과 함께 번갈아 가며 내용을 말하고 궁금한 점을 서로 묻는 방법이다.

- 김동해라는 아이가 있는데, 걔는 5학년 남자아이야. 야구를 좋아해서 4학년 때부터 학교 야구단에 들어왔어. 그런데 공을 잘 치지는 못해. 그래서 후보 선수야. 어느 날 다른 학교랑 시합하는데, 동해네 학교가 4 대 5로 지고 있었어. 투아웃에서 주자가 막 들어왔는데 아웃인지 세이프인지 모호한 상황인 거야. 그때 동해가 물 주전자를 들고 지나가다가 그 장면을 봤어. 정확하게 아웃인 것을 보았으니까 정직하게 대답했지. 그런데 아웃이 되면 동해네 학교가 지게 되고 그러면 6학년 형들한테 손해가 되는 거야.
- 왜 손해가 되는데?
- 동해네 학교가 이겨야 형들이 야구하는 학교에 갈 기회가 생기거든. 그래서 감독님이 화가 나서 동해에게 야구부에서 나가라고 했어. 작전상 후퇴라면서….
- 그런데 왜 '작전상 후퇴'라고 했어?
- 아마도 그냥 나가라고 하면 동해가 속상해하거나 안 나간다고 할 수도 있잖아? 그래서 작전은 중요하고 동해에게 다시 부를 수도 있다는 느낌을 주려고 그렇게 말씀하신 것 같아.

이어서 짝이 다음 내용을 말한다.

- 공회주는 태어나서부터 공을 좋아했대. 그런데 얘는 여자아이고 김동해처럼 5학년이야. 회주는 운동은 잘하는데 공부는 아주 못해. 특히 수학을 잘 못 하지. 회주 아빠가 수학 학원 원장인데, 회주는 공부는 안 하고 낙서만 했어.

- 그런데 왜 학원을 안 다니게 되었을까?
- 희주가 워낙 수학을 싫어하고 점수도 나쁘니까 학원에 다녀도 소용없다는 것을 알게 된 거지. 아빠는 공희주 때문에 학원에 대한 소문이 안 좋게 날 것도 걱정했어.
- 안 좋은 소문이 뭐야?
- 아빠가 수학 학원 원장인데 딸이 수학을 못 하면 못 가르친다고 생각할 거 아냐? 그러면 학생 수가 줄어들 거잖아.

짝과 함께 이야기를 주고받다 보면 이미 알고 있다고 생각했던 내용도 제대로 정리가 되고, 질문을 통하여 좀 더 깊이 생각하게 된다.

□ 우리말 실력이 쑥쑥 자라요

동해와 희주는 정식 야구단은 아니지만, 누구나 즐길 수 있는 야구단을 만들기로 한다. 그런데 문제가 발생했다. 이미 학교 야구단이 있으므로 야구단이라는 명칭을 쓸 수 없다는 것이었다. 그래서 엉겁결에 붙인 글자가 '막'이라는 글자였다.

"왜 '야구 말고 막야구'라고 했을까요? 야구와 막야구는 어떻게 다를까요?"

- '막'이라는 글자가 있고 없고가 달라요. (웃음)

"그러네요? 그럼 우리말에 '막'이라는 말이 붙은 낱말은 어떤 것들이 있을까요?"

- 막국수, 막말, 막고춧가루, 막일, 막하다, 막걸리, 막대기, 막창구이, 막장드라마….
- 다른 글자들은 '막'자를 없애도 말이 되는데, 막대기하고 막걸리는 이상해요.

"그럼 '막야구'의 '막'과 같은 뜻의 '막'자가 붙은 낱말은 어떤 것들이 있을까요?"

- 막국수, 막말, 막일, 막고춧가루. '막'자가 붙으면서 아무렇게나, 마구와 같은 뜻이 되었어요.
- 막국수는 메밀가루를 바로 국수로 만들어서 그런 이름이 붙었을지도 몰라요.
- 막말은 '아무 말 대잔치'예요. 생각나는 대로 예의 없이 하는 말이래요.
- 막 하는 것은 아무렇게나 대충하는 것 같아요.

"그래요. '막'자는 낱말의 앞에 붙어서 '거친, 함부로, 마구 닥치는 대로' 또는 '바로, 즉시'의 뜻으로 바뀌게 해 주는 글자예요. 그럼 '막야구'는 어떤 야구일까요?"

- 진짜 야구가 아닌 거요. 규칙도 편하게 만들고 글러브나 배트도 없이 하는 동네 야구에요.

한 개의 접두어로 다양한 뜻을 유추하고 다른 낱말의 예를 찾아보게 된다. 책을 읽으면 새로운 낱말의 뜻을 전후좌우의 문맥에 따라 유추, 확장하여 알게 된다. 어휘력이 늘게 된다.

이 책은 야구 경기나 연습 모습을 생기 있게 표현해서 마치 실제 장면을 보는 것 같은 상상을 불러일으킨다. 아이들은 '흉내 내는 말'이 많이 있어서 그런 것 같다고 했다. '흉내 내는 말'은 사회적으로 규정된 발음 체계와는 전혀 상관없는 우발적인 소리를 인간의 편의성으로 끼워 맞추어 만든 것이다. 이에 해당하는 단어는 철저하게 자의적이지만 이미 널리 알려진 것을 쓰거나 글쓴이가 창의적으로 만들기도 한다.

각 장에 나와 있는 흉내 내는 낱말을 찾아 밑줄을 그어 보았다. 웃음소리나 모습을 나타낸 말을 예로 든다면, '히죽히죽', '캐득캐득', '풋', '키득키득', '실실', '빙글빙글', '히죽', '피식피식', '생글생글'과 같은 낱말을 풍부하게 활용하여 귀엽고 순수한 아이들의 모습을 떠오르게 만든다. 보통은 모르는 낱말의 뜻을 사전에서 먼저 찾곤 하는데, 교사가 뜻을 먼저 알려 주어 보았다. 앞뒤 문맥을 살펴보고 혼자 또는 짝과 함께 전체나 주어진 장 안에서 낱말을 찾도록 했다. 몇몇 아이는 채점도 하면서 자신의 어휘력을 확인하기도 했다.

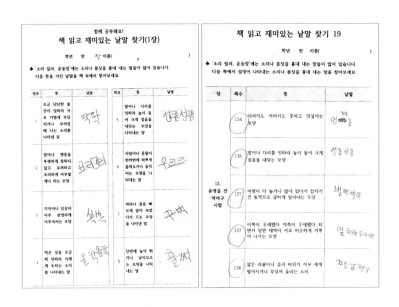

그렇다면 다음 낱말은 무엇을 흉내 낸 말일까?

올칵올칵	• •	팔을 가볍게 내저으면서 경망스럽고 급하게 자꾸 걷는 모양을 나타낸 말
비척비척	• •	먹은 것을 조금씩 잇따라 거세게 토하는 소리를 나타낸 말
쨍강쨍강	• •	몸을 한쪽으로 비틀거리거나 다리를 절룩거리며 걷는 모양을 나타낸 말
어정버정	• •	얇은 쇠붙이나 유리 따위가 자꾸 세게 떨어지거나 부딪쳐 울리는 소리를 나타낸 말
왜쭉왜쭉	• •	자그마한 것들이 좁은 곳에 촘촘하게 많이 붙어 있는 모양을 나타낸 말
다다귀다다귀	• •	큰 몸집의 사람이 하는 일 없이 이리저리 천천히 걸어 다니는 모양을 나타낸 말

♣ 정답은 부록에서 찾아보세요.

『소리 질러, 운동장』을 감각적이고 명랑한 분위기로 만드는 또 다른 요소는 바로 관용적이면서 유머러스한 표현이 매우 많다는 것이다. 5학년 학생들의 국어과 성취 기준에는 '비유하는 말'을 이해하는 내용이 포함되어 있다. 작가는 이 책의 독자인 3, 4학년 수준에 맞는 '흉내 내는 말'과 5, 6학년의 수준에 맞는 '비유하는 말'을 풍성하게 넣어, 아이들로 하여금 지적인 만족감과 흥미를 끝까지 이어가도록 했다.

책을 읽으면서 비유적 표현에 밑줄을 그으면서 나름대로 뜻을 유추해 보는 일도 의미 있는 활동이 될 수 있다.

다음은 이 책에서 아이들이 찾은 비유가 들어 있는 관용표현의 일부다.

- 수비수의 기분을 먼저 생각하는 참 예의 바른 공
- 뜨거운 콧김을 내뿜으며 서 있었다. 다들 심하게 목이 말라 보였다.
- 너만 보면 내가 자꾸 혈압이 오른다.
- 작전상 후퇴
- 영원한 비밀은 없는 것이다.
- 똥인지 된장인지 구분은 해야지.
- 영리한 안타였다.
- 불쑥 목에 핏대를 세웠다.
- 잠자는 사자의 코털을 함부로 건드린 것 같았다.
- 꽃으로도 아이들을 때리면 안 됩니다.

이미 쓰이고 있거나 작가가 만든 적절한 비유나 인용을 곳곳에 배치하여 글의 재미를 키운다. 매시간 책을 읽을 때마다 앞뒤 문맥에 따라 어떤 뜻으로 쓰였는지 유추하고 친구들이 이해한 것과 비교하였다.

책에 나온 표현을 아이들 식으로 해석한 것을 보자.

○ 수비수의 기분을 먼저 생각하는 참 예의 바른 공

- 공이 잘 안 날아간다. 공을 잘 못 친다. 수비수가 잡기 쉬운 공. 투수가 공을 잘못 던져서 잡는 사람이 쉽게 잡을 수 있다는 것을 좋게 말하는 것.

○ 작전상 후퇴

- 이제 나오지 마라. 언젠가는 부를 수 있지만 당장은 야구단 일을 하지 마라.

□ 학습 대화로 넓어지는 지식

그중 한 문장을 놓고 아이들과 나눈 학습 대화를 소개한다.

"'눈초리를 레이저빔처럼 쏘아댔다.'는 것은 어떤 몸짓을 나타낸 말일까요?"

아이들은 눈알에 힘을 주어 휘둥그렇게 뜨고 쏘아 보는 모습을 보여 준다.

"그럼 '뱁새눈처럼 째려본다'는 어떻게 보는 것일까요? 선생님과 친구들한테 보여 줄래요?"

눈을 가늘게 뜨고 째려보는 친구들의 모습에 "어머? 깜짝이야!"하며 모두 '까르르' 웃어댄다.

"그런데 뱁새처럼 째려본다는 말은 어떻게 생겼을까요? '째진 뱁새눈'은 어떤 모습을 나타낸 것일까요?"

수업이 샛길로 빠지는 순간이다. 이럴 때는 어떻게 해야 할까? 잠시 여유를 부려보는 것도 괜찮을 것 같았다. 그래서 뱁새에 대해 찾아보았다. 뱁새는 '붉은머리오목눈이'라는 또 다른 이름을 갖고 있다. 사진을 본 아이들은 "아유, 너무 귀여워요." 하고 감탄했다. 뱁새의 모습에서 '째진 뱁새눈'을 찾아보자고 했다.

- 뱁새가 작아서 눈도 작고 오목하니까 그런가?

- 자기 자식을 지키는 모습에서 그런 말이 나왔나 봐요.
- 뻐꾸기가 자기 알을 놓고 도망가는 새 둥지가 바로 뱁새의 둥지예요.
- '탁란'이란 말이 생긴 것은 뱁새 때문이에요.
- 요즘은 뱁새도 조금 영리해졌대요.

　이야기는 샛길로 빠져 제 길로 돌아오지 못한다. 그래도 잠시 더 가 보기로 했다. 탁란의 모습을 담은 사진들을 찾아보았다. 아직 눈도 안 뜬 뻐꾸기 새끼가 뱁새의 알과 어린 새끼를 날개와 다리로 둥지 밖으로 밀어 떨어뜨리는 장면에서 아이들의 한숨 소리가 커졌다. 더군다나 뻐꾸기 새끼보다 몸집이 작은 뱁새가 뻐꾸기를 자기 자식으로 알고 먹을 것을 갖다 주고 똥을 치우느라 몸이 수척해진 모습을 보고는 더욱 안타까워했다. 뱁새의 동그랗고 맑은 눈을 보고 '째진 뱁새눈'은 뱁새에 대한 오해가 아닐까 하는 생각을 하게 되었다. 덧붙여 뱁새 관련 속담도 찾아보았다.

　"우리나라 속담에 '뱁새가 황새를 쫓아가면 가랑이가 찢어진다.'라는 속담이 있어요. 무슨 뜻일까요?"

- 몸이 조그맣고 다리가 짧은 뱁새가 다리가 긴 황새처럼 걸으려고 하면 망한다는 뜻입니다.
- 자기 분수를 지키라는 말입니다.

　"뱁새에 대한 좋은 표현도 있답니다. '뱁새처럼 낳아서 수리처럼 기른다.', '뱁새는 작아도 알은 잘 낳는다.'란 속담도 있는데 무슨 뜻인지 아나요?"

- 태어날 때는 보잘것없어도 잘 클 수 있다는 뜻인 것 같아요.

- 몸은 작아도 잘하는 일이 있다는 표현인 것 같아요.

결국 '뱁새'에 대한 궁금증을 해결하다 보니, 책 읽기 수업은 과학 공부에서 국어 공부로 이리저리 드나들다가 다시 원래의 길로 돌아왔다. 그러면 어떠랴! 책 읽기는 그래서 더 재미있고 더 큰 지적 욕구를 불러일으키는 것인데.

□ 아이들의 문제는 아이들이 해결하게!

막야구단을 만들어 신나게 놀기 시작한 아이들에게 고난의 시간이 다가온다. 감독님께서 재미있게 노는 막야구단으로 인하여 학교 야구단원들이 야구에 집중하지 못한다고 판단한 것이다. 그래서 감독님은 막야구단이 학교 야구단과 같은 시간에 야구를 할 수 없도록 꾀를 낸다. 학교 운동장의 지분을 주장한 것이다. 전교생 720명 중에서 막야구단원은 19명이니까 그만큼의 운동장만 사용하고, 나머지는 학교를 대표하는 학교 야구단이 사용해야 한다는 것이다. 이야기에 몰입해 있던 아이들이 웅성거리기 시작했다.

- 뭐야. 야구단에서 야구도 못 하게 되었는데, 내 맘대로도 못한다고?
- 공부 끝나고 하는 건데 그럼 언제 하라는 거야?
- 운동장을 자기들이 샀나?

'학교의 명예를 위해 막야구단은 학교 야구단에게 운동장을 양보해야 하나?'라는 질문으로 짝과 함께 하브루타를 한 후, 반반 토론을 하였다. 학급의 반을 나눠 각각 찬성과 반대로 정하고 그 입장에서 토론하는 것이다.

- 학교 운동장은 그 학교 학생들 모두 함께 사용하는 것입니다. 야구단은 한쪽에서 하면 됩니다.
- 그러면 장소가 좁아서 연습하기 어려울 것 같은데요?
- 같이 쓰려면 조금씩 양보해야죠.
- 학교를 대표하는 야구단이 쓰고 막야구단은 한쪽 구석에서 하면 될 것 같은데, 왜 감독님은 안 된다고 해요?
- 운동장을 감독님 마음대로 쓰지 못하게 하는 건 잘못된 것 같아요.
- 아닙니다. 학교 야구단이 열심히 연습해서 좋은 성적을 얻으면 학교의 이름이 알려지고 그렇게 되면 학생들도 자랑스러워집니다.
- 이길지 질지 모르는데 무조건 운동장을 쓰지 못하게 하면 운동을 좋아하는 나머지 아이들은 어떻게 합니까?
- 그러니까 이길 수 있게 운동장을 양보해야지요.
- 그럼 이길 때까지 양보만 하다가 졸업할 때까지 운동장에서 못 놀면 누가 책임집니까?
- 살다 보면 속상하지만 양보해야 할 때도 있습니다.
- 양보할 사람이 더 많습니다. 야구단은 13명인데 막야구단은 19명이고, 전교생은 720명입니다.
- 720명이 다 운동장에서 놀지는 않습니다.
- 운동장을 모든 학생이 못 쓰는 것은 공정하지 않아요.

그렇다면 공정하게 하려면 어떻게 해야 할까? 이때 수학을 못 한다는 공희주가 한 가지 묘안을 떠올렸다. 바로 아빠가 만든 족집게 문제로 아이들의 땅을 사들이는 방법이었다. 곧 다가오는 시험에 대비하여 아이들에게 수학 문제 10문제를 주고 그 아이의 지분인 운동장을 막야구단이 쓸 수 있게 만드는 것이었다. 그런데 또 다른 문제가 발생했다. 바로 족집게 문제의 정답을 모른다는 것이다. 아이들은 나름대로 이 상황을 해결한다. 같은 답은 정답으로 인정하고, 서로에게 설명하거나 상급생이 하급생을 가르치는 방법을 쓴 것이다. 과연 이 방법들이 효과가 있을까? 그래서 아이들과 함께 어떤 방법으로 공부하는 것이 효과적일까 생각하는 시간을 가져 보았다. 여러 가지 공부 방법 중 어느 방법이 더 효과가 있을지 짝과 함께 늘어놓으면서 왜 그런지 의견을 교환하였다.

학습 효율성을 따져 보았을 때 다른 사람에게 설명하거나 가르치는 것은 수동적으로 강의를 듣는 것보다 훨씬 효과가 좋다. 아이들과 함께 이에 대한 연구 동영상[3]을 보면서 친구들과 함께 말하거나 설명하고 서로 가르치는 공부법이 도움이 된다는 것을 깨달았다.

막야구단의 운동장 지분이 늘어날수록 학교 야구단의 활동 공간이 줄어들게 마련이다. 막야구단 아이들의 현명한 대처에 놀란 감독님은 교장 선생님과 의논하려다 결국 포기하고 만다. 교장 선생님이 말씀하신, '약속을 어기는 시정잡배'가 되지 않으려니 다른 방안이 없는 것이었다.

아이들의 문제는 아이들이 해결해야 한다. 학교 야구단의 주장은 막야구단과의 결판을 제의한다. 이긴 팀이 운동장을 사용하기로. 이 이야기는 수미상관의 원칙을 철저하게 지킨다. 경기 막바지에 홈으로 달려 들어온 상

---

3 EBS(2014). <왜 우리는 대학에 가는가>. 말하는 공부법 하브루타.

황이 '세이프'냐 '아웃'이냐를 동해에게 묻는 이 이야기의 첫 장면과 같기 때문이다. 이번에 동해는 우리 팀의 이익과 정직 사이에서 전과 다른 갈등을 느낀다. 마음은 "세이프"라고 말하려고 했지만, 동해의 입은 다시 정직하게 "아웃"이라고 말한다.

정직은 과연 가장 훌륭한 해법일까? 정직한 동해의 말로 학교 야구단과 막야구단은 지혜롭게 공존하는 방법에 타협하게 된다. 그렇다. 작가는 이와 같은 결말로 정직이 미덕임을 은연중에 강조한다.

□ 질문으로 깊어지는 책 읽기

책을 마무리할 무렵, 처음부터 끝부분까지 천천히 넘기면서 질문 만들기를 해 보았다. 그중 몇 개를 소개해 본다.

- 김동해는 왜 "세이프"라고 하지 않고 정직하게 "아웃"이라고 말했을까?
- 스포츠 정신은 정직하게 말하는 것인데, 왜 지면 끝이라고 했을까?
- 희주는 어떻게 그렇게 공을 잘 던질 수 있을까?
- 여자아이의 공이 그 속도로 올 수 있을까?
- 딸이 공부를 못 한다고 아빠가 부끄러워해야 하나?
- 응원단에 들어가는 데 왜 시험을 봐야 하나?
- 운동부를 새로 만들 수 있는 규칙이 있을까?
- 야구부 활동을 수업이 끝난 후에 하는 이유는 무엇일까?

아이들이 만든 질문 중에는 희주는 여자아이인데도 어떻게 그렇게 야구를 좋아하고 잘하는지에 대한 질문이 꽤 있었다. 이런 의식이 초등학생들에게도 은연중에 있음에, 도덕 수업과 통합하여 성 역할과 차별에 대한 수업을 해 봤으면 좋겠다는 생각이 들었다.

"시험에 나올 가능성이 큰 문제를 왜 족집게 문제라고 할까?"라는 질문에 대하여 나눈 학습 대화는 다음과 같다.

- 족집게는 털 같은 것을 한 번에 뽑는 거니까 시험에 나올 것을 딱 집어서.
- 자주 나오는 문제는 거의 비슷하니까 딱 집어서 공부하면 되는 문제다.
- 아이들이 잘 틀리거나 어려워해서 그것만 공부해도 도움이 되는 문제를 비유해서.
- 학교 선생님이 낼 것이라고 예상되는 문제라서 다른 공부를 안 해도 되니까.

4. 책을 읽으며 나를 세우다

□ 책 속에서 나의 롤모델을 찾다

이 책에서 아이들이 가장 좋아하는 등장인물은 누구였을까?

이 책의 주요 등장인물은 '김동해'와 '공희주'다. 그 밖에 2학년부터 6학년까지의 막야구단원들, 야구 도구 대신에 잠자리채와 실내화로 공을 잡으려고 했다고 해서 잠자리채, 신발짝이 별명인 아이들과 학교 야구단의 주장 강 선수, 연예인이 꿈인 남나리와 응원 단원들, 학교 야구단 감독님과 교장 선생님, 학교 동아리 담당인 6학년 선생님, 희주 아빠인 수학 학원 원장님과 희주 엄마 등이 나온다. 물론 아이들이 가장 좋아하는 인물은 김동해와 공희주다.

- 김동해는 정직합니다. 정직하고 스포츠 정신이 뛰어납니다. 착합니다. 야구 실력은

부족해도 최선을 다합니다.

- 공희주는 여자지만 당당하게 자기가 좋아하고 잘하는 야구를 해서 멋있습니다.

- 저는 교장 선생님이 마음에 듭니다. "꽃으로도 아이들을 때리지 말라."고 하십니다. 아이들을 많이 사랑하시는 것 같고 규칙도 잘 지키시는 것 같습니다. 한 입으로 두말을 하지 않는다고도 하셨습니다.

- 야구 감독님이 귀엽습니다. 무서우신 것 같은데 함부로 하시지는 않습니다. 그리고 유머가 있습니다.

- 아이들도 순수합니다. 빗자루와 잠자리채, 모자로도 야구를 즐겁게 합니다.

우리도 동아리를 만들어 보면 어떨까? 우리도 '막야구부'처럼 함께 즐길 수 있는 동아리를 만들면 재미있을 거라는 의견이 나왔다. 아이들이 제안한 동아리를 분류해 보았다.

아이들이 제안한 동아리 분류
• 체육 관련 동아리: 야구, 축구, 배드민턴, 줄넘기, 댄스, 태권도, 피구, 체력단련, 농구, 체조 동아리
• 예술 관련 동아리: 만들기, 그리기, 피아노, 중창, 꾸미기, 캐릭터 랩핑지, DIY, 데코 드로잉, 손글씨, 만화 그리기, 상상력 기르기
• 인문 동아리: 책 읽기, 영화, 여행, 요리, 먹방, 민속놀이
• 기타: 닌텐도, 아이돌그룹 팬, 동물 기르기, 개그, 명탐정 코난, 뜨개질, 환경보호, 컴퓨터게임, 보드게임, 베이비시터, 친구 문제 해결 동아리

자신이 제안하는 동아리 모집 광고를 각자 자신의 사물함에 붙여 놓고 마음에 드는 동아리에 스티커를 붙여 보았다. 아쉽게 활동은 하지 못했지만, 아이들의 관심사를 파악할 수 있었다. 무엇보다도 신기했던 것은 '아무거나 동아리'였다. '만나는 게 좋아서 아무거나 하면서 놀겠다'는 것이 이

동아리의 의도인데 의외로 신청자가 많았다. 아이들의 쉬고 싶은 마음을 나타낸 것이 아닌가 싶었다. 그리고 깨어진 우정을 수리해 준다는 '친구 동아리'는 요즘 아이들이 얼마나 관계를 중요하게 생각하는지 알려 주는 것 같았다.

남자아이들이 원하는 '막야구 동아리'로 운동장에서 신나게 야구 경기를 했으면 참 좋겠다는 생각도 했다. 야구 글러브가 없으면 어떻고, 야구 배트가 없으면 또 어떤가? 함께하는 것 자체가 즐거움인데.

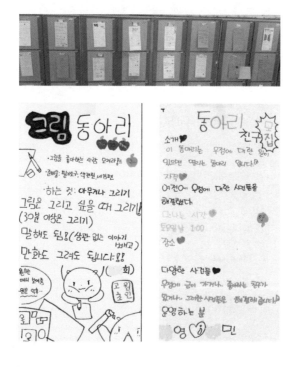

□ **나의 강점을 찾아보자**

그렇다면 내가 잘하는 것은 무엇일까? 기존의 체크리스트로 지금, 나의 강점지능을 찾아보았다. '가드너 박사'가 주창한 '다중지능이론'은 그것의 학문적 타당성이나 신뢰성을 차치하고서라도 초등학교 시기의 아이들에게 자신을 이해하고 자존감을 키울 수 있게 하는 데 의미가 있다고 생각한다. 나의 강점 지능을 찾아보고 내 이름에 표현해 보았다. 이런 방법을 '셀프 브랜딩'이라고 한다. 자신을 브랜드화해서 알리는 것이다. '셀프 브랜딩'한 내용을 보면서 상대의 강점을 찾거나 말하는 시간을 가졌다. 아이들마다 강점지능이 다름을 알고 자신감을 갖게 되고 서로를 이해하는 계기를 만들 수 있었다.

야구를 좋아하는 동해가 진짜 1군 야구선수가 되어 멋진 타자가 되고, 여자라는 편견의 희생양인 희주가 메이저리그급의 투수가 된다면 이 이야기의 에필로그로서 더할 나위 없이 멋질 것이다. 그럼에도 불구하고, 만약 좋아하는 일에 많은 노력과 시간을 투자했음에도 원하는 결과를 얻지 못한다면 어떻게 해야 할까? 다시 말해서, 자신의 강점지능을 찾으면서 좋아하는 일과 강점지능이 일치하지 않는 경우가 있음을 발견했을 때는 어떻게 해야 할까? 마치 동해처럼. 그렇다면 자신의 강점지능을 좋아하는 일과 연결시킬 수는 없을까 생각해 보았다. 야구를 좋아하고 성실한 두 아이가, 선수는 아니지만 야구와 관련된 직업에 종사하는 것으로도 만족감을 얻을 수 있지 않을까?

'일'과 '직업'은 어떻게 다를까? 일이란 한 사람의 기술이나 활동적 측면, 개인적 특성을 이루는 측면이 있다. 그 사람이 좋아하고 흥미로워하고 스스로 개발해 나갈 수 있는 요소가 숨어 있다. 일이 본질적이라면 직업은 시대에 따라 바뀌기도 하고 사라지기도 한다. 야구를 좋아하는 동해와 희주에게 권할 수 있는 직업을 함께 찾아보았다. 물론 이 중에는 두 아이가 어른이 되었을 때 이미 없어진 것도 있을 테지만 말이다.

- 남나리처럼 치어리더를 하거나 응원을 하는 사람
- 심판이나 코치, 트레이너
- 야구 관련 글을 쓰는 스포츠 기자
- 야구 해설가
- 야구 전문 블로거
- 야구선수를 대신해서 연봉 협상이나 광고 계약, 이적 등의 일을 하는 법률 대리인(에이전트)
- 경기 기록원이나 분석원
- 야구 경기 진행요원
- 장내 아나운서
- 야구복 등 유니폼 디자이너
- 야구 구단이나 협회에서 일하는 사람
- 어린이 야구단 지도자
- 야구 관련 물품을 취급하는 사람
- 영어와 같은 외국어로 야구를 가르치면서 외국어도 지도하는 학원 강사
- 선수 주치의, 영양사 등 체력 관리자
- 체육 선생님, 야구 학원 강사
- 다른 일을 하면서 야구를 취미로 할 수 있다.

진정으로 좋아하는 그 일을 위하여 지금부터 노력하는 것은 힘들지만 매우 소중한 경험이다. 아직은 어린아이들이기에 섣불리 포기하지 말고 일단 꾸준히 노력하여 능력을 키우자. 그랬는데도 꿈을 이루지 못할지도 모른다. 그래도 두려워하거나 후회하지는 말자. 길은 여러 갈래이니까.

이 책이 마음에 드는 점이나 이 책에서 발견하게 된 장점을 나누어 보았다.

- 이 책에는 재미있는 문장이 많아요. 흉내 내는 말도 많아서 국어 공부도 되는 것 같아요. 그리고 야구에 대한 흥미도 가질 수 있어요.
- 진실을 말하는 것이 좋다는 것을 알려 주어요.
- 이 책은 여자, 남자 구별이 없어서 좋아요. 편견을 없애 주는 것 같아요. 어른들도 이 책을 읽었으면 좋겠어요.
- 저는 김동해 덕분에 인성 교육을 받은 것 같아요. 나한테 착하고 정직하게 살라고 말하는 것 같아요.
- 스포츠 정신이 무엇인지 알게 되었어요. 그래서 정직하게 사는 것이 중요하다는 생각도 하게 되었어요.

그런 다음 이 책을 누구에게 추천하고 싶은지 써 보았다.

- 나는 이 책을 안 읽은 모든 아이에게 추천하고 싶다. 만약 축구를 하고 싶은데 골대가 없어서 못 한다면 나무 사이에 골을 넣을 수도 있다. 이것처럼 준비물이 없어도 마음만 먹으면 할 수 있다는 것을 알려 주는 책인 것 같다.
- 가족들에게 권하고 싶다. 엄마가 읽으시면 재미있어서 웃으시고 야구에 관심이 생길 수도 있을 것 같다. 아빠는 야구를 좋아하시니까 더 재미있게 읽으시고, 그러면 온 가족이 야구장에 갈 수 있을 것 같다.
- 친구에게 소개하고 싶다. 여자아이도 야구를 할 수 있다는 것을 알려 주고 싶다.
- 친구 ○○이에게 추천하고 싶다. 그 애는 운동은 싫어하는데 관심은 있는 것 같다. 이 책을 읽으면 같이 운동할 수도 있을 것 같다.

이 책의 주제는 무엇일까? 작가는 우리에게 무엇을 깨닫게 해 주고 싶었을까? 마지막 작가의 말에서 아이들은 답을 찾았다. 그리고 자기만의 말로 이를 풀어 보았다.

"우리가 배워야 하는 모든 것은 운동장에 있다."

- 운동장에서 노는 법을 배울 수 있다.
- 놀면서 창의성을 키울 수 있다.
- 운동장에서 힘차게 뛰어놀면 건강해진다.
- 스트레스를 해소할 수 있다.
- 참을성을 기를 수 있다.
- 놀면서 결과에 승복하는 법을 배운다.
- 친구와 어울리는 법을 배운다.

"하고 싶은 일이 다르다는 것은 우리가 제가끔 힘껏 살고 있다는 뜻이지요."

- 사람마다 하고 싶은 일이 다르다. 그래서 그 사람이 하는 일을 존중해 주어야 한다.
- 각자 자기가 하는 일을 열심히 해야 한다.
- 겉에서 보아서는 알 수 없다. 함부로 판단하면 안 된다.
- 남들이 좋다고 하는 일이 나에게도 좋을 수는 없다. 각자 자기가 좋아하는 일을 하면서 사는 것이다.
- 자기의 능력이나 적성에 따라 하고 싶은 일을 해야 보람 있을 것 같다.

교사가 의도하지 않아도 책 속에서 아이들은 스스로 깨달음을 찾고 자신을 돌아보게 된다. 더 나아가 주변도 살펴보게 된다. 이것이 바로 함께 책 읽기의 장점이다. 그리고 놀라웠던 점은 어린아이들이지만 생각을 모아 이야기를 나누면서 철학적 사고의 싹을 틔우고 있었다는 것이었다. 삶이 무엇인지, 어떻게 살아야 하는지, 유쾌한 이야기 속에서 진지함을 길어 올림에 마음껏 손뼉을 쳐 주고 싶었다.

마지막으로 함께 읽은 책에 대한 추억을 남기는 것으로 활동을 마무리했다. 좋아하거나 인상 깊게 기억에 남은 구절이나 장면 등을 책갈피로 남겼다.

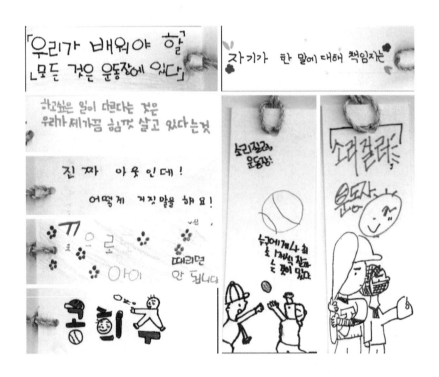

5. 행복한 삶에 대한 질문이 계속되길 바라며

우리 아이들이 행복하게 살 수 있는 자신의 장래희망을 결정한다면, '좋아하는 일'과 '잘하는 일' 중에서 어떤 것을 선택하면 좋을까? 물론 '좋아하는데 잘하는 일'이 정답일 것이다. 그렇지만 세상은 그리 만만하지 않은 법! '좋아하는 일만 해도 잘 살 수 있을까?'라는 걱정이 조금씩 생길 때, 나는 『소리 질러, 운동장』이라는 책으로 아이들과 함께 진정 행복한 삶은 무엇인지에 대한 이야기를 나누고 싶었다. 우리 아이들이 '정직과 책임', '우정', '다름과 차별', '편견', '일과 진로'에 대해 한 번쯤 생각하는 시간이 되었으면 좋겠다는 희망을 품었다.

그렇다면 좋아하는 일을 하는 사람과 잘하는 일을 하는 사람 중에 누가 더 행복할까? 역시 좋아하는 일과 잘하는 일이 일치하는 경우일 것이다. 일치하지 않은 경우, 연구에 의하면 좋아하는 일을 하는 사람의 행복지수가 훨씬 더 높다고 한다.

또 행복감이 높은 사람들은 그 일을 자신이 좋아하면, 잘하는지 여부는 그렇게 중요하게 생각하지 않는다는 연구 결과도 있다. "좋아하는 일만 하면서 어떻게 살아?"라는 말로 조언을 하는 어른들에게, "늘 잘하는 일만 하면서 살 수도 없잖아요?"라는 답을 주고 싶은 것은 나만의 생각일까?

행복의 사전적 정의는, "1. 복된 운수, 2. 생활의 만족과 삶의 보람을 느끼는 흐뭇한 상태"다. '행복'의 뜻에 가장 가까운 정의를 내린 서울대학교 최인철 교수의 말에서 큰 공감을 얻게 된다. 최 교수는 행복을 '기분이 상쾌하고 자기 삶에 만족하는 심리 상태', 즉 쾌족(快足)에 가까운 감정이라고 정의한다. 그렇다면 이 뜻에 가까운 상황은 지극히 일상적인 생활 속에 있을 것이다.

또 행복에 대한 이런 연구 결과도 있다.

"어떤 경험을 하는 순간순간의 즐거움과 의미는 그 일을 잘한다고 느끼는 정도보다는 그 일을 좋아한다고 느끼는 정도에 의해서 크게 좌우되는 것으로 나타났다. 잘하는지 여부가 행복에 중요하지 않다는 것이 아니라, 좋아하는 일을 한다고 느끼는 것이 상대적으로 더 중요하다는 점을 보여준다." [4]

다시 처음 질문으로 돌아가 보자. 막야구단의 아이들은 행복할까? 행복하다면 그 이유는 어디에서 찾을 수 있을까?

먼저 좋아하는 야구를 함께하기에 행복할 것이다. 아이들은 결과를 생각하지 않고 야구라는 운동에 몰입한다. 집중할 수 있어야 행복하다. 운동하는 그 순간에 즐거움을 느낀다. 또, 비교하지 않는다. 학교를 대표하는 야구단원이 아니면 어떤가. 그들과 비교하지 않아도 내가 좋아하는 일을 하면 즐거운데. 어쩌면 대회에서 좋은 성적을 거두어야 하는 압박감을 느끼는 야구단원들이 막야구단보다 그 순간만큼은 덜 행복할지도 모른다. 막야구단원들은 관계를 잘 맺고 있다. 막야구단 활동을 함께하고 족집게 문제를 함께 풀면서 서로를 돕는다. 결코 누구를 탓하지 않는다. 이는 감사하고 용서하는 긍정적인 마음 덕분일 것이다. 아이들이 이 책을 읽으면서 자신에게 행복한 일이 무엇인지 찾아볼 수 있기를 바란다.

인생은 목표를 정해 놓고 앞만 보고 달리는 경주가 아니다. 발길 닿는 대로, 매 순간 성실하게, 여유 있게 즐기며 가다 보면 어느새 목적지에 닿을 수 있는 여행과도 같다. 가다가 잠시 멈출 수도, 돌아갈 수도, 또 목적지를 변경할 수도 있다. 좋아서 꼭 그리되길 소망하던 일이 아님에도 나의 소질

---

4   최인철(2018). 『굿 라이프』. 21세기북스, p98.

을 새롭게 찾을 수도 있다. 무엇을 할 때 가장 행복한지 생각하면서 가다 보면 진짜 가고 싶은 나의 길이 나올 것이다. 우리 아이들이 행복한 삶을 위하여 자기 자신과 현재를 소중하게 여기며 살 수 있었으면 한다.

마지막 책장을 덮으면서 한 아이는 이렇게 말했다.

"누구나 잘하는 것이 있다. 그래서 서로 존중하면서 함께해야 한다. 그리고 포기하지 마라."

그리고 나는 이렇게 말하고 싶다.

"너희들이 살아가는 동안 행복한 삶에 대한 질문을 계속하길 바란다."

:: 참고 문헌

- 고영희 외 5인 공저(2016). 『초등학교 교육과정 재구성의 노하우』. 교육과학사.

- 김판수 · 최성우(2011). 『자기주도학습&코칭 ABC』. 테크빌닷컴.

- 박예진(2018). 『모두에게 사랑받지 않아도 괜찮아』. 보랏빛소.

- (사)전국독서새물결모임(2013). 『진로독서 가이드북: 초등 고학년』. 고래가숨쉬는도서관.

- 서울대학교 행복연구센터(2013). 『행복교과서』. 주니어김영사.

- 이주연(2018). 『우리 아이 진로 공부』. 황소북스: 황소미디어그룹.

- 전성수(2013). 『부모라면 유대인처럼 하브루타로 교육하라』. 예담friend.

- 최인철(2018). 『굿 라이프』. 21세기북스.

- 최인철(2017). 『프레임』. 21세기북스.

- 하브루타수업연구회(2017). 『하브루타 수업 이야기』. 경향BP.

:: 참고 자료

□ 진로 관련 추천 도서

책 이름	지은이(출판사)	진로 정보
『행복한 청소부』	모니카 패트 지음/김경연 옮김(풀빛, 2000)	도덕적 주체로서의 나, 자긍심과 자기계발, 직업관.
『5학년 2반 오마리 외교관 되다』	김유리(주니어김영사, 2012)	좋아하는 일을 위한 준비와 실행을 위한 노력의 중요성.
『처음 가진 열쇠』	황선미(웅진씽크빅, 2006)	좋아하는 일을 하기 위해서는 힘듦과 희생을 감수해야 함.
『수요일의 전쟁』	게리 D. 슈미트 지음/김영선 옮김(랜덤하우스코리아, 2008)	셰익스피어의 작품과 함께 성장하는 아이를 통해 인내와 탐구의 중요성을 깨우쳐 줌.
『나무를 심은 사람』	장 지오노 지음/김경온 옮김(두레출판사, 1995)	공동의 선을 위해 자신을 희생하는 숭고함.
『꽃들에게 희망을』	트리나 폴러스 지음/김석희 옮김(시공사, 2005)	자신의 참모습을 발견하기 위한 끝없는 여정.
『프린들 주세요』	앤드루 클레먼트 지음/햇살과 나무꾼 옮김(사계절출판사, 2001)	호기심과 창의력이 풍부한 아이도 성공할 수 있어요.
『봉구 뿡구 봉구야』	김문주(예림당, 2010)	위태로운 가정 속에서 컴퓨터 게임으로 존재감을 드러내는 아이의 성장 동화.
『나는 진짜 나일까』	최유정(푸른책들, 2009)	관계와 만남에 대한 철학적 고찰, 마음이 아픈 아이들의 자존감 회복.
『책과 노니는 집』	이영서(문학동네, 2009)	역사적 사건을 배경으로 사회 속에서의 개인의 삶과 문제의식 기르기.
『우리 할아버지는 괴짜 요리사』	김수경(한솔교육, 2010)	세계 음식과 요리에 숨어 있는 역사 이야기와 직업 탐구.
『자전거 도둑』	박완서(다림, 1999)	살아가면서 소중한 것을 찾아 지키는 마음 기르기.
『위풍당당 질리 홉킨스』	캐서린 패터슨 지음/이다희 옮김(비룡소, 2006)	위탁 가정에서 자라는 아이의 진정한 자아 찾기.
『시간 가게』	이나영(문학동네, 2013)	'지금을 사는 것'의 중요성과 자신의 삶에서 진정한 주인으로 거듭나기 위한 방법.
『나의 린드그렌 선생님』	유은실(창비, 2005)	롤모델과 좋은 책, 좋은 친구에 대한 탐색.
『갈매기에게 나는 법을 가르쳐준 고양이』	루이스 세뿔베다 지음/유왕무 옮김(바다출판사, 2000)	나와 다른 존재 간의 이해와 관계 회복, 자아를 찾는 여정.

:: 부록 1

□ 야구 관련 수준별 학습지

○ 초보라도 괜찮아, 야구가 궁금해![5]

※ 다음 야구장 그림에서 각 자리의 이름을 <보기>에서 찾아 쓰세요.

<보기>

투수 자리, 포수 자리, 타자 자리, 1루, 2루, 3루, 홈(본루), 내야, 외야, 파울선, 투수 대기 자리, 코치 자리

※ 다음 야구와 관련되는 일을 하는 사람들의 그림자를 보고 어떤 일을 하는지 아래에서 찾아 써 보세요.

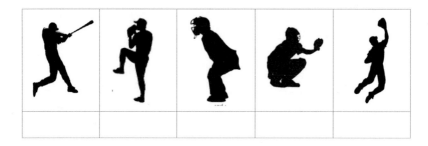

투수, 타자, 포수, 수비수, 심판

---

5 그림 출처: http://topclass.chosun.com/board/view.asp?catecode=&tnu=
201411100023

○ 나는야, 야구 박사!

야구와 관계있는 다음 낱말의 뜻을 읽고 알맞은 낱말을 써 보세요. 자신 있는 사람은 점선을 접어 〈보기〉를 보지 않고 써 보고, 용어를 잘 모르는 사람은 〈보기〉에서 골라서 써 보세요.

번호	뜻	낱말
1	운동 경기에서, 정정당당하고 공정하게 승부를 겨루는 정신	
2	내야의 한가운데에 있는 마운드에서 상대편의 타자가 칠 공을 던지는 선수	
3	투수가 던진 공이 스트라이크 존을 통과하거나 또는 타자가 공을 헛친 경우를 이르는 말	
4	타자가 베이스에 나아갈 수 있도록 공을 치는 일	
5	주자가 아웃을 면하는 일, 주자가 다음 베이스나 홈에 무사히 들어가는 일	
6	타자가 공을 하늘 높이 쳐올린 상태	
7	타자가 친 공이 외야의 펜스를 넘어가거나 타자가 홈 베이스를 밟을 수 있는 안타	
8	야구장에서, 본루와 일루, 이루, 삼루를 연결한 선의 구역 안	
9	공을 방망이로 치는 일	
10	선수들이 서로 공을 던지고 받으면서 연습하는 일	
11	단체 경기에서, 수비를 주된 임무로 맡는 선수	
12	방망이를 가지고 타석에서 공을 치는 선수	
13	야구에서, 내야의 네 귀퉁이에 있는 방석같이 생긴 물건	

번호	뜻	낱말
14	본루를 지키며 투수가 던진 공을 받는 선수	
15	야구에서, 파울 라인 바깥으로 떨어진 공	
16	정규 경기에 출전하지 않고 대기하는 선수	
17	일루, 이루, 삼루에 모두 주자가 있을 때 타자가 친 홈런	
18	포수 앞에 놓여 있는 베이스	
19	타자나 주자가 타격이나 주루의 자격을 잃는 일	
20	경기 등에서, 규칙이나 경기의 승부 등을 판정하는 사람	
21	스트라이크 존을 벗어나게 던진 공	
22	팀에서 홈런을 가장 잘 칠 수 있고, 공격 기회에 강해 타점을 많이 올릴 수 있는 선수	

-------------------------- 〈접는 선〉 --------------------------

<보기>

타자, 투수, 포수, 수비수, 심판, 후보 선수, 4번 타자, 다이아몬드, 홈 타격, 베이스, 스트라이크, 볼, 안타, 뜬공, 3루타, 홈런, 만루 홈런, 아웃스리아웃, 세이프, 파울볼, 캐치볼, 스포츠 정신

□ 이 책에 나오는 흉내 내는 말 모음

장	낱말	뜻(~을/를 나타내는 말)
1	딱딱	조금 단단한 물건이 잇따라 서로 가볍게 부딪치거나 부러질 때 나는 소리
	요리조리	말이나 행동을 뚜렷하게 정하지 않고 요러하고 조러하게 아무렇게나 하는 모양
	쏙쏙	기억이나 인상이 아주 선명하게 이루어지는 모양
	올칵올칵	먹은 것을 조금씩 잇따라 거세게 토하는 소리
	성큼성큼	발이나 다리를 잇달아 높이 들어 크게 걸음을 내딛는 모양
	꾸벅	머리나 몸을 빠르게 많이 숙였다가 드는 모양
	우르르	사람이나 동물이 한꺼번에 바쁘게 몰려오거나 움직이는 모양
	훌쩍	단번에 높이 뛰거나 날아오르는 모양
2	캐득캐득	웃음을 참다못하여 입속에서 좀 새되게 자꾸 새어 나오는 소리
	앙앙	어린아이가 계속 우는 소리
	데굴데굴	사람이나 물건이 계속 조금 빠르게 구르는 모양
	히죽히죽	마음에 흡족하여 슬며시 자꾸 웃는 모양
	후딱	어떤 행동이나 일을 매우 빠르고 날쌔게 해내는 모양
	박박	물체의 표면이나 바닥을 자꾸 세게 긁거나 문대는 소리
	살랑살랑	몸이나 몸의 일부, 옷 따위를 가볍게 자꾸 움직이는 모양
3	털썩	몸집이 큰 사람이 갑자기 힘없이 주저앉거나 쓰러지는 소리
	휘둥그레	놀라거나 두려워서 눈이 크고 동그랗게 되는 모양
	쩌렁쩌렁	목소리가 자꾸 크고 세게 울리는 소리
	또박또박	조금 가볍고 분명한 발자국 소리를 내며 일정한 속도로 걷는 소리
	비척비척	몸을 한쪽으로 비틀거리거나 다리를 절룩거리며 걷는 모양
4	척척	무엇을 매우 솜씨 있고, 시원시원하게 잘 해내는 모양
	바짝	가까이 달라붙게 밀착한 모양
	잘근잘근	조금 질긴 물건을 가볍게 자꾸 씹는 모양
	질끈	무엇을 매우 단단히 졸라매거나 동이는 모양
	우물쭈물	말이나 행동을 흐리멍덩하게 하거나 우물거리며 자꾸 망설이는 모양
5	앗싸	기분이 좋을 때 내는 소리
	허겁지겁	매우 급하거나 당황하여 침착하지 못하고 허둥거리는 모양
	오종종	잘고 둥근 물건이 빽빽하게 놓인 모습(~하다)
	사뿐사뿐	매우 가볍게 잇따라 움직이는 모양

장	낱말	뜻(~을/를 나타내는 말)
6	홀짝홀짝	적은 양의 액체를 조금씩 자꾸 들이마시는 소리
	불쑥	갑자기 불룩하게 쑥 나오거나 내미는 모양
	와락	갑자기 급하게 달려들거나 잡아당기는 모양
	다다귀 다다귀	자그마한 것들이 좁은 곳에 촘촘하게 많이 붙어 있는 모양
7	미적미적	자꾸 꾸물대거나 망설이는 모양
	살살	배가 조금씩 쓰리고 약간 아픈 모양
	바짝	가까이 달라붙게 밀착한 모양
	꼬치꼬치	일일이 따지고 끝까지 캐어묻는 모양을 나타내는 말
	차근차근	일을 순서에 따라 침착하고 차분하게 해나가는 모양
8	쑥덕쑥덕	남이 잘 알아듣지 못하도록 낮은 목소리로 아주 은밀하게 자꾸 이야기하는 소리
	꼴딱꼴딱	적은 양의 음식물 따위를 목구멍으로 단번에 자꾸 삼키는 소리
	쿵닥쿵닥	단단한 물체에 무거운 물건이 자꾸 부딪치는 소리. 또는 그 모양
	후딱후딱	되는대로 매우 날쌔게 자꾸 행동하는 모양
	화들짝	몸을 갑자기 움직이며 매우 놀라는 모양
	고래고래	화가 나서 목소리를 높여 외치거나 지르는 모양
	실실	소리 내지 않고 실없게 슬며시 웃는 모양
	휙휙	잇따라 빨리 크게 돌거나 휘는 모양
	두리번 두리번	눈을 크게 뜨고 여기저기 자꾸 휘둘러보는 모양
9	에계계	어떤 것이 작고 하찮거나 기대에 훨씬 못 미쳐 업신여길 때 내는 말을 빠르게 잇따라 내는 말
	번뜩	생각 따위가 갑자기 떠오르는 모양
	다닥다닥	자그마한 것들이 좁은 곳에 촘촘하게 많이 붙어 있는 모양
	덥석	갑자기 무엇을 잽싸게 움켜잡거나 무는 모양을 나타내는 말
	허겁허겁	매우 급하거나 당황하여 침착하지 못하고 허둥거리는 모양
	뒤뚱뒤뚱	묵직한 물체가 중심을 잃고 쓰러질 듯이 이리저리 자꾸 기울어지는 모양
	옹기종기	서로 크기가 다른 작은 것들이 고르지 않게 여럿이 모여 있는 모양
	또록또록	무엇이 흐리지 않고 매우 밝거나 분명한 모양

장	낱말	뜻(~을/를 나타내는 말)	
9	흘낏	곁눈으로 빠르게 노려보는 모양	
	척	머뭇거리거나 서슴지 않고 아주 거침없이 바로 행하는 모양	
10	빙글빙글	입을 슬며시 벌릴 듯 말 듯 하면서 소리 없이 환하게 자꾸 웃는 모양	
	뺀질뺀질	몸을 요리조리 빼면서 자꾸 일을 열심히 하지 않는 모양	
	삐뚤빼뚤	물체가 곧지 않고 이쪽저쪽으로 자꾸 심하게 기울어지는 모양	
	떠듬떠듬	말을 하거나 글을 읽을 때 자연스럽지 못하고 자꾸 몹시 막히는 모양	
	찌릿찌릿	심리적으로 강한 자극을 받아 마음이 몹시 흥분되고 자꾸 떨리는 느낌	
	날름	손을 재빨리 내밀어 무엇을 날쌔게 챙겨 가지는 모양	
	절레절레	머리를 좌우로 조금 크게 자꾸 흔드는 모양	
	덜컥	어떤 일이 갑자기 진행되는 모양	
	이러쿵 저러쿵	이러하다는 둥 저러하다는 둥 자꾸 말을 늘어놓는 모양	
11	다닥다닥	자그마한 것들이 좁은 곳에 촘촘하게 많이 붙어 있는 모양	
	죽죽	여러 줄이나 금이 계속 이어지는 모양	
	꾹꾹	단단히 힘을 주어 자꾸 아주 세게 누르거나 죄는 모양	
	시끌시끌	몹시 시끄러운 모양	
	어물쩍	말이나 행동 따위를 분명하게 하지 않고 일부러 살짝 얼버무리는 모양	
	힐끗힐끗	힐끔힐끔	곁눈질하면서 자꾸 재빨리 흘겨보는 모양
	찰싹	물체가 끈기 있고 거세게 부딪치거나 달라붙을 때 나는 소리	
	뒤죽박죽	여러 가지 것들이 함부로 뒤섞여 갈피를 잡을 수 없게 엉망이 된 상태	
	왕창	엄청나게 크거나 많이	
	터덜터덜	지치거나 나른하여 몹시 무거운 발걸음으로 힘없이 계속 걷는 소리	
	히죽	마음에 흡족하여 슬며시 웃는 모양	
	중얼중얼	남이 잘 알아들을 수 없는 조금 작은 목소리로 자꾸 혼잣말을 하는 소리	
	피식피식	입술을 힘없이 터뜨리며 자꾸 싱겁게 웃을 때 나는 소리, 또는 그 모양	

장	낱말	뜻(~을/를 나타내는 말)
12	동동	몹시 춥거나 안타까워서 발을 자꾸 가볍게 구르는 모양
	탈탈	먼지 따위를 털기 위해 잇따라 가볍게 두드리는 소리
	엉거주춤	이러지도 저러지도 못하고 망설이는 모양
	벌떡벌떡	여럿이 다 눕거나 앉아 있다가 갑자기 큰 동작으로 급하게 일어나는 모양
	엎치락 뒤치락	이쪽이 우세했다가 저쪽이 우세했다가 하면서 양편 세력이 서로 비슷하게 겨루어 나가는 모양
	쨍강쨍강	얇은 쇠붙이나 유리 따위가 자꾸 세게 떨어지거나 부딪쳐 울리는 소리
	툭	무엇이 조금 크게 쑥 불거져 나온 모양
	착착	무엇을 솜씨 있고 시원스럽게 잘해 내는 모양
13	멀뚱멀뚱	눈을 둥그렇게 뜨고 한곳만 멍하게 바라보는 모양
	우우	여럿이 한꺼번에 한곳으로 달려드는 모양
	어정버정	큰 몸집의 사람이 하는 일 없이 이리저리 천천히 걸어 다니는 모양
	우물우물	말이나 행동을 시원스럽게 하지 않고 자꾸 몹시 굼뜨게 하는 모양
14	꺼억	구역질이 나서 갑자기 토하거나 트림하는 소리
	생글생글	눈과 입을 살며시 움직이며 소리 없이 부드럽고 정답게 자꾸 웃는 모양
	벅벅	바닥이 번들번들해지도록 자꾸 세게 문지르거나 닦는 모양
	꾸벅꾸벅	자기도 모르는 사이에 자꾸 순간적으로 깊이 잠이 드는 모양
	왜쭉왜쭉	팔을 가볍게 내저으면서 경망스럽고 급하게 자꾸 걷는 모양

출처: 다음국어사전(http://dic.daum.net/index.do?dic=kor)

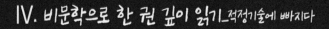

『적정기술』

『적정기술』/임정진 글, 심성엽 그림/미래M&B

1. 어떤 책으로 수업하지?

2018학년부터는 '한 학기 한 권 읽기'를 수업 시간에 하게 되었다. '한 학기 한 권 읽기' 적용에 앞서 여러 연수를 받고, 앞서서 실천한 선생님들의 사례를 보면서 나는 어떻게 적용해야 할까에 대한 고민이 많았다. '한 학기 한 권 읽기'의 방향성에 맞으면서도 좀 더 다른 관점의 책 읽기를 하고 싶었다. 실천한 선생님들의 사례를 들여다보면 문학에 관심이 많고 국어를 전공하신 분들이 많아 '그렇지 못한 교사들은 접근이 너무 어려운 것이 아닐까?' 하는 생각이 들었다. '한 학기 한 권 읽기'의 사례는 대부분 문학성이 높은 동화책 위주였다. 추천하는 책도 대부분 동화였다.

이 세상에 많은 책이 있는데 '한 학기 한 권 읽기'를 문학적 감성이 돋보이는 책이어야만 할까에 대한 질문을 가져 봤다. 또한, 나처럼 과학에 관심이 많은 교사들은 어떤 방법으로 '한 학기 한 권 읽기'에 도전할 수 있을지 생각해 보았다. 문학성이 풍부한 동화와 더불어 비문학 중에서 '한 학기 한 권 읽기'를 실천하는 방법을 찾고 싶었다. 문학이 주는 장점과 더불어 "비문학이 아이들에게 주는 장점도 많으니 비문학으로 '한 학기 한 권 읽기'를 시도하면 어떨까?" 하는 생각이 들었다.

서점에 가서 책을 살펴보니 어린이 도서 분류도 동화, 과학, 동시, 만화, 자기계발 등으로 구별하여 놓은 것을 볼 수 있었다. 아동 도서에도 비문학적인 책이 많았다. 학교 도서실에서도 아이들은 동화도 읽으면서 과학책, 역사책도 읽고 있었다. 이런 모습을 보고 비문학도 어린이들에게 많은 감동을 줄 수 있고 새로운 관점으로 책 읽기가 가능할 것이라는 생각이 들었다. 그래서 비문학 중에서 '한 학기 한 권 읽기'에 적당한 책을 찾아보기로 했다. 서점 어린이 코너를 돌면서 여러 책을 보다가 인문 그림책이란 부제가 달린 책을 보았다. '인문학적인 접근의 책일까? 어린이도 인문학적 접근이 필요하긴 하겠지' 하면서 책을 살펴보다가 『적정기술: 세상을 행복하게 하는 작은 노력』(이하 『적정기술』)이란 책을 발견하였다.

이 책은 일곱 가지의 적정기술을 짧은 동화 형식으로 구성한 책이다. 가독성이 좋고 과학적 설명이나 기타 용어나 과학적 원리 등은 따로 정리해 놓아 이해하기 쉽게 되어 있다.

적정기술이란 아프리카나 저개발국가 사람들이 가장 기본적인 생활을 편리하게 하기 위한 것으로 그들의 삶의 방식(문화나 생활 습관)에 맞게 돕는 기술이다. 즉, 아주 간단하고 창의적인 기술로 그들의 삶이 조금 더 편리해지게 돕는 기술이다.

한 권 읽기로 선정된 『적정기술』 책 속에 소개된 적정기술은 총 일곱 가지다.

첫째, '페트병 전구'는 전기 사용이 어려운 저개발국에 적용하는 것으로 물이 담긴 페트병을 지붕을 뚫고 꽂아 전구 역할을 하는 것이다.

둘째, '큐드럼'은 물이 부족한 곳에 사는 아이들이 물을 쉽게 운반하기 위한 기술로, 물통을 바퀴 모양으로 만들어 제공하는 것이다.

셋째, '생명의 빨대'는 상수도 시설이 없는 가난한 사람에게 깨끗한 물을 마실 수 있도록 휴대용 물 정화 빨대를 제공하는 것이다.

넷째, '항아리 냉장고'는 냉장고를 사용할 수 없는 가난한 곳에 크기가 다른 항아리 두 개 사이에 모래를 담고 모래에 물을 부어 기화열을 이용하여 식재료를 보관하는 장치다.

다섯째, '기라도라'는 전기를 사용하기 힘든 지역에 세탁기와 같은 역할을 하는 적정기술로, 통에 발판을 달아 발판을 누르면 통이 돌아가게 하는 수동식 세탁기다.

여섯째, '지세이버'는 우리나라 사람이 만든 적정기술로, 몽골의 난방기가 오래 열을 갖고 있도록 한 적정기술이다.

일곱째, '발판 펌프'는 물을 쉽게 끌어 올릴 수 있도록 대나무를 이용하여 펌프를 만들고 발판을 누르면 작동하는 기술이다.

선정한 도서가 비문학적 작품이긴 하지만 적정기술에 대한 소개의 글과 동화 형식으로 이루어져 적정기술에 대한 이해를 높이고 '한 학기 한 권 읽기'로 알맞은 책이라는 생각이 들었다.

그런 연유로 이『적정기술』로 '한 학기 한 권 읽기' 수업을 하기로 했다.

2. 책 읽기 전 활동은 무엇으로 하지?

교육 과정 재구성을 통해 '한 학기 한 권 읽기' 수업을 계획했다. 일주일에 한 시간씩 국어 시간에 수업을 하였다. 교육 과정 재구성을 위해 교과서에서 '책 읽기'에 관련된 단원을 찾아보았다. '책 읽는 방법'이란 단원이 '한 학기 한 권 읽기'와 접목하기에 적당하였다. '한 학기 한 권 읽기'로 선정된 책『적정기술』이 문학적 감성보다는 인문학적 접근이 강조된 책이다 보니 소개하는 글이나 설명문 등 비문학적인 글 읽기에 대한 학습도 필요했다.

처음 세 시간은 책 읽는 방법으로 자세히 읽기, 훑어 읽기의 차이점과 적용에 대해 공부하였고 다양한 종류의 글 읽기 학습은 교과서에 제시된 글을 활용하였다. 소개하는 글, 설명문 등은 읽고, 글의 요점을 정리하거나 질문 만들기 등으로 내용 파악하는 수업을 하였고 동화 읽기에서는 인물의 성격이나 감동적인 면을 찾는 수업을 하였으며, 글을 읽으며 글쓴이의 의도를 찾는 활동도 해 보았다.

수업을 시작하면서 "책은 어떻게 읽어야 할까?"라는 좀 뜬금없는 질문에 아이들은 "잘 읽어야 해요."라는 답으로 나를 웃게 하였다. 나는 "잘 읽는 것은 무엇일까?"로 질문을 이어가며 아이들의 사고를 촉진하려 애썼다. 아이들에게 교과서의 '책 읽는 방법'이란 단원을 읽게 하였다. 읽으면서 책을 어떻게 읽어야 할지 스스로 생각하게 한 다음 모둠별로 이야기를 나누었다.

- 나는 머릿속에 그림을 그리면서 책을 읽어.
- 머릿속으로 그림을 그린다는 것이 무엇이야?
- 생각하면서 읽는다는 거야. 글을 읽으면서 글의 내용을 그림으로 생각해보는 거야.
- 나는 주인공의 행동을 생각하면서 읽어.
- 나는 주인공이 나오는 부분은 천천히 읽고 나머지 사람이 나오는 부분은 빨리 읽어.
- 나는 그림이 많이 없으면 잘 안 읽어.
- 난 책을 큰 소리로 읽어.
- 야! 몇 학년인데 아직도 큰 소리로 읽니?
- 크게 읽으면 집중이 잘 돼.
- 나는 책을 읽다가 중요한 것은 천천히 줄을 치면서 읽고 나머지는 훑으면서 읽어.
- 중요한 것은 어떻게 알 수 있는데?
- 책을 읽다 보면 중요한 것이 보이는데….

아이들의 이야기를 들어 보니 책 읽는 수준에 많은 차이가 있음을 알게 되었다.

두 번째 시간에는 전 시간에 배운 훑어 읽기와 자세히 읽기의 실습으로 교과서의 '소개하는 글'로 제시된 「녹둔도」[6]를 읽고 질문 나누기를 하였다.

- 녹둔도는 어디에 있어?

- 왜 러시아는 녹둔도를 빼앗으려 했을까?

- 녹둔도는 어느 나라에 뺏겼니?

- 녹둔도를 뺏긴 날은 언제인가?

- 연도를 물어봐야 되는 것 아니야?

- 왜 우리 조상들은 녹둔도를 지켰을까?

- 네가 러시아 사람이라면 녹둔도를 빼앗을 것 같아?

- 응. 땅이 넓어지잖아.

- 남의 것이라도 빼앗아 자기 것으로 만들고 싶었을까?

- 영토를 많이 갖고 싶어서.

- 왜?

- 음. 내가 색종이를 갖고 있어도 더 좋은 색종이를 보면 더 갖고 싶다는 생각이 드는 거랑 비슷하지 않을까?

- 왜 녹둔도를 두고 청나라, 러시아가 협상하고 우리나라의 허락도 없이 녹둔도를 러시아에 줬어?

- 요즘 미국, 중국, 북한, 우리나라를 생각해 봐. 복잡하잖아.

- 네가 그 당시 사람이라면 녹둔도를 지키려고 노력했을까?

- 우리 땅이니까 지켜야 하지 않을까?

- 나는 시위를 하겠어. 촛불시위처럼.

- 나는 무서워서 떠날 것 같아.

6　두만강 끝에 있던 섬이었으나 지금은 육지처럼 된 땅이다. 조선 말기에 우리나라와 러시아 간에 영토 분쟁이 있었으나 지금은 러시아 영토가 된 곳이다.

- 이순신 장군님은 녹둔도에서 누구와 싸웠어?

- 여진족이랑 싸웠지?

- 여진족이 러시아야?

- 그것이 아니고 이순신 장군님은 여진족하고 싸웠고 러시아는 한참 뒤에 나온 나라
야. 책 좀 자세히 읽어 봐!

아이들은 훑어 읽기를 통해 내용을 묻는 간단한 질문을 만들기 시작하여 자세히 읽은 후 생각을 묻는 질문도 했다. 뉴스를 열심히 본 아이들 중에서는 요즘 국제 정세 관계와 이를 비교하는 아이들도 있었다.

「녹둔도」라는 교과서 속의 짧은 글을 읽고 아이들은 참 여러 가지 질문을 하였다. 옛날이야기 속에서 현재의 시국도 이야기할 줄 알고 전쟁이 나면 도망가겠다는 현실적인 이야기까지, 참 많은 이야기를 나누었다. 질문 나누기로 내용을 파악하게 한 다음 간단하게 내용 정리를 하게 하였다. 소개하는 글이나 설명문처럼 생각이나 감정을 표현하지 않는 글을 읽고 글의 순서나 내용을 파악하는 학습을 하였다. 글의 내용을 파악한 후에는 서술된 글을 읽고 자신의 생각과 비교하는 시간도 가졌다.

세 번째 차시의 수업은 동화로 생각 나누기를 하였다. 문학성이 강조되는 동화는 아니지만, 책의 전체적인 흐름이 동화적인 서술로 되어 있어서 동화를 읽을 때 생각해야 할 것과 감성적인 접근의 책 읽기도 중요하다는 생각이 들었다.

문학적 접근으로는 교과서의 「동생 만들기 대작전」[7]을 수업 자료로 활용

---

7   TV에서 후원하는 모습을 보고 후원을 고민하던 주인공 윤지가 동네의 어린 동생을 돌보면서 후원에 대한 의미를 다시 생각하게 하는 동화.

하였다.

한 차시의 수업이어서 읽고 이야기를 나눌 시간이 많지 않아서 글쓴이의 의도 찾기와 읽고 가장 감동적인 부분 찾기만 하였다.

글쓴이의 의도 찾기를 위한 동기 유발 자료는 아이들이 많이 시청한 TV 드라마에서 찾으면 쉬울 것 같았다. 얼마 전 유행한 〈태양의 후예〉에서 찾도록 해 봤더니 "'남자들은 군대 가자' 아니에요?"란 엉뚱한 대답이 나와서 조금 놀랐는데 이어서 "잘생긴 사람만 군대 가자."라는 말에 아이들이 웃기 시작했고 수업이 다른 곳으로 간다는 생각이 들어 얼른 다른 동화를 이야기했다. 『신데렐라』의 작가 의도는 무엇일까? 했더니 "권선징악'이요." 라고 말하는 아이가 있었다. 권선징악이 무슨 뜻이냐는 물음에 "착하게 살자."란 답이 나왔다. 작가의 의도를 아이들이 이해한 것 같아서 교과서의 「동생 만들기 대작전」을 읽고 글쓴이의 의도를 찾도록 하였다.

- 후원은 돈으로만 하는 게 아니에요.
- 누구나 자기만의 방식으로 다른 사람을 도울 수 있어요.
- 도움이 필요한 사람에게 서로 도움을 주자.
- 여러 가지 방법으로 후원하자.

예쁜 말이 나와서 기뻤다. 감동적인 면을 찾는 활동에서는 주인공 윤지가 비 오는 날 자신이 돌보는 동네 동생이 우산이 없어서 비를 맞을까 봐 걱정하는 장면을 가장 많이 뽑았다. 자신들의 경험과 가장 비슷한 장면인 것 같았다.

3. '적정기술'에 빠진 아이들

세 시간 동안 책 읽는 방법, 다양한 글 읽기를 하고 드디어『적정기술』로 한 권 깊이 읽기 수업에 들어갔다. '한 권 깊이 읽기' 첫 시간에는 한 권 깊이 읽기에 관해 이야기했고, 하나의 책을 학급의 모든 친구가 같이 읽는다고 해서 아이들이 책에 호기심을 갖고 많이 기다렸다. 수십 권의『적정기술』책을 갖고 교실에 들어가니 아이들의 환호가 이어졌다. 아직 보여 주지도 않았는데 '와! 재미있겠다'는 표정과 반응을 보여 주어 책 읽기 전 세 시간의 수업이 헛되지 않았음에 미소를 짓게 되었다.

지난 시간 말미에 자율 과제로 책 한 권 읽기를 내주었고 수업 시간 앞부분에 과제 검사를 하였다. 읽은 책을 발표하도록 하였는데, 처음에는 제목만 이야기하게 하고 듣고서 내용이 궁금하면 손을 들도록 하였다. 지난주에 아이들이 읽은 책은『톰 소여의 모험』,『why』,『서유기』,『곰방대 아저씨』,『만유인력』,『역사 이야기』,『똥 싼 할머니』등이었다. 아이들이 읽는 책의 종류는 다양했다. 제목을 들은 아이들이 내용을 듣고 싶다고 뽑은 것은『똥 싼 할머니』였다. 다른 것들은 매우 익숙한 제목이었고『똥 싼 할머니』는 좀 색다른 제목이어서 그런 것 같았다. 이런 간단한 도입으로 수업을 열었다.

이후 학급 아이들 모두가 읽을 책『적정기술』을 나누어 주었다. 맨 처음 활동으로는 책 표지만 보고 이야기를 나누려 하였다. 책의 표지를 보고 여러 가지를 생각할 것을 예상했던 것과 달리 아이들은 책을 받자마자 바로 책장을 넘기면서 읽기 시작했다. 책표지만 보고 읽기 전 활동을 하려면 표지 사진으로 이야기를 나눈 다음에 책을 나눠 주는 것이 더 좋겠다는 생각이 들었다. 책에 대한 궁금증으로 세 시간을 기다려서인지 아이들의 책의 몰입도가 좋았다. 책을 읽고 있는 아이들에게 책표지도 보고, 훑어 읽기로 책을 살펴보도록 하였다. 아이들이 꽤 집중해서 책을 읽었다. 훑어보기가 끝난 아이들은 책을 다시 보면서 서로 이야기를 나누었다.

- 전구를 만드는 재료가 신기하다.
- 큐드럼의 재질은 무엇일까? 부서지지 않을까?
- 물을 꼭 길어 와야 할까?
- 페트병 전구는 저녁에는 어떻게 하지?
- 왜 여기 있는 사람들은 다 가난하지?
- 기라도라가 무슨 뜻이야?
- 여기 있는 물건들이 정말 사람들을 돕는 것이 되었을까?
- 왜 아프리카는 계속 가난할까?
- 왜 전기를 사용하기가 힘들지?

아이들은 생각지 않은 이야기들을 했다. 편하게 친구들과 이야기를 나눈 뒤에 오늘 읽은 적정기술은 무엇이라고 생각하는지 한 문장으로 표현하도록 하였다.

- 세상을 바꾸는 아름다운 기술이다(쉽게 얻을 수 있고, 편리해지고, 사람을 행복하게 해서).
- 과학이다(만들기 위해서는 과학이 필요하니까).
- 가난한 사람의 작은 희망이다(발명품이 가난한 사람을 위해 만들어져서).
- 삶의 여유와 희망을 준다(여러 사람을 살려줘서).
- 창의성이다(좋은 발명품을 만들어서).
- 가난한 사람에게 삶의 희망을 주는 기술이다(돈으로 할 수 없는 것이 많아서. 힘들었지만 이 물건을 통해 행복해져서).

- 꽃이다(사람들이 환하게 웃으니까).

- 또 다른 도전의 시작이다(연구하는 중에 생각지도 못하는 게 나와서).

- 사람을 구할 수 있는 기술이다(생명의 빨대처럼 생명을 구한다).

- 불우이웃돕기다(가난한 사람을 도와줘서).

- 행복한 것이다(사람들이 기뻐하고 행복해서).

- 해다(작지만 아름답고 세상을 밝게 해서).

- 사소하지만 중요한 것이다(작은 것이라도 누구든 누릴 권리가 있어서).

- 특별하고 신기한 기술이다(새롭고 사람을 편하게 해 주어서).

- 희망을 주는 착한 기술이다(희망을 주어서).

한 문장으로 표현하는 적정기술은 참 다양했다. 친구들의 이야기 중에 공감이 가거나 감동이 되는 말이 나오면 손뼉을 치라고 했더니 대부분의 아이가 모두에게 박수를 보냈다. 박수를 받을 만한 문장이었다. 그럼에도 말하기 어려워하는 아이들에게는 친구들이 하는 말을 잘 듣고 가장 자신의 마음에 드는 것을 그대로 발표해도 된다고 했더니 훨씬 부담이 적은 듯했다. 가장 호감도가 좋은 문장은 "가난한 사람에게 삶의 희망을 주는 기술이다."였다. 책의 의도를 아이들이 다 파악한 것 같았다.

적정기술 두 번째 시간은 책의 내용이 동화와 설명문으로 구성되어 있어서 설명문에 초점을 두어 내용 정리를 해 보았다. 『적정기술』에 소개된 일곱 가지의 기술을 다양한 관점에서 정리해 보는 시간을 가졌다. 아이들에게 "우리가 읽은 『적정기술』이라는 책을 읽지 않은 가족들에게 책 소개를 해 보자. 어떻게 하면 가장 효과적으로 표현할 수 있을까?"라고 미션을 제시하였다. "글로 써요.", "책의 그림을 보여 줘요."란 답이 나왔고 계속 생각을 표현하게 했더니 "표로 만들어 정리하자."는 의견이 나왔다(사실 기대한 답이었고 미리 기본적인 표가 있는 학습지를 준비하고 있긴 했다).

수업을 계획할 때는 표의 항목을 기재하고 그것을 찾아 쓰게 하려고 했는데 아이들의 발표를 들으면서 표의 항목조차도 아이들에게 맡기면 될 것 같다는 생각이 들어 빈칸만 주고 자신이 생각하는 항목을 써서 정리하게 하였다. 학습지에는 각자 쓰지만 어떤 항목이 좋을지는 모둠별로 의논하게 하였다.

- 발명한 사람을 써야 하지 않을까?
- 발명한 사람이 뭐 그리 중요하냐? 사용하는 사람들이 누군지 써야지.
- 난 잘 모르겠는데, 다른 모둠 구경해 볼까?
- 난 미영이 걸 그대로 써야지.
- 어떤 종류인지 써야 할 것 같아.
- 적정기술을 사용하는 방법을 표현해야 하지 않을까?
- 설명을 쓰기보다 그림으로 그리는 게 낫지 않아?
- 그 적정기술의 좋은 점을 써야 하지 않을까?
- 어떤 순서가 좋을까?

가장 좋은 항목을 고르기 위해 아이들은 다시 책을 살펴보고 읽으면서 서로의 의견을 이야기했다. 적정기술의 내용을 정리하기 위한 방법을 고르고 있을 때 한 아이가 질문을 했다.

- 선생님! 선생님이 준 칸하고 써야 할 칸하고 안 맞아요.

일곱 가지 기술을 표현해야 하는데 여섯 칸을 만들어 준 학습지의 오류를 아이들이 찾아냈다. "그럼 어떻게 하지?" 하고 다시 질문을 던졌더니 "그럼 칸 하나를 밑에 그리면 돼요."라며 아이들이 작은 오류는 스스로 해결했다.

모둠 토론이 끝난 뒤 토론한 내용을 바탕으로 주어진 항목에 각기 중요하다고 생각되는 것을 적어 정리하게 하였더니 꽤 다양한 모습의 정리표가 나왔다. 표의 가로와 세로를 쓰게 한 뒤에 다른 친구들의 것을 보고 수정의 시간을 갖도록 하였다. 아이들은 돌아다니며 가장 좋은 것을 골라 항목을 적은 후 항목에 맞게 책을 보고 정리하였다.

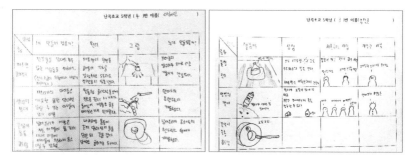

자신의 방법으로 '적정기술' 정리하기 1   자신의 방법으로 '적정기술' 정리하기 2

4. '적정기술'과 이야기하기

적정기술 세 번째 시간은 '적정기술'들의 문제점 찾기를 하였다. 아이들에게 적정기술에도 문제점이 있다는 것을 알려 주기 위해 놀이터 회전판 펌프[8]의 예를 제시하였다.

놀이터 회전판 펌프는 물을 구하기 어려운 아프리카에 설치한 적정기술

---

8 http://weekly.donga.com/List/3/08/11/917953/1 참조.

로 지하에 있는 물을 끌어 올릴 펌프와 놀이 시설(회전판)과 연결하는 장치다. 아이들이 놀이터에서 놀이기구(회전판)를 돌리면 발생하는 전기로 지하의 물이 위로 올라오는 시설의 사진을 보여 주며 활용법을 설명하였다. 아이들은 손뼉을 치면서 "와. 대단하다. 좋은 적정기술인데." 하면서 감탄했다.

잠시 기다렸다가 "그럴까요? 이 적정기술은 지금도 잘 사용되고 있을까요?"라고 질문하면서 녹이 슨 놀이터 펌프를 보여 주었다. 아이들은 의아하게 생각하면서 "왜요?"라고 질문을 쏟아냈다.

"그 마을 어린이들은 펌프가 생기기 전에 사용하던 물통을 여전히 들고 다니며 물을 긷고 있어요. 왜 그랬을까요?" 계속된 질문에 아이들은 여러 가지 이야기를 하였다.

- 놀이터가 다양하지 않아서요.
- 잘 모르겠어요. 아프리카 아이들은 놀이기구를 싫어하나요?
- 물이 많이 나오지 않아서요.
- 놀이 시설 이용 방법을 몰라서요.
- 돌리기만 하면 되는데, 방법을 몰라서는 아닐 거야.

여러 대답이 나왔지만, 아이들의 얼굴은 의문으로 가득 찼다.

아프리카의 사는 아이들의 삶을 이야기하기 위해 지금 아이들의 삶과 비교하였다. "여러분은 수업하다가 운동장에 나가면 어때요?"란 질문에 아이들은 지금 운동장에 있는 듯 표정이 달라지면서 "좋아요!", "신나요!"를 외쳤다

"아프리카 어린이들도 여러분하고 같은 마음일까요?"란 질문을 던지자

아이들은 다시 생각하기 시작했다.

"어두운 실내보다는 햇볕이 따가운 바깥에서 생활을 많이 하는 아이들에게 놀이 시설은 어떤 의미일까요? 그것도 물을 긷기 위한 놀이 시설 타기는 어떤 의미일까요?"란 질문을 했더니 다음과 같은 대답이 나왔다.

- 그건 놀이가 아니고 노동이에요.
- 그래. 힘들겠다. 놀이는 하고 싶을 때 하는 게 놀이인데 물을 긷기 위해 놀이 시설을 이용한다면 싫을 수도 있겠다.

아이들의 표정이 조금은 심각한 얼굴로 바뀌었다. 적정기술을 개발하는 사람들은 대부분 선진국 사람들로, 자신의 생각을 바탕으로 적정기술을 개발하다 보면 그들의 어려움을 이해하지 못할 때도 있고, 좋은 의도로 만들었지만 실제 적용에는 문제점이 나올 수도 있다는 교사의 보충 설명에 아이들은 수긍했다. "책에 제시된 일곱 가지 적정기술의 문제점을 그들의 입장에서 생각해 봅시다."로 수업 주제를 제시하였다.

책 읽기의 관점을 적정기술에서 나올 수 있는 문제점 찾기에 두고 책 읽기를 시작했다. 비판적 책 읽기의 작은 경험이었다. 책을 읽으면서 적정기술의 문제점에 모둠별로 서로 이야기를 나누게 하였다. 책에 있는 내용을 그대로 보는 것이 아니라 그 속에서 새로움을 찾는 경험을 하게 되었다.

- 난 문제점이 없어 보이는데….
- 지금 보니까 큐드럼에 문제가 있는 거 같아. 둥글면 더 위험하지 않아?
- 물통을 버티는 끈은 튼튼할까?
- 페트병 전구는 어떻게 교체하지?
- 페트병 전구를 설치하는 것은 쉬울까?

- 생명의 빨대로 물먹는 것이 불편해 보이지 않니?

- 생명의 빨대 필터는 누가 바꾸어 주지?

- 기라도라의 발판은 튼튼할까?

  아이들은 적정기술 속의 문제점을 찾기 위해 책을 다시 읽기 시작했다. 모둠에서 정리된 문제점을 모아 발표했고 아이들은 다음과 같은 문제점을 찾았다.

적정기술	문제점
큐드럼	• 오르막과 내리막에서 힘들다. • 잡는 끈이 끊어지면 물통을 움직이기가 어렵다. • 끌고 가다가 구멍이 날 수도 있다. • 망가지면 사용할 수 없고 엄마한테 슈퍼 등짝 스매싱을 당할 수도 있다. • 놓치면 굴러가고, 넘어지면 사람도 같이 위험할 수 있다. • 길이 울퉁불퉁하여 균형 잡기가 힘들다. • 둥글지만 길이 굴곡이 있어서 끌고 다니기 힘들다.
발판 펌프	• 고장 나면 고치기 힘들다. • 발로 계속 밟아야 해서 힘이 든다. • 발판을 밟을 때 균형을 못 맞추어 넘어질 수 있다.
기라도라	• 이동이 어렵다. • 힘이 든다(노동력이 많이 든다). • 발판을 계속 밟아야 한다. • 손발을 써야 하는 수동식이라 불편하다.

지세이버	• 온도 조절이 안 된다. • 이물질을 조심해야 한다. • 고장 났을 때 고칠 사람이 없다.
생명의 빨대	• 한 개만 있을 경우 일 년에 700L(휴대용 빨대가 정화할 수 있는 총 용량)밖에 먹을 수 없다. • 물이 마른 곳은 먹기가 어렵다. • 비싸다(누가 손해를 보나. 돈이 없으면 살 수가 없다). • 후원을 하지 않으면 지속되기 어렵다(아프리카에서는 1달러에 구입하지만 실제 가격은 50달러 정도로 비싸기 때문에 세계 여러 후원 단체의 도움으로 배부된다). • 필터가 더러워지면 사용할 수 없다. • 물이 있는 곳까지 걸어가야 한다. • 빨대를 꽂고 물을 마실 때 자세가 좋지 않다. • 한 사람만 사용할 수 있어서 빌려줄 수 없다. • 모든 것을 걸러낸다는 보장이 없다.
페트병 전구	• 저녁에 사용할 수 없다. • 빛을 조절할 수 없다. • 깨질 수 있다. • 페트병의 뒤처리가 안 좋다. • 물병을 갈아 주어야 한다. 물병을 갈기 힘들다. • 햇빛이 없을 때 사용이 어렵다. • 밤에 자야 하는데 빛이 비쳐서 잠을 못 잔다(페트병 전구의 원리를 이해하지 못한 아이의 의견). • 불을 끌 수가 없다. • 지붕을 뚫어 비가 샐 수 있다. • 비 오는 날 사용하기 어렵다.

항아리 냉장고	• 항아리가 깨질 위험이 있다. • 저장 공간이 나누어져 있지 않다. • 물이 귀한 아프리카에서 물을 얻기가 힘들다. • 항아리 살 돈이 없을 수 있다. • 무겁다. • 고기 같은 것을 저장할 수 없다. • 크기가 큰 것은 보관하기 힘들다. • 항아리가 녹슬면 사용하기 힘들다(항아리 재질을 모르는 아이의 의견).

문제점을 찾는 모둠   찾은 문제점 정리

적정기술의 네 번째 시간은 동화로 생각 나누기를 해 보았다. 앞의 두 시간이 비문학적 접근으로 일곱 가지 적정기술을 자세히 살펴보고 각 적정기술의 특성과 모습을 객관적으로 정리하는 활동을 하였다면, 이어진 수업에서는 적정기술에 대해 비판적 사고를 바탕으로 문제점 찾는 수업을 하였다.

이번 시간에는 감성적인 접근을 했다. 이 책의 구성이 짧은 단편 동화처럼 주인공이 있고 인물들의 행동 표현도 구체적이어서 생각 나누기가 가능했다. 책을 읽고 등장인물에 대하여 자신의 관점으로 느낀 점을 이야기하는 시간을 가졌다. 아이들의 생각을 꺼내기 위해 네 개의 질문을 만들어 주었다.

모둠별로 둘러앉아 읽고 이야기하기

첫째, 등장인물 중 나(주변 사람)와 닮은 인물이 있는가?

둘째, 등장인물 중 나의 마음을 가장 아프게 하는 인물은 누구인가?

셋째, 가장 인상적인 장면이나 마음을 움직이게 한 문장을 찾아 책에 밑줄을 그어 보자.

넷째, 등장하는 인물 중 한 명을 정해 '만약 나라면 어떻게 했을까?' 하고 생각해 보자.

이 질문 외에도 친구와 나누고 싶은 질문을 쓰도록 하였다. 이번에는 모둠 구성을 달리하였다. 그동안 계속 같은 모둠하고 이야기했기 때문에 새로운 모둠을 만들어 다른 아이들과 이야기하는 기회를 주었다. 좀 더 친근한 상황을 만들기 위해 교실 바닥에 책을 들고 4~5명씩 둘러앉아 이야기를 나누도록 하였다.

- 나는 제이슨을 닮은 것 같아. 제이슨이 물 뜨러 가자며 매일 마크네 집에 가잖아. 내가 매일 학교 갈 때마다 영민이네 집에 들러서 학교 가자고 하는 것과 비슷한 거 같아.

- 난 페트병 전구를 달아주는 디아스 아저씨가 우리 아빠 같아. 우리 아빠도 만드는

것을 잘하고 좋아하시거든.

- 난 페트병 전구에 나오는 마리사가 나랑 비슷한 것 같아. 의심병이 많은 게 닮은 것 같아.
- 나도 마리사랑 닮은 것 같아. 마리사가 어두운 곳에서 여기저기 부딪히잖아. 나도 밤에 물 먹으러 갈 때 불을 안 켜서 주방 가면서 여기저기 부딪칠 때가 있거든.
- 야. 그건 마리사랑 다르잖아. 마리사는 전구가 없어서 그런 것이고, 넌 네가 불을 안 켜서 그런 거잖아.

둘째 질문인 "등장인물 중 가장 마음을 아프게 하는 인물"로는 '생명의 빨대'에 등장하는 도리스를 많이 선정하였다. 오염된 물을 먹고 네 살 도리스가 배가 아파 죽은 장면을 아이들은 가장 마음이 아프다고 했다. 또 다른 아이는 도리스가 아니라 도리스의 가족을 꼽았다. 어린 나이에 죽은 도리스를 보는 가족이 더 마음이 아플 것이라고 이야기하는 아이도 있었다. 가족의 아픔을 생각하는 마음이 새로웠다.

셋째 질문인 "가장 인상적인 장면이나 마음을 움직이게 한 문장 선정"에서는 많은 아이가 물에 대한 문장에 밑줄을 그었다.

"전 세계의 10억 명은 깨끗한 물을 구하기 어렵습니다. 상수도 시설을 갖추거나 정수기를 마련하는 것은 이들에게 꿈과 같은 이야기입니다."

가장 밑줄을 많이 그은 문장에 대해 여러 가지 느낌을 표현하였다.

- 선생님. 꿈은 크게 갖는 거 아닌가요? 물을 먹는 것이 꿈이라는 것이 놀라워요.
- 물이 그렇게 소중한 것인지 몰랐어요.
- 아직도 깨끗한 물을 못 먹는 사람들이 이렇게 진짜 많아요?

넷째 질문인 "등장하는 인물 중 한 명을 정해 '만약 나라면 어떻게 했을까?'"에 대해서는 다음과 같은 이야기들이 나왔다.

- 난 아무리 목이 말라도 도리스처럼 더러운 물은 안 먹었을 것 같아.
- 얼마나 목이 마르면 그 물을 먹었겠니?
- 그래도 먹으면 죽는 것을 아는데 어떻게 먹니?
- 나라면 학교 안 가고 물 뜨러 가지 않을 것 같아. 학교에 가야 미래가 있는데 학교에 안 가면 안 되는 거 아닌가?
- 그럼 물이 없는데 어떻게 하니?
- 기라도라를 계속 돌리잖아. 나라면 세탁물을 넣고 다른 곳에 다녀올 것 같아.
- 야. 기라도라는 발판을 밟아야만 움직이는 적정기술이야. 밖으로 나가면 누가 밟니?

교사가 제시한 질문 외에도, 각자 하고 싶은 질문을 나누게 했다.

- 이 책에 나온 사람들은 왜 모두 그렇게 가난할까?
- 책의 내용이 적정기술이어서 등장인물을 모두 가난한 사람으로 설정한 거야.
- 아니야. 실제로 가난한 사람이 많아. 유니세프에서 자주 이야기하잖아.
- 너라면 어떤 적정기술을 만들고 싶어?
- 우리나라에도 적정기술이 필요한 곳이 있을까?

5. '적정기술' 체험하기

'적정기술' 질문 나누기에서 아이들이 가장 관심을 보인 것은 물에 관련된 것이었다. '큐드럼'과 '생명의 빨대'에서 아이들은 가장 마음 아파했고 속상해했다. 그 마음을 담아서 적정기술의 체험으로 '휴대용 정수기 만들기'를 계획하였다. 4학년 과학 시간에 배운 혼합물 분리하기를 바탕 지식으로 해서 더러운 물을 정화하는 활동을 계획했다. 적정기술 체험이므로 재료는 주변에서 구할 수 있는 것으로 했다. 세균 제거에 도움이 되는 활성탄과 거름종이(커피 필터)를 기본으로 제시하고 나머지는 주변에서 얻을 수 있는 것을 찾아보도록 하였다.

"도리스는 이런 물을 먹었을까?"라고 하면서 진흙과 여러 가지 불순물이 담긴 더러운 물을 보여 주니 아이들은 "웩!" 하면서 온몸으로 거부감을 드러냈다. 심각한 표정을 지으며 "이 물도 깨끗해질 수 있을까?"를 질문하였다.

- 네. 잘 거르면 돼요.
- 안 돼요. 저 물은 너무 더러워요.
- 정화하려면 너무 힘들 것 같아요.

물을 정화할 수 있는 방법에 대해 질문하였다. "무엇이 있으면 물이 정화될 수 있을까?"에 대한 답으로 아이들은 거름 장치를 이야기했다.
"적정기술은 주변에서 쉽게 구할 수 있는 재료와 과학 지식을 바탕으로 도움이 되는 것을 만드는 것이니 우리 주변에서 구할 수 있는 것으로 휴대용 물 정화 장치를 만들어 보자."란 나의 제안에 아이들은 매우 좋아했다.

기본 자료로 제시된 활성탄과 커피 거름종이 외에도 필요한 물건에 대해 찾기 시작했고 어떻게 구할 것인가에 관해 모둠별로 토의했다. 꼭 혼자 하고 싶다는 아이는 혼자 하도록 했다. 모둠별로 의논하고 설계도를 그려 보도록 했다.

- 거름종이처럼 더러운 찌꺼기를 거를 수 있는 것이 뭐가 있을까?

- 돌이 좋지 않을까?

- 돌은 더럽지 않아?

- 돌보다 모래가 낫지 않아? 모래에 불순물이 더 많이 걸러지지 않을까?

- 모래랑 돌이랑 같이 넣으면 어떨까?

- 나뭇잎도 도움이 되지 않을까?

- 거름종이처럼 헝겊 같은 것도 좋지 않니?

- 지금 헝겊이 어디 있니? 선생님이 있는 것으로 하라고 하셨잖아.

- 나뭇가지는 어떨까?

- 다른 모둠 것을 보고 올까?

- 어떤 순서로 층을 쌓으면 될까?

- 크기가 작은 것부터 층을 쌓는 것이 좋을까, 크기가 큰 것부터 쌓는 것이 좋을까?

　토론 끝에 완성된 설계도를 공유하기로 했다. 모둠별로 그린 설계도를 서로 살펴보고 문제점을 찾은 후 설계도를 수정하는 시간을 가졌다.

　설계도 수정을 거친 후 아이들에게 필요한 물건을 가져와서 장치를 꾸미게 하였다. 아이들은 교실에서, 복도에서, 운동장에서 정화에 도움이 될 만한 것을 찾아와서 휴대용 정수기를 만들기 시작했다.

휴대용 정수기 설계도

정수기가 완성됐다고 하는 모둠에게 만들어 놓은 더러운 물을 주었다. '휴대용 정수기'에 더러운 물을 부으니 여러 가지 결과가 나타났다. 깨끗한 물이 나오는 모둠도 있었고 전혀 정화되지 않는 모둠도 있었다. 나온 결과를 보고 이야기를 나누었다.

- 2모둠은 어떤 방법으로 깨끗한 물을 만들었나요?
- 우리 모둠은 모래를 넣었더니 정화가 잘되는 것 같습니다.
- 5모둠은 왜 그렇게 시꺼먼가요?
- 활성탄이 정화가 잘되는 줄 알고 많이 넣었더니 활성탄의 시커먼 물이 그대로 나온 것 같습니다.
- 4모둠은 설계도는 좋은데 왜 물이 그렇게 되었나요?
- 설계도는 잘 그렸는데 정화 장치를 만들 때 잘못되어서 거름 장치의 물건들이 섞여서 걸러지지 않았어요.
- 자갈을 씻어서 넣었는데 물이 정화되는 데는 별로 도움이 안 되었어요.

물 정화 결과 1, 2

완성된 휴대용 정수기를 보면서 "여러분이 만든 휴대용 정화 장치는 아프리카 사람들에게 도움이 될까요?"라고 질문했더니 자신들이 만든 적정기술이 좋은 것 같다며 좋아했다.

물이 깨끗하려면 불순물이 없어야 하지만, 눈으로 볼 때 깨끗해도 세균이 있으므로 끓이는 것의 중요함을 알게 하고 싶었다.

"여러분이 만든 물이 더 정화되려면 어떤 장치를 더하면 좋을까요?"라고 생각하는 질문을 던졌다. 물을 끓이면 된다는 답이 금방 나올 줄 알았는데 아이들에게서 그런 답은 나오지 않았다. 생수를 먹는 것에 익숙한 아이들이어서 물을 끓인다는 생각은 하지 않는 것 같았다. 몇 번의 질문으로 끓이는 것이라는 답을 얻을 수 있었다. 물 정화 성공 여부를 떠나서 적정기술의 체험은 아이들에게 새로운 경험을 주었다.

6. '적정기술' 표현하기

아이들은 지난 시간의 적정기술 체험이 매우 즐거웠던 것 같았다. 아이들이 또 다른 체험도 하고 싶다고 했다. 적정기술의 마지막 시간은 적정기술을 여러 가지 방법으로 표현하는 시간을 가졌다. 서평의 형식으로 글을 쓰든지, 적정기술에서 느낀 점을 글이나 포스터, 그림, 만들기 등 다양한 방법을 통해 표현할 수 있도록 열어놓았다.

이를 통해 각자 읽은 『적정기술』이란 책을 어떻게 표현할 것인지 고민하게 하였다. 이 활동은 개별로 하는 것을 중심으로 하되, 아이들의 요청에 의해 둘이 하는 것도 허락하였다. 서평 쓰기는 교과서를 참고로 하여 아이들과 서평 쓰는 법을 학습하였다.

각자의 선택에 표현 방법을 맡기니 아이들은 생각을 많이 했다. 표현에 필요한 물건은 학습 준비실에서 가져다 제시하였다. 색깔이 있는 도화지, 여러 가지 재활용품, 컵, 젓가락 등의 물건과 잘 연결되지는 않지만 아이들의 창의성을 믿고 철끈, 모루, 구슬 등의 자료도 제시하였다. 교사가 미처 제시하지 못한 물건은 아이들에게 맡기고 찾아보게 하였다. 제시한 물건 중 예상외의 물건을 표현의 자료로 사용하는 아이들이 있었다.

- 전 큐드럼을 만들어 볼 거예요.
- 저는 느낀 점을 써보고 싶어요.
- 만든 작품을 도화지에 붙이고 글을 써 볼래요.
- 저는 적정기술의 좋은 점과 불편한 점을 비교할래요.
- 저는 항아리 냉장고를 표현하고 싶어요. 지난번에 휴대용 정수기를 만들었던 것처럼 새로운 것을 표현하고 싶어요.
- 내가 생각하는 적정기술에 관해 써 볼래요.

책을 읽은 후 생각과 느낌을 표현하는 방법을 열어 놓았더니 아이들의 창의성이 나타나기 시작했다. 표현 방법이 다양하고 재미있게 읽은 책이어서 그런지 아이들의 관심과 몰입도가 좋았다. 글이나 그림 정도로 표현할 것으로 생각한 교사의 예상과는 달리 아이들의 작품은 매우 훌륭했다. 하지만 모든 아이가 그런 것은 아니었다.

- 얘들아. 나 좀 도와줘라. 선생님. 이것 좀 도와주세요.
- 선생님. 만화로 그려도 돼요?
- 선생님. 책에 있는 그림 그대로 그려도 돼요?
- 선생님이 자기 마음대로 하면 된다고 했잖아.

- 마음대로 하는 것이 더 어려워.

아이들 중에는 창의적으로 표현하는 것을 어려워하는 아이도 있었다. 자신의 생각을 자신 있게 표현하기 위해서는 여유를 갖고 아이들을 기다려 주는 것도 필요할 것 같았다. 표현을 어려워하는 아이들에게는 친구의 작품을 보게 하거나 친구들과 이야기하게 한 후 작품을 만들도록 하였다.

주어진 시간이 부족하여 점심시간 등 자투리 시간을 이용하여 완성하도록 안내하였다.

7. '적정기술' 전시하기

큐드럼 만들기 작품

생명의 빨대 서평

페트병 전구 표현

작품 전시를 위해 아이들의 작품을 받아 보니 글만 쓴 아이는 별로 없었다. 글과 그것과 어울리는 그림을 그리거나, 적정기술의 한 가지를 골라 만들기로 표현하거나, 글과 연결된 것을 반입체로 만들어 붙이기도 하고, 문제점에 대한 대안을 제시하는 아이들도 있었다.

아이들이 열심히 만든 작품을 학교 현관에 전시하기로 하였다. 교사 혼자 준비할까 하다가 아이들의 참여로 만드는 게 더 의미가 있을 것 같아 전시 공간을 반별로 나누어주고 작품의 형태에 따라 알맞게 전시하도록 각 반의 대표에게 맡겼다. 각 반 대표는 친구들의 이야기를 듣고 작품을 전시하였다.

아이들이 만들고 전시까지 준비하면서 관심도가 더욱 높아졌다. 작품을 붙일 것인지, 설치할 것인지 생각하고 무엇을 어디에 두어야 할지를 생각하면서 전시하였다. 아이들에게 맡긴 것이 참여도도 높고 관심도 커져서 결과가 훨씬 좋다는 것을 느꼈다.

작품을 전시하는 아이들

작품 감상

작품 전시장

8. 수업이 끝나고

9차시의 수업이 모두 끝나자 아이들이 많이 아쉬워했다. 아이들은 『적정 기술』을 다 읽고 활동한 소감을 저마다 다양하게 표현했다.

- 적정기술을 만든 사람들이 존경스러워요.
- 적정기술의 뜻을 알게 돼서 좋아요.
- 지구에 가난한 사람이 많다는 것을 알게 돼서 슬퍼요.
- 한 사람의 노력이 하나의 나라, 마을을 변화시킬 수 있다는 것이 놀라워요.
- 사소한 것 하나가 큰 발명이 될 수 있다는 것을 알게 되었어요.
- 특이하고 신기한 책을 읽게 해 주셔서 감사해요.
- 가난한 사람들에게 간단한 기술로 도와줄 수 있다는 것을 알게 되어서 기분이 좋아요.
- 전기 없이도 이런 것을 만들 수 있다는 것이 놀라웠어요.
- 하나의 발명품이 세상을 구할 수 있다니….
- 적정기술은 머리를 쓰라는 것을 알려 주는 것 같아요.
- 우리는 진짜 잘살고 있는 것 같아요.
- 적정기술로 많은 사람이 행복하게 살았으면 좋겠어요.
- 세상에는 정말 가난한 사람들이 많이 있지만, 그들을 도와주는 착한 사람도 많이 있는 것 같아요. 나도 남을 돕는 사람이 되어야겠어요.
- 세상에는 많은 기술이 있는 것을 알게 되었어요.
- 발명품이 사람의 생명을 살리는 데 쓰인다는 것에 감동을 받았어요.
- 나도 적정기술에 관심을 갖고 만들기를 해 봐야겠어요.

『적정기술』로 수업을 계획할 때 어떻게 전개해야 할지, 어떻게 책을 읽게 해야 할지, 어떤 활동을 해야 할지, 어떤 발문으로 아이들의 관심과 호기심을 끌고 갈지 고민이 많았다. 수업을 마치면서 다시 생각했더니 내 생각에서 수정이 필요한 부분이 보였다. 무엇을 어떻게 할지를 고민하는 것이 아니라 좋은 책을 아이들에게 주어 읽게 하고, 이야기를 나누고, 들어 주는 활동만으로도 아이들은 책 속에서 놀고 즐거워하고 행복해했다.

책 읽기는 교사가 끌고 가는 것이 아니라 아이들이 읽도록 교사가 옆에서 응원해 주고, 기다려 주며, 자기 생각을 말할 수 있는 분위기를 만드는 것이 중요하다는 것을 새삼스럽게 느껴 본다. 비문학 책도 다양한 활동을 통해 '한 학기 한 권 읽기'가 가능하다. 책의 종류를 고민하기보다는 생각을 키우고 마음을 키우는 책을 읽게 하는 것이 더 중요하다.

『넌 네가 얼마나 행복한 아이인지 아니?』

『넌 네가 얼마나 행복한 아이인지 아니?』/조정연 글, 이정석 그림/와이즈만북스

1. 토론하기 좋은 책

토론은 독서를 완성한다. "한 사람이 열 권의 책을 읽는 것보다 열 사람이 한 권의 책을 같이 읽고 토론하는 것이 효과적이다."라는 말이 있다. 같은 책을 함께 읽고 생각과 경험을 나누며 여러 관점에서 말하는 독서 토론은 3, 4학년 이상이면 누구나 할 수 있는 활동이다.

토론은 아이들이 관심을 갖는 주제일 때 더 적극적으로 이뤄진다. 독서 토론을 잘하려면 모두가 관심을 가질 수 있는 책을 선정해야 하는데 '어떤 책으로 하면 좋을까?'에 대한 고민을 많이 했다.

책 선정에 대해 아이들과 이야기를 나누어 보았다. 아이들은 자기 또래의 다른 나라 아이들은 어떤 고민을 하는지 궁금해하였다. 여러 책 중에서 함께 고르기로 했다. 아이들의 인권을 위해 애쓴 세계 어린이상 수상자들의 이야기인 『어린이가 어린이를 돕는다』, 다름 때문에 오는 여러 가지 갈등을 풀어가는 이야기인 『평화는 어디서 오나요』, 인종차별에 맞서 싸운 이야기인 『사라, 버스를 타다』, 이민이나 난민으로 조국을 떠난 아이들이 학교에서 겪는 갈등을 그린 『커피우유와 소보로빵』 등이 후보로 선정되었다.

그중에서도 아이들은 제3 세계에서 사는 아이들의 이야기인 『넌 네가 얼마나 행복한 아이인지 아니?』에 관심이 많았다. 아이들이 이 책을 선택한 이유는 다른 책들과 매우 다른 분위기와 여러 나라 아이들의 다양한 삶에 대해 궁금했기 때문이다. 이 책에는 9개 나라 어린이들의 삶이 가까이에서 함께 생활한 것처럼 아주 자세하게 나와 있다.

아이들은 다른 나라 아이들도 대부분 굶주림에 대한 걱정 없이 배불리 먹고 학교에 다니며 미래에 대한 행복한 꿈을 꾸는 일상을 살아가고 있을 것이라고 생각한다. 하지만 제3 세계의 아이들은 우리 아이들과 같은 또래임에도 불구하고 우리와 전혀 다르게 살아가고, 어린이로서의 보살핌은커녕 믿을 수 없는 일들을 겪으며 살아가고 있다. 아이들은 책을 읽으며 무엇이 문제인지 알아보고 우리가 할 수 있는 일은 어떤 것이 있는지 친구들과 함께 토론을 통해 찾아보고 싶다며 강한 의지를 보였다. 6학년 사회과에서 세계 여러 나라의 다양한 생활 모습을 배우고 있었기에 더욱 그랬던 것 같다.

다음은 이 책을 감명 깊게 읽은 아이가 친구들에게 추천하는 글이다.

"혹시 지금의 자신이 불행하다고 느낀 적은 없니? 나는 공부하느라 마음껏 놀지 못하거나 게임을 계속하고 싶은데 부모님께서 하지 말라고 하실 때 나는 불행하다고 느끼곤 했어. 그러나 이 책에 나오는 아이들을 보고 내가 불행하다는 마음이 사라졌어. 정말로 불행한 것이 무엇인지 깨달았거든. 이 책을 펼치면 우리가 사는 지구 반대편에서 지금도 고통받으며 사는 다양한 아이들을 만나볼 수 있어. 이 아이들은 하나 같이 아무 잘못도 없이 영문도 모른 채 피해를 보고 있어. 이 책은 그들의 이야기를 지루할 틈 없이 풀어내어 흥미를 유발하고 세계에 있는 많은 불우 이웃들에 대한 관심을 일깨워 줘.
이 글을 읽다 보면 불평불만이 많던 자신을 돌아보고 또 사소한 것에도 감사할 수 있게 돼. 이들에 비하면 너는 정말 행복하다고 느낄 거야. 아침에 일어나 눈을 뜨면 자명종 소리가 반갑게 느껴질 거야. 그곳의 아이들은 질병과 폭력에 항상 노출되어 있어 생명의 위협을 받고 있거든. 밥상에 차려져 있는 집밥도 평소보다 맛있어 보일 거야. 너는 굶주림에 허덕이지 않아도 되니까.
이 책은 너의 불우한 친구들이 지구촌 어디에나 있다는 것을 알려 주고 네가 도움의 손길을 내밀기 위해 노력해야 한다는 생각을 하게 해 주며 동시에 우리에게 묻고 있어. '넌 네가 얼마나 행복한 아이인지 아니?'라고. 아직도 행복하지 않다고? 그렇다면 그들을 생각하며 너도 도움의 손 길을 내밀어 봐. 그들의 따뜻한 감사에 행복할 거야. 이제 다양한 우리 또래 아이들 이야기를 함께 나눠 보지 않을래?"

2. 왜 토론을 해야 하지?

아이들은 책에 나온 지도와 얼굴 사진을 보고 실제로 벌어지는 이야기 라는 사실에 놀라워했다. 그리고 믿을 수 없는 현실에 대해 함께 이야기를 나누고 싶어 했다. 친구들과 같은 책을 읽으니 배경지식을 공유하고 내용 을 공감할 수 있어서 할 얘기가 많아졌다. 책을 읽는 틈틈이 쉬는 시간에 도 친구들과 자발적으로 책에 대한 이야기를 끊임없이 이어갔다.

- 어른들에게 이용만 당하고 사는 아이들의 모습이 너무 불쌍하지 않니?
- 나도 같은 생각을 했어. 학교에도 못 다니고 힘든 노동을 하며 살아가잖아.
- 그 아이들을 대신해서라도 어린아이들에게 잘못한 어른에게 적당한 벌을 주고 싶어.
- 특히 소년병들을 강제로 모집해서 독재 정치를 한 사람에게 50년의 징역형을 내렸 는데, 더 심한 벌을 받아야 하지 않을까? 그 사람 때문에 많은 아이가 가족과 떨 어져 살고, 자기 키보다 큰 총을 들고 전쟁에 나가야 하잖아.
- 맞아. 그 사람은 50년만 감옥에 있다 나오면 정상으로 살아가잖아. 수많은 아이가 그 사람 때문에 평생 병들고 아픈 몸으로 살아야 하는데….
- 소년병으로 만들려고 마약을 먹였으니까 그 아이들은 소년병이 끝나도 평생 마약 중독자로 살 것 같아. 마약은 한 번 하면 끊지 못하잖아. 그 아이의 한 번 뿐인 인생 을 망치게 했으니까 그 대가를 치르게 해야 해.
- 아예 무기징역이나 사형을 해야 하지 않을까? 감옥에서 나와서 또 나쁜 짓을 할

수 있으니까.

- 맞아. 한 사람의 인생을 망쳐도 큰 죄인데 많은 사람의 인생을 망쳤으니까 큰 벌을 받아야 마땅해.

아이들은 책을 읽고 서로의 생각을 나누고 싶어 했다. 그래서 하고 싶은 이야기를 주제로 정해 토론하기로 했다. 토론이 시작되면 자신이 고민했던 질문들을 짝이나 친구들과 나누면서 책 속의 문제를 현실의 우리 이야기로 끌고 와 해결책을 찾아보는 활동을 진지하게 하게 된다. 그래서 수업 중에 하는 토론은 공부가 아닌 놀이처럼 시간 가는 줄 모르고 즐겁게 참여하다가, 쉬는 시간 종이 울리면 아쉬움에 더 하자고 조르기도 한다. 책을 읽으면 공감 능력이 길러지는데 생각의 넓이와 깊이까지 더해가기에는 토론만 한 것이 없다.

토론은 쉽게 접근할 수 있어야 한다. 그래서 아이들이 부담 없이 말문을 열 수 있게 해 주어야 한다. 독서 토론을 하면서 토론이 쉽고 재미있어서 다음 토론 시간이 기다려진다는 반응이 많아졌다. 친구와 만나 관심 있는 내용으로 재잘거리다 보면 그 이야기에 빠져들게 되듯이, 토론도 모둠 친구들과 함께하다 보면 어느새 10~20분이 훌쩍 지나가 버린다.

토론이 끝날 때쯤, 아이들의 얼굴은 상기되고 이마에 땀이 송골송골 맺혀 있기도 한다. 자신들이 주체가 되어 끌어 주고 밀어주며 주제에 대한 결론에 다다를 때, 스스로의 힘으로 해냈다는 성취감으로 가슴이 뿌듯해진다. 이처럼 토론은 필요에 의해 질문을 만들고 그것을 스스로 해결하는 과정에서 사고가 깊어지고 이해의 폭도 넓어져 상상력과 창의력도 길러진다. 그래서 자기가 하고 싶은 말을 자유롭게 할 수 있도록 여러 가지 방법으로 토론해 보기로 했다.

3. 토론을 위한 준비, 질문 만들기

□ 궁금한 건 질문으로

토론을 하려면 상대방에게 말을 걸어야 하는데 이때 내가 가진 궁금증을 질문으로 만들면 쉽다. 답을 얻기에 앞서 질문 그 자체만으로도 충분한 의미와 가치가 있는 경우가 많다. 질문은 자기 성찰과 더불어 다른 사람을 이해하는 능력도 높여 준다. 어떤 내용이었나에 대한 간단한 사실 확인으로 시작해서 인물이 한 행동이 적절했는지, 왜 그런 행동을 했는지, 내가 그 인물이라면 어떻게 했을지, '만약'으로 상황을 가정하면 어떻게 될지, 책 속의 교훈을 내 생활 속에서 어떻게 실천하며 살고 싶은지 등 내 삶과 연계한 질문으로 확장해 만들어 보기로 했다.

책을 읽어 가면서 장마다 인상 깊은 문장에 대한 내 생각을 쓰고, 질문과 그에 따른 생각 1~2가지 이상을 공책에 정리했다. 질문은 책을 다 읽은 후에 종합해서 쓰는 방법도 있지만, 책을 읽다가 문득 떠오르는 생각을 즉시 적는 것을 아이들은 훨씬 좋아한다. 그날 읽은 내용에서 자신이 궁금하거나 친구의 생각이 궁금한 점을 그때그때 질문하면 감상과 느낌이 생생하게 살아난다. 이 질문은 짝 토론이나 모둠 토론을 할 때 주제가 되는데, 책 읽을 때의 생각과 궁금증이 잘 드러나는 좋은 질문은 토론할 때 생동감을 불러일으킨다.

□ 너에게 이 책은 어땠니?

책 읽고 질문 쓰기까지는 혼자 하는 활동이다. 그 후에 토론을 하면 서로 생각을 나누고 다른 점을 찾아보며 생각의 지평을 넓게 된다. 또한 생각 나누기를 통해 공통적인 관심사를 발견하게 되어 자연스럽게 토론의 주제를 찾는 실마리를 찾게 된다.

먼저 1장 '현대판 하녀 아미나타'를 읽으면서 어떤 생각이 드는지를 아이들에게 물었다. 아이들은 자신과 나이는 같지만 너무나 다른 생활을 하는 하녀 아미나타에 대해 매우 안타까워했다.

- 아미나타가 하기 싫은 데도 억지로 하녀 일을 해서 불쌍했어요.
- 나이가 어린 데도 가족을 위해서 일하러 간다는 점이 감동적이었어요. 제가 그 상황이라면 가족을 위해 부모님과 떨어져 살면서 자신을 희생하기가 어려웠을 것 같아요.
- 12살밖에 안 되었는데 돈을 벌기 위해서 자기 나라를 떠나고 남의 나라에서 돈을 한 푼도 못 받고 굶으면서 일하는 것이 안타까웠어요.

2장의 '낙타 몰이꾼 알스하드'에 대해서는 아직 어린 나이에 제대로 먹지도 못하며 낙타 몰이를 하는 모습에 대해 아이들이 이를 대부분 자기 동생의 이야기처럼 여겼다. 어른들에 대한 원망이 이어졌다.

- 낙타 몰이꾼 아이들의 생명을 건 낙타 경주를 보면서 어른들의 이기심을 느꼈어요. 낙타를 빨리 달리게 하려고 아이들을 굶기고, 가볍게 하려고 물도 주지 않는 게 불쌍했어요.
- 낙타 몰이꾼 아이들이 참 불쌍했어요. 낙타를 몰고 경주에 참가하는 건 어른도 하기에 위험천만한 일인데 아주 어린 소년들이 무서워하면서도 억지로 해야 하니까요.
- 낙타 몰이꾼 아이들은 자기가 원치도 않는데 끌려가서 하기 싫은 일도 해야 하니까 슬펐고, 아이들을 자기 마음대로 부려먹는 감독관을 보며 화가 났어요.

- 낙타 주인들은 낙타 경주에서 이겨서 자신들이 유명해지고 돈을 버는 데 아이들을 이용했어요. 아이를 굶기고 고생시키면서 아이의 생명을 이용한 건 이기적이에요. 아이들이 안쓰러워요.
- 그 아이들은 가난한 나라에서 태어나 먹을 것을 준다는 말에 다른 나라로 팔려가서 새벽 4시에 일어나 낙타 몰이 훈련을 하고 있어요. 납치를 당해서 위험한 낙타 몰이를 하는데 사고를 당하면 생명을 잃을 수도 있어요. 평생 불쌍하게 살아가야 하니까 어이없어요.

감상을 나누고 나면 아이들은 친구와 수다 떨듯이 이야기를 더 많이 하고 싶어 한다. 쉬는 시간은 없어도 된다며 토론 시간을 좀 더 달라고 사정했다. 그래서 바로 이어서 토론을 시작했다.

4. 어떻게 토론하지?

□ 책의 주제부터 찾아볼까?

'작가는 책을 왜 썼을까?', '이야기를 통해 우리에게 무슨 말을 하고 싶은 걸까?' 등 책을 읽으면서 하게 되는 이런 생각이 책의 주제가 된다. 예전에 하지 못했던 생각이지만 책을 읽으면서 새롭게 하게 된 생각이 무엇인지 물었더니 많이 찾아냈다. 이를 모둠 친구들과 함께 이야기해 보았다.

- 세상은 넓고 불쌍한 사람도 많아. 내가 세상에서 제일 불쌍한 사람이 아니란 걸 알았어. 자신이 힘들다고 생각하는 사람들이 이 책을 읽어보면 자신이 행복하다는 사실을 알게 될 거야. "혼자 행복해하지 말고 다른 사람들을 도와주며 살자."가 주제인 것 같아.

- 살고 싶지 않다고 입버릇처럼 말하는 아이들이 이 책을 보면 내가 힘든 점은 비교도 되지 않게 작다는 것을 알고 그만 살고 싶다는 말은 안 하게 될 것 같아. 우리가 가진 것에 감사하며 살라는 말을 하고 싶은 것 같아.

- 가난한 나라에서 아이들이 인권을 침해당하는 사실을 알리고 싶었을 거야. 초콜릿은 우리가 먹는 간식인데 다른 나라의 아이들이 노동해서 우리가 먹을 수 있게 된 거잖아. 아직 일하면 안 되는 어린아이들이, 일한 대가도 제대로 받지 못하고 가족과 떨어져서 힘들게 일하고 있어. 그래서 우리가 초콜릿을 살 때 한 번쯤 노동하는 아이들을 생각해 보라는 뜻인 것 같아.

- 어떤 사람은 아이들에게 도움을 주기 위해 봉사활동을 하거나 제대로 치료받지 못하는 사람들을 위해 직접 병원을 차리거나 치료해 주고 있어. 어떤 사람은 돈이나 물건으로 후원해 주기도 하고. 이처럼 우리도 자신이 할 수 있는 일을 찾아서 힘든 아이들을 도와주자는 뜻인 것 같아.

한 줄 주제 쓰기를 위해 학급의 모든 아이에게 자신이 말한 것을 각자 한두 문장으로 요약해서 쓰도록 하였다. 아이들은 잠깐 고민하고 곧바로 써 내려갔다.

- 우리는 얼마나 행복한 아이인 줄 깨닫자.

- 원래 아이들은 행복해야 하는데 불쌍한 아이들도 있다. 불쌍한 아이들을 업신여기지 말고 보호해 주자.
- 자기가 원하는 것을 할 수 있는 우리들은 자신의 행복에 만족하며 살아가자.
- 자기만 잘살려 하지 말고 어려운 사람들을 도우며 살자.
- 하녀나 소년병처럼 고통받는 아이들의 생명도 소중하다는 것을 알자.
- 우리와 같은 나이지만 가난하고 힘들게 살아가는 다른 나라 아이들에게도 관심을 갖자.
- 많은 어린이가 고통받고 있다. 이런 일이 되풀이되지 않으려면 어떻게 하면 좋을지 생각해 보자.
- 가난한 나라가 되지 않도록 나라를 잘 이끌어갈 사람이 되자.
- 우리는 사소한 일상에도 만족하며 살아야 한다.
- 하루 세끼 먹기, 가족과 함께 살기, 집에서 살기, 학교 다니며 공부하기 등 우리가 당연하다고 생각했던 일들은 당연한 일이 아니고 엄청난 혜택이었던 것을 알고 감사하자.

□ 책의 주제와 관련된 토론 주제를 함께 정해 보자

책을 다 읽고 아이들과 어떻게 생각을 나눌까 고민하다가 책의 주제와 관련하여 토론 주제를 정해 보기로 했다. 책을 읽은 후 소감 나누기를 하고 이어서 책의 주제 알기를 병행하면 책 전체를 보는 눈이 생긴다. 책의 주제와 연관 지어 토론 주제를 정하면 책 전체를 아우르는 포괄적인 내용을 담은 핵심 질문을 잘 찾아낼 수 있다. 개인이 정한 토론 주제로 바로 토론하면 책의 지엽적인 문제만 다루게 되어 자칫 내용이 얕아질 수 있기에 두 가지를 병행하면 좋다. 책의 주제를 알아보고 그와 관련하여 토론 주제를 정하게 했더니 다양한 내용이 나왔다. 주제별로 분류된 질문은 다음과 같다.

○ 작가의 의도와 관련된 질문

- 이 책의 작가는 이 슬픈 이야기를 왜 우리에게 알려주고 싶었을까?

○ 내용과 관련된 질문

- 우리는 가난하고 힘든 아이들에게 어떤 관심과 도움을 주면 좋을까?

- 가난하고 어려운 환경에 있는 사람들에게 정부는 어떤 제도를 만들어 도와주어야 할까?

- 사람들은 어려운 처지에 있는 불쌍한 아이들을 왜 도와주지 않을까?

- 이 아이들은 모두 가난 때문에 희생당하고 있는데 이 가난에서 벗어나게 하려면 어떻게 해야 할까?

- 과연 우리는 행복한가?

- 우리만 이렇게 행복하게 살아도 될까?

○ 실천 방안을 찾는 질문

- 아동 노동을 막기 위해 우리가 할 수 있는 일은?

- 가난한 나라의 아이들에게 좀 더 잘 사는 우리들이 할 수 있는 일은 무엇일까?

- 아이들을 팔고 사는 사람들에게 벌금을 매겼는데 효과가 없이 계속되고 있다. 인권을 침해하는 일을 어떻게 방지할 수 있을까?

- 우리가 형편이 어려운 나라의 아이들을 도울 수 있는 방법은?

- 우리가 초콜릿을 안 사 먹기 운동을 벌이면 카카오 농장에서 일하는 아이들이 아동 노동에서 벗어나게 될까?

○ 다른 관점에서 본 질문

- 가난 때문에 불행할 수도 있지만 가난해도 행복할 수 있다. 가난하게 살더라도 행복할 수 있는 방법은?

- 어른들은 어려운 처지에 있는 아이들을 보고서도 왜 모른 척할까?
- 아동 노동처럼 인권을 침해당하는 아이들을 위해 법을 만들었는데 왜 법의 혜택을 받지 못하고 있을까?
- 왜 정부는 가난한 아이들도 자기 나라 국민인데 돕지 않을까?
- 법의 보호를 받지 못하고 어른들이 돌봐주지 않는 아이들에게 정부가 어떤 제도나 역할을 해 주어야 할까?
- '소년병 피바람'에서 반군의 군사가 된 소년병들은 살인 병기가 되기 위해 반군이 준 마약에 중독되어 하루하루 고통스럽게 살아간다. 반군의 군사가 되지 않겠다고 하면 죽인다고 위협한다면 반군이 되겠는가?

주제가 분류되니 모둠별로 토론하고 싶은 주제 선택이 쉬워졌다.

5. 다양한 방법으로 토론하기

□ 형식이 없어서 좋아 — 자유 토론

형식에 매이지 않고 누구라도 쉽게 말문이 트이게 하려면 자유 토론으로 시작하는 것이 좋다. 4명을 한 모둠으로 자유롭게 말하기를 하되, 주장하기는 말하고 싶은 사람이 먼저 하도록 하였다. 토론에서는 말문을 트는 데 용기가 필요하므로 말하고 싶은 사람이 먼저 말하면 토론의 분위기가 활발해진다. 방법은 자신이 말하고 싶은 주제를 먼저 발표하고 그 이유를 덧붙이게 했다. 한 친구가 말하면 다른 친구들이 순서와 상관없이 그에 대한 보충이나 지지, 반박을 하며 자연스럽게 토론을 이어간다. 1장 '현대판 하녀 아미나타'를 함께 읽고 자유 토론을 시작했다.

먼저 말하고 싶은 학생부터 주제에 대한 주장과 이유를 설명하기로 했다.

– "내가 부모라면 돈이 없어서 먹고 살기가 어려우면 자식을 남에게 팔겠나?"로 토론하고 싶어. 왜냐하면 만약 내가 부모라면 병에 걸려서 아프고 일도 할 수 없고 가난한데, 병원비가 계속 들어가야 한다면 자녀를 다른 사람에게 팔아야 약도 사고 쌀을 먹을 수 있어. "네가 부모라면 빚 때문에 생활비가 없고, 자녀를 먹일 돈도 없다면 자녀를 다른 사람에게 팔 수 있겠나?"라고 누가 나에게 묻는다면 나는 팔겠어. 일단 부모가 살아 있어야 자식을 키우는데, 부모가 돈이 없는데 병에 걸려서 일찍 죽으면 자식도 슬플 거야. 그러니까 지금 당장은 자식을 팔아서 마음이 아프겠지만, 나중에 돈이 생기면 그때 자식을 다시 데려오겠다고 마음먹고 빨리 병이 나아서 열심히 돈을 벌면 되잖아.

모둠원이 자유롭게 이 주제에 대한 자신의 생각을 말했다.

– 부모가 돈 때문에 자녀를 다른 사람에게 파는 것은 부모로서 할 수 없는 일이야. 자녀를 사 간 사람이 자녀를 학대하거나 구박할 수도 있는데, 자기 자녀를 잘 돌볼 수 없는 사람에게 자녀를 맡길 수는 없어. 부모의 도리에 어긋나는 일이야.
– 맞아. 부모가 아이를 낳으면 어른이 될 때까지 잘 키워야 할 책임이 있는데, 돈을 벌기 위해서 누구인지도 모르는 남에게 판다고? 자녀가 사람대접을 받지 못하며 살 수 있는데 어떻게 그럴 수가 있어? 부모는 자식을 잘 키워야 할 책임이 있는데 그럴 수 없으면 낳지 말았어야지.
– 가난한 부모에게서 자녀를 사 간 사람은 부모 앞에서는 잘 돌봐주겠다고 거짓말로 약속하고 실제로는 그렇지 않을 수도 있어. 부모는 자녀를 키우며 정이 많이 들어서 며칠만 떨어져 있어도 보고 싶을 텐데, 돈 때문에 자식을 못 보면 자신이 병들어서 몸이 아픈 것보다 마음이 더 아플 거야.

- 그래. 가족의 힘은 매우 커. 부모는 자녀와 함께 있는 즐거움이 있는데 나라면 형편이 아무리 어려워도 절대로 팔지 않을 거야.

- 내가 부모라면 자식을 위해서라도 팔 거야. 자식이 팔려가서 학대를 당할 수도 있지만, 여기에서 부모와 함께 살면서 굶어 죽는 것보다는 팔면 아이는 먹고살 수 있잖아. 자녀라도 굶어 죽지 않게 하려는 심정으로 팔겠어.
- 팔려 가면 밥을 먹을 수 있다는 보장은 있더라도 어리고 일을 제대로 할 수 있는 나이도 아닌데 무작정 남에게 보내면 안 돼. 아직은 나이가 어려서 일을 잘할 수 있는 체력도 아니고 능력도 별로 없는데 남이 잘 대우해 줄 리가 없어.

이처럼 한 사람씩 의견을 듣고 그에 대해 순서와 상관없이 지지, 반박, 보충 등을 자유롭게 말하게 하면 아이들은 생각이 많아져서 머리가 복잡해진다. 이때 토론 내용을 글로 쓰면 실타래가 풀리듯이 생각이 잘 정리된다. 그래서 토론이 끝난 직후 바로 글을 쓰게 하면 자신의 의견을 주장하는 글쓰기가 어렵지 않다. 논술 주제는 토론 주제와 같게 하여 의문문으로 하면 대답하듯이 시작하게 되어 핵심이 먼저 제시되므로 평서문으로 하는 것보다 더 쉽게 써 내려갈 수 있다. 다음은 이 주제에 대해 찬성했던 학생이 토론이 끝나고 쓴 글이다.

○ 주제: 내가 부모라면 빚 때문에 돈이 없어서 생활비가 없고 자녀를 먹일 돈조차 없다면 어떻게 하겠나?

내가 부모라면 아이를 팔겠다. 자녀들은 형편이 어려워 삼시 세끼를 제대로 먹지 못한다. 부모 또한 허기와 가난에 찌들고 몸이 아파 제대로 걸을 수조차 없다. 아이들이 굶는 것을 보면 부모가 굶는 것보다 더 고통스러울 것이다. 차라리 아이를 다른 집에 보내면 자녀는 밥이라도 먹을 수 있다. 또한, 아이를 다른 사람에게 보내면 부모가 돈을 받아 약을 사 먹고 건강해지고 일해서 돈을 모을 수도 있다. 돈을 번 후에 아이를 데리고 오면 부모도 굶어 죽는 일을 피할 수 있고 아이도 살아 있을 수 있다. 형편이 어려울 때 자녀를 남에게 보내는 것이 부모와 아이 모두에게 합리적인 선택이다.

처음 토론을 경험해 보는 아이들은 자유 토론이 가장 좋다. 자유 토론의 장점은 말하는 순서가 정해져 있지 않아서 편하게 할 수 있는 점, 언제라도 누구와도 편안한 주제로 말할 수 있다는 점이다. 그럼에도 불구하고, 열심히 참여하는 몇몇 사람에게 발언권이 집중되어 말하고 싶어도 용기를 내지 못하거나 소심하거나 자신감이 적은 몇몇 학생은 발언 기회를 놓치고 구경꾼처럼 되기 쉽다는 단점도 있다. 그래서 자유 토론을 여러 번 해 보며 토론의 맛을 알고 토론의 말문이 트인 후에는 성격이 소심하거나 말수가 적은 아이들도 모두 골고루 참여할 수 있는 원탁 토론 방법으로 발전시켜도 좋다.

□ 참여 기회가 골고루 — 원탁 토론

2장 '낙타 몰이꾼 알스하드'를 읽고 아이들이 가장 많이 분노한 부분은 어린이들에게 아동 노동을 시키고 학대한 어른들에 관한 부분이었다. 그래서 모두가 하고 싶은 이야기를 마음껏 할 수 있는 원탁 토론을 하기로 했다. 원탁 토론은 순서가 정해져 있어 모든 아이가 의견 말하기, 반박, 보충 등의 기회를 골고루 얻을 수 있다. 모둠원 모두에게 같은 패턴이 반복되기에 소외되는 학생이 없다. 또한 내 편 네 편이 갈리지 않고, 옳고 그름 없이 주제에 대한 다양한 의견을 듣고 보완하거나 지지, 반박하면서 더 좋은 방법을 함께 찾아가기에 승패에 대한 부담도 없다.

원탁 토론 방법은 간단하다. 앉은 순서대로 1번~4번(또는 5번, 6번)까지 번호를 정하고 1번 학생이 의견 말하기 또는 주장 펼치기를 하면, 그 의견에 대해 2, 3, 4번이 순서를 정해 지지, 반박, 보충 등을 자유롭게 한다. 반드시 반박해야 하는 것은 아니며 특별히 할 말이 없으면 '없음'으로 해도 된다. 2, 3, 4번 학생도 같은 방법으로 주장 펼치기부터 반복한다. 이때 질문에 대한 답변이 미흡하거나 보충 질문할 것이 있으면 재차 더 물어도 되며 1번 학생의 의견이나 앞에 나온 내용에 대해 지지하며 그 이유를 덧붙여도 된다. 사회자는 처음에는 교사가 시범으로 보여 주고 점차 학생 중 지원자 한 명이 토론자로 참여하면서 겸해도 된다.

○ **사회자**

: 우리 모둠의 주제는 "어린아이들에게 불법으로 노동을 시키고 학대하는 어른들에게 어떻게 해야 할까요?"입니다. 의견을 말씀해 주시기 바랍니다.

○ **1번 학생 주장하기**

: 낙타 몰이꾼 소년에게 먹을 것과 물을 제대로 주지 않아 키가 3년 동안 1㎝도 자라지 못하게 한 낙타 주인에게 벌을 주었으면 좋겠습니다. 낙타 몰이꾼 아이들에게 노동을 시킨 시간 동안 감옥에서 지내면서 물을 하루에 한 번만 먹을 수 있게 합니다. 아이들에게 밥도 제대로 안 주고, 물도

한 번만 마시게 하고 낙타 몰이를 시켰기 때문입니다.

2번 질문: 낙타 주인을 감옥에 넣고 물과 밥도 제대로 주지 않겠다고 했는데 왜 그렇게 하고 싶나요?

1번 답변: 아이들도 제대로 못 먹었으니까 낙타 몰이꾼의 주인에게도 물도, 밥도 안 주고 똑같이 당하게 해 봐야 다시는 그렇게 하지 못할 것입니다.

3번 지지: 저도 이 방법이 좋다고 생각합니다. 나쁜 어른들은 똑같이 당해 봐야 아이들의 아픔을 잘 이해할 수 있게 될 것 같습니다.

이처럼 반박할 것이 없으면 지지를 해도 된다. 그러면 주장한 어린이는 자신감도 얻고 우군을 얻은 마음에 어깨가 으쓱해진다. 원탁 토론은 협력을 통하여 더 좋은 방법을 찾고, 좋은 의견은 보충 의견을 통해 보완하게 된다. 모둠원이 한 배를 타고 함께 노를 젓는 마음으로 임하면 승패에 대한 부담감이 없어 편안한 마음으로 토론을 즐길 수 있다.

○ **2번 학생 주장하기**

: 저는 아이들에게 불법으로 노동시킨 사람들에게 종신형을 부과한 뒤 감옥에 넣어서 죽을 때까지 못 나오게 하고, 바깥 공기도 못 맡게 감옥의 맨 끝 방에 수감시켰으면 좋겠습니다. 그리고 쌀밥은커녕 콩밥 냄새도 못 맡게 했으면 좋겠습니다. 아이들에게 밥도 제대로 주지 않는 나쁜 사람들에게 맛있는 밥을 줄 이유가 없기 때문입니다.

3번 반박: 하지만 나쁜 사람의 가족에게는 너무 심한 벌입니다. 나쁜 사람도 가족이 있는데 평생 감옥에 갇혀 있으면 볼 수 없으니 그 가족들은 아무 죄도 없는데 가족을 잃는 것과 마찬가지입니다. 죽기 직전에는 풀어 주어 가족과 만나게 해 주면 좋겠습니다.

2번 답변: 가족도 이런 벌을 받아야 마땅합니다. 인성은 가정에서 길러지는데 이렇게 나쁜 일을 하도록 방관했기 때문에 그만한 대가가 따라야 합니다.

4번 지지: 그렇습니다. 가족도 책임이 있으니 대가를 받는 것은 맞습니다. 하지만 가족들도 불쌍하니 일 년에 딱 한 번만 가족 면회를 허용해 주면 좋겠습니다.

○ 3번 학생 주장하기

: 저는 아이들에게 노동을 시키거나 학대한 어른들은 똑같이 당해 보게 했으면 좋겠습니다. 자기가 괴롭힌 낙타 몰이꾼처럼 평생 노예처럼 살아가게 하고, 또 가족들과도 못 만나게 하고 할 일을 다 못했을 때는 아이와 똑같이 밥을 주지 않거나 벌을 받게 하면 좋겠습니다.

4번 반박: 밥을 안 주면 죽게 되지 않나요?

3번 답변: 책에 나온 아이들처럼 똑같이 해 주면 됩니다. 자기가 해야 할 일을 제대로 못하는 날에는 밥을 한 끼만 줍니다.

1번 질문: 아이들과 똑같이 일을 시키면 어른에게는 너무 쉬운 일이 됩니다. 어른에게는 어려운 일을 시켜야 하지 않을까요?

3번 답변: 그러면 어른 기준으로 심한 일을 하게 하고, 못하면 벌을 주는 것으로 바꾸겠습니다.

2번 반박: 나쁜 어른들을 노예처럼 대하고 벌을 주어도 정작 피해를 당한 아이들에게는 아무런 도움이 되지 않습니다.

3번 답변: 피해를 당한 아이들에게 일하고 못 받은 밀린 월급을 주게 해서 밥을 사 먹을 돈도 주고 학교도 다니게 해 주겠습니다.

4번 질문: 누가 지원해 줍니까? 어린아이들을 노예처럼 부린 사람들은 나쁜 어른들인데 말을 들을까요?

3번 답변: 법으로 꼭 지키도록 명령하면 됩니다. 안 지키면 벌금을 세게 매기면 빚을 내서라도 월급을 줄 것입니다.

1번 지지: 지지합니다. 아이들은 돈이 없어서 빚 때문에 노예가 되었으니 밀린 월급으로 보상을 해 주면 큰 도움이 될 것 같습니다.

○ 4번 학생 주장하기

: 아이들에게 노동을 시킨 사람은 똑같은 시간 동안 봉사하게 하되, 아이가 한 일의 10배에 해당하는 중노동을 하게 하고, 폭력을 가한 사람은 처벌했으면 좋겠습니다. 벌이 가혹하지만 그들이 아이들에게 한 짓이 더 잔인했고, 또 아이들의 가족들에게도 슬픔을 겪게 했기 때문에 이런 벌을 받아 마땅합니다. 그래야 앞으로는 이런 짓을 못 할 것 같습니다.

1번 동의: 동의합니다.

2번 지지: 저도 같은 생각입니다.

모둠별 원탁 토론이 끝난 후 소감을 말해 보기로 했다. 토론하면서 주제에 대해 어떤 생각이 들었는지, 토론할 때 미처 다 말하지 못했지만, 꼭 하고 싶은 말이 있는지 물어보았다.

- 경찰이나 법을 만드는 사람들이 왜 벌을 주지 않고 있는지 모르겠습니다. 이런 사람들은 법을 잘 지키도록 벌을 꼭 주어야 합니다. 이런 사람들을 적발하고 벌을 주어야 할 경찰이 제대로 일하지 않으면 일자리를 박탈시키고 정의로운 사람들이 그 일을 할 수 있도록 해야 합니다.
- 어린이들에게 돈을 더 벌게 하려고 억지로 낙타에 태우고 밥도 제대로 주지 않고 굶게 하거나 아이들을 쓰레기 더미에서 살게 한 어른은 어린이보다 못한 사람입니

다. 소년병을 만들기 위해 마약을 주는 등의 비참한 이야기가 진짜라는 것이 믿어지지 않습니다. 고통당하는 아이들을 위해 우리가 할 수 있는 일이 있을 것 같습니다. 그 주제로 친구들과 토론해 보고 싶습니다.

아이들은 토론이 끝난 후에도 "고통당하는 아이들을 위해 우리가 할 수 있는 일에는 무엇이 있을까?"를 주제로도 친구들과 더 토론하고 싶어 했지만, 학교에서는 짬이 나지 않았다. 토론하고 싶은데 학교에서 할 수 없는 경우 가족과 해도 좋다고 했더니 집에서 부모님과 토론하고 소감문을 써 온 아이들도 있었다.

부모님들은 자녀가 학교에서 친구들과 함께 읽은 책으로 토론하는 것을 매우 좋아했다. 평소에 자녀가 책을 읽고 나서 어떤 생각을 했는지 궁금했는데, 자녀가 먼저 부모에게 소감과 함께 질문을 건네고 생각을 물으니 자연스럽게 대화가 시작되었다. 같은 책을 읽고도 관점이 다름을 이해하며 학교에서의 토론 경험이 가정과 연계되어 자연스럽게 가족 토론 문화도 형성되었다.

□ 교사가 이끌어주는 문답식 토론

원탁 토론은 모두가 골고루 참여해서 좋지만 돌아가면서 자기 차례가 되어야 말할 수 있으므로 자연스럽게 토론 내용이 이어지지 않는다. 그래서 교사가 이끌어 주는 문답식 토론으로 반 전체 아이들을 아우르면서 주제를 깊이 다뤄 보기로 했다. 교사가 사회자 역할을 하는데 처음에 교사가 시범을 보이면 아이들도 하고 싶다고 자청하게 된다. 처음에는 교사가 전체 토론에서 시범을 보이고 나중에는 아이들이 모둠 토론할 때 자원하는 학생들 위주로 사회자 역할을 하면 좋다.

　사회자는 주제에서 다루어야 할 중요한 내용을 충분히 이야기할 수 있도록 주제와 관계가 먼 내용으로 흘러가지 않게 중심을 잡는 역할로, 밀도 있게 토론이 진행되도록 하는 데 중요하다. 책의 주제와 관련된 토론 주제를 정한 후 그중 가장 관심 있는 주제로 토론하기로 했다.

　먼저 이 책의 주제가 무엇인지 말해 보기로 했다.

- 투정 부리지 말고 가진 것에 감사하자.
- 세상의 모든 아이는 소중하다. 그러니까 학대하지 말자.
- 아이들에게 노동을 시키지 말고, 팔거나 쓰레기 더미에서 살게 하지 말자.
- 아이들을 쓰레기 더미가 아닌 집과 같은 편안한 환경에서 살게 하자.
- 아이들의 인권을 누리게 해 주자. 자기 집에서 부모와 함께 살기, 학교에서 교육받기, 생활비 주기, 소년병으로 데려가지 않기 등.

　이 책에서 나온 낱말이나 의미를 넣어 토론 주제를 만들어보기로 했다.

- 아이들을 좋은 환경에서 살게 해 주려면?
- 아이들에게 노동시키고 학대하는 등 법을 지키지 않는 어른들을 나라에서 어떻게 하면 좋을까?
- 우리들은 좋은 환경에서 사는데, 어떤 걸 감사하며 살아야 할까?
- 가난한 나라에서 사는 아이들이 인권을 누리고 살게 하려면? 이 아이들을 도울 방법은?
- 전 세계에서 고통받고 있는 아이들을 행복하게 해 주려면?
- 왜 아이들을 인신매매하고 하녀 일이나 아동 노동을 시킬까?
- 아이들이 인신매매 당하는 것을 멈추게 하려면?

아이들이 가장 관심을 많이 보인 주제는 "아이들에게 노동시키고 학대하는 등 법을 지키지 않는 어른들을 나라에서 어떻게 하면 좋을까?"였다. 그래서 이 주제로 교사가 사회자 역할을 하며 이끌어 가고 학생이 참여하는 문답식 토론을 하기로 하였다.

인신매매나 아동 노동을 시키는 사람들처럼 법을 지키지 않는 사람들이 많은데, 아이들의 인권이 보호받게 하려면 어떻게 하면 좋을지 각자 의견을 말하도록 하였다.

- 어린아이들은 노동을 못 하게 하는 법을 강화해서 법을 안 지키면 처벌합니다.
- 맞아요. 법을 안 지키는 사람을 철저히 단속하면 그런 일이 안 생겨요. 먼저, 아동 노동이나 인신매매 같은 나쁜 일을 하면 처벌할 수 있는 법부터 만들어야 해요.

반박을 유도하여 내용을 보완할 아이디어를 도출해 보기 위해 다음과 같은 질문을 하였다.

○ 법은 이미 있어요. 법이 있지만 사람들이 지키지 않은 건데 새로운 법을 만들어야 할까요?

- 법을 어긴 사람 중에서 조금 어긴 사람은 벌금을 조금만 내고, 많이 어긴 사람은 벌금을 많이 내게 해요. 그리고 또 하나, 법을 안 지켰다고 고발한 사람에게도 보상금을 줘서 적발이 잘 되게 하면 좋겠어요.

○ 돈이 없어서 아이들이 다른 나라로 팔리는 일이 더 이상 일어나지 않도록 막을 수 있는 또 다른 방법이 있을까요?

- 해외로 팔지 못하도록 국경 근처 해안가에서 단속을 강화하면 인신매매범을 잡을 수 있어요.
- 자기 나라에서 가난한 피해자 아이들에게 돈으로 보상해 주면 돼요. 그러면 가난 때문에 팔려가는 일이 생기지 않을 거예요.

아이들이 낸 의견은 실천 가능한지 검증해 보게 하면 좋다. 그래야 아니면 말고 식의 방법을 남발하지 않고 의견을 내기 전에 한 번 더 신중하게 생각해 보게 된다.

○ **이 책에 나온 나라들은 모두 가난한데 많은 피해자 아이들에게 보상해 줄 돈이 있을까요?**

- 나라가 가난하니까 피해받은 아이들이 많아서 모두에게 줄 돈은 없어요.
- 그러면 가해자가 피해자에게 직접 돈을 주면 좋겠어요.
- 아이들이 몇 년 동안 일하고 못 받은 돈을 농장주들에게 다 돌려주라고 하면 좋겠어요.
- 나쁜 일을 한 사람들은 당연히 줘야 할 돈도 줄 생각이 없을 것 같아요.

○ **나라에서 법을 어긴 사람들에게 돈을 주라고 했는데 안 준다면 어떻게 하면 좋을까요?**

- 자기의 죄를 뉘우칠 만큼의 벌을 줍니다.
- 감옥에 가두거나 많은 양의 벌금을 물리게 합니다.
- 나쁜 일을 많이 한 사람을 처형합니다. 그렇게 해서라도 더 이상 아이들을 괴롭히지 못하게 해야 합니다.
- 한 번 잘못은 실수로 그럴 수도 있는데 한 번 했다고 바로 처형하면 안 됩니다.

- 한 번 나쁜 일을 한 사람은 다음에 또 할 수 있으니까 처형하는 것도 괜찮다고 생각합니다.

  ○ 좋은 사람이 그런 나쁜 일을 할 리가 없고, 한 번만 그런 일을 했더라도 나쁜 사람이고, 또 할 사람이니까 심한 벌을 주어야 한다는 말인가요?

- 죄가 가벼운 사람은 가벼운 벌만 주고, 심하게 잘못한 사람만 처벌합니다.
- 아이들이 쉬지도 못하게 계속 일을 시키고 죽도록 힘들게 만든 사람도요.
- 네. 그리고 한 번이 아니라 앞으로 계속 나쁜 짓을 할 것 같은 사람도 심한 처벌을 해야 해요.

아이들은 아동을 보호해야 하는 법을 지키지 않고 아이들에게 힘든 일을 시킨 어른들에게 벌을 주어야 한다는 의견에 한목소리로 목소리를 높였다. 모두 의견이 같을 때는 세부적인 내용에서 보완을 해야 하기에 반박을 유도했다.

  ○ 반박을 해 볼까요? 한 번이 아니라 계속 괴롭힌 사람만 심한 벌을 주자는 의견에 모두 동의하나요?

- 아니요. 딱 한 번이어도 심한 벌을 주어야 해요. 농장주에게는 한 번이어도 어린아이에게는 매우 힘들 수 있어요. 그러니까 힘든 일을 해 본 아이의 의견을 물어야 해요. 너무 심했다고 대답하면 그 일을 시킨 사람들을 모두 벌을 주어야 합니다.
- 맞습니다. 그렇게 해야 나쁜 일을 하겠다는 마음을 먹지 않습니다.
- 저는 처음 잘못한 사람은 봐 줘야 할 것 같아요. 처벌을 당한 사람은 벌이 심하다고 생각하고 억울한 마음이 들 수 있어요.

- 그렇지 않아요. 한 번이라고 봐주면 다음에 또 할 수 있어요. 그러니까 모두 벌을 주어야 해요.

  토론을 마무리할 시간이 되어 토론에서 주로 다뤘던 쟁점들을 중심으로 내용을 정리하여 말해 보았다. 토론에 참여한 모두가 각자 자신의 말로 정리해 보는 활동은 꼭 필요하다.

- 아이들에게 노동을 시키면 안 된다는 법이 없는 나라는 법을 만들고, 법이 있는 나라는 잘 지키도록 단속을 강화하고, 신고한 사람에게는 보상금을 주어서 법이 잘 지켜지게 해야 합니다.
- 아이들에게 심한 일을 시키거나 인신매매를 한 나쁜 사람들은 벌을 주어야 합니다. 단, 한 번만 잘못한 사람은 벌금을 조금 내게 하고, 여러 번 잘못한 사람은 벌금을 많이 내게 합니다.
- 딱 한 번 잘못한 사람이라도 심한 벌을 주면, 그걸 보고 다른 사람들도 다시는 나쁜 일을 할 생각을 못 합니다.

  책을 읽기만 했을 때와 책을 읽고 친구들과 토론했을 때를 비교해 보기 위해 토론 후 책에 나온 아이들에 대한 생각이 어떻게 달라졌는지 물어보았다. 아이들은 이러한 과정을 통해 책을 더 깊이 읽게 되고, 등장인물의 심정이 되어 다른 사람의 처지에서 생각해 보고 이해하게 되는 독서의 효과를 토론을 통해 자연스럽게 터득하고 있었다.

- 토론을 하니까 이 책에 나온 아이들의 입장이 되어 생각하게 되었어요. 아이들이 인권 보호를 못 받고 살면서 얼마나 힘들었을지 실감이 났어요.
- 책을 읽었을 때는 '이런 힘든 일을 겪었구나. 그런데 먼 나라 이야기라서 나랑은 상

관이 없어. 책에 나온 이야기일 뿐인데, 뭐.'라고 생각했는데, 토론하면서 피해 아이들의 입장이 되어서 내 일처럼 깊이 생각해 보게 되었고 마음이 이해되었어요.

- 토론하니까 피해자 입장이 되어서 매우 고통스러웠겠다는 생각이 들고, 내가 당했으면 어떻게 되었을까 두려운 마음도 들었어요. 현대판 하녀 아미나타처럼 되면 부모님과 영원히 떨어져야 하고, 남의 집에서 살면서 자기 의견을 말할 수도 없고, 털어놓을 사람도 없잖아요. 외롭게 살아야 했을 것 같아요.

- 토론하면서 피해자 입장이 되어 보니까 학대를 당하고 부모님과 오랫동안 떨어져 있는 등 그런 일을 실제로 당할 때 엄청 무섭고 힘들었겠다는 생각이 들었어요.

아이들의 토론 내용을 보면 나쁜 일을 한 사람에게 벌을 주어야 한다는 생각은 같았지만 크게 두 가지 의견이 있었다. 한 편에서는 "한 번이라도 피해를 입혔으면 엄한 벌을 주어야 한다. 그러면 당사자와 다른 사람들이 다시는 나쁜 일을 안 할 것이다."라는 의견과 다른 한 편에서는 "벌을 받는 사람 입장도 생각해 봐야 한다. 자신에게 너무 과한 벌은 오히려 억울하니까 화가 나서 피해자를 더 괴롭힐 것이다."라는 의견이 있었다. 그래서 토론 후 어떤 입장인지 자신의 의견에 대해 이유와 함께 글로 써 보며 생각을 정리해 보게 했더니 토론 전의 입장과 달라진 아이도 여럿 있었다. 논술은 토론 후 최종 생각으로 쓰되 토론에서 쟁점이 된 부분을 자세히 쓰게 했다.

6. 여기 여기 붙어라 — 월드 카페 토론

□ 책을 읽어가며 질문 만들기

『넌 네가 얼마나 행복한 아이인지 아니?』 책으로 함께 읽기를 할 때 목차에서 먼저 읽고 싶은 부분을 골라 보라고 하면 많은 아이가 9장 '초콜릿의 쓰디쓴 비밀'을 고른다. '달고 맛있는 초콜릿에 어떤 비밀이 있다는 거지?' 하고 궁금해하는 아이들이 많다. 학교에서 토론할 시간을 많이 갖기 위해 책 읽기는 집에서 하기로 했다. 책을 읽으며 궁금한 점은 질문으로 만들고 이유와 자신의 생각도 쓰게 하였다. 간단하게라도 내 생각 쓰기를 하면 미리 고민해 보게 되어 토론이 더 활발해진다. 아이들이 각자 토론하고 싶은 주제를 질문 형식으로 하여 왜 토론하고 싶은지 그 이유와 자신의 생각을 각자 공책이나 학습지에 써 보았다.

○ 아동 노동을 막기 위해 초콜릿 불매 운동을 실시해야 할까?

- 이유: 초콜릿의 원료인 카카오를 채취하기 위해 많은 어린이의 노동 착취와 학대가 이루어지고 있다. 아이들의 피와 눈물로 수확한 카카오를 싼값에 사들인 기업이 만든 초콜릿을 사는 것이 맞는 일인지 친구들과 의견을 나눠보고 싶다.
- 내 생각: 초콜릿 불매 운동을 통해 아이들이 가혹한 노동에 시달리는 것을 막아야 한다. 예전에 『나는 초콜릿의 달콤함을 모릅니다』라는 책을 읽었는데 그 책에서도 한 아이가 노동하다가 팔을 다쳤는데도 돈 한 푼 받지 못하고 매질 속에서 살아갔다. 이런데도 초콜릿을 사 먹는 것은 옳지 않다.

○ 코트디부아르 정부는 아동 노동에 방치된 아이들을 그냥 놔두어도 될까?

- 이유: 왜냐하면 아이들은 속임수에 넘어갔거나 납치되어 왔기 때문에 정부에서 어떤 대책이라도 만들어야 한다.
- 내 생각: 정부는 불쌍한 아이들이 최대한 집에 돌아갈 수 있도록 돕고 아이들의 집에 돈을 보태 줘야 한다.

○ 만약 더 많은 사람이 카카오 농장에 관심을 가지고 아이들을 후원한다면 아이들이 더 많이 구출될까?

- 이유: 지금까지 NGO들이 아이들을 600~700명씩 구해냈는데도 아직 180만여 명의 아이들이 힘겨운 노동을 하고 있다. 후원하고 관심을 가진다면 더 구해낼 수 있을 것 같다.

- 내 생각: 구할 수 있을 것이다. 왜냐하면 속담에 "백지장도 맞들면 낫다."라는 말이 있듯이 많은 관심과 후원이 있다면 한 명이라도 더 구해낼 수 있을 것이다.

○ 우리들이 카카오 농장에서 힘들게 일하는 아이들을 도와줄 방법은?

- 이유: 하루라도 빨리 카카오 농장에서 심한 매를 맞으면서 일하는 아이에게 조금이라도 도움이 되었으면 해서.

- 내 생각: 아름다운 가게에서 "초콜릿을 바꾸면 카카오 농장 아이들의 삶이 바뀐다."라는 표어를 내걸고 공정무역 초콜릿 캠페인을 벌인다. 우리도 먹을 것을 사 먹을 때 공정무역 물건을 사면 아이들을 조금이라도 도와줄 수 있을 것이다.

□ 소감을 나누고 주제와 관련된 토론 주제 만들기

카카오 농장에서 일하는 아이들을 보며 어떤 생각이 들었는지 소감을 물었더니 가장 많은 응답이 우리가 맛있게 먹는 초콜릿을 위해 아이들이 힘들게 고생해서 미안했다는 응답이었다. 다른 내용에 비해 아이들 일상생활에서 간식으로 자주 접하는 초콜릿 이야기라 더 호기심이 생겨 다른 나라 이야기가 아닌 우리와 밀접한 이야기로 느끼는 듯했다.

학교에서 토론할 시간을 충분히 확보하기 위해 책 읽기는 집에서 해 오게 했더니 자기 나름대로 아이디어를 내어 초콜릿을 먹어 가며 읽은 학생도 몇 명 있었다. 그냥 책을 읽는 것과 초콜릿을 먹으며 읽는 느낌이 어떻게 다른지 물었더니 초콜릿을 먹으니 이야기가 더 실감 났다고 했다. 자발적으로 책을 경험해 보려는 시도가 훌륭하다고 칭찬해 주었다. 책 읽기를 싫어하는 아이들도 있는데 책과 관련된 내용으로 자신이 원하는 활동을 미리 하거나 경험하면서 해도 된다고 사전에 안내해 주면 놀이처럼 여겨져서 즐거운 경험이 될 수도 있겠다는 생각이 든다.

- 제목을 보니까 슬픈 이야기일 것 같아서 일부러 초콜릿을 먹으면서 책을 읽었어요.
- 초콜릿이 원래 달고 쌉쌀한데, 책을 읽고 나서 초콜릿을 먹으니까 쌉싸름한 맛만 났어요. 아이들의 눈물이 담겨 있어서 그런가 봐요.
- 아이스 초코를 마시면서 책을 읽었는데 울컥해서 울면서 "미안해.", "미안해." 하며 마셨어요. 평소 제가 좋아하는 아이스 초코인데도 초콜릿의 단맛이 안 느껴졌어요.

초콜릿은 아이들이 매우 좋아하는 간식이다. 그런데도 아이들은 9장 '초콜릿의 쓰디쓴 비밀'을 읽고 자신들이 무심코 맛있게 먹던 초콜릿에 아이들의 고단한 땀이 들어있음을 알고 미안해했다. 자신들이 어떻게 해야 초콜릿으로 인한 아이들의 노동을 막을 수 있을지 방법을 찾고 싶어 해서 관심이 같은 사람들끼리 모여서 모둠을 2~3번 옮겨가며 하는 월드 카페 토론은 어떤지 물었다. 아이들은 모두 좋다고 하며 주제를 정하겠다고 했다.

자기가 원하는 주제로 삼삼오오 모이니까 교사가 모둠 구성을 해 줄 필요가 없고 적극성도 매우 높았다. 해당 주제에 관해서 하고 싶은 말이 많은 아이들끼리 모였기 때문이다. 가고 싶은 곳을 찾아 세계 여행하듯이 관심 주제가 있는 곳에 가서 토론하다가 자리를 이동하여 두세 번 정도 다른 주제를 경험하기에 아이들은 색다른 맛을 느끼며 토론한다. 사회자 역할을 하는 카페 주인이 필요한데 아이들은 사장님이 되고 싶은지 카페 주인을 서로 하고 싶다고 했다. 카페라는 이름 때문인지 공부한다는 느낌 없이 다들 수다 떨듯이 신나게 토론했다. 월드 카페는 돌아다니며 여러 번 토론해야 하기에 블록 수업으로 진행하였다.

아이들에게 9장 '초콜릿의 쓰디쓴 비밀'을 읽은 소감이 책의 주제와 밀접함을 알려 주고, 중요한 핵심 낱말을 같이 찾아보았다. 그 후에 직접 핵심 낱말을 넣거나 의미를 넣어 토론 주제를 함께 정했다. 책을 읽은 감상과 책의 주제, 토론 주제를 일관성 있게 연결했더니 가치와 관련된 좋은 주제가 많이 나왔다.

'초콜릿 쓰디쓴 비밀'의 주제
· 아이들을 과도한 노동으로부터 보호하자
· 초콜릿을 먹을 때 아이들의 힘든 모습을 생각하자
· 아이들의 모습을 보며 공감하고 도와주려고 노력하자

토론 주제
· 아이디와 같은 아이들을 위해 할 수 있는 일은?
· 아이들을 돕는 구호 활동이 구출하는 데 도움이 될까?
· 공정무역 초콜릿은 비싼데 어느 것을 먹겠는가?
· 초콜릿 안 사 먹기 운동은 아동 노동 방지에 도움이 될까?
· 정부가 가난한 아이들을 위해 어떻게 해야 할까?

○ 우리가 실천할 수 있는 내용 질문

- 우리가 초콜릿 불매 운동을 한다면 아동 노동 방지에 도움이 될까?
- 아이디와 같은 아이들을 위해 우리가 할 수 있는 일은?
- 카카오 농장에서 일하는 불쌍한 아이들을 도와주는 구호 활동이 그들을 가난에서 벗어나게 하는 데 도움이 될까?

○ 해결 방법을 찾는 질문

- 아이들이 카카오 농장에서 불법으로 일하는 것을 금지하려면?

○ 정부나 기업의 역할을 찾는 질문

- 코트디부아르 정부는 가난하고 불쌍한 아이들을 위해 어떻게 해야 할까?
- 초콜릿 회사는 카카오 열매를 너무 싸게 수입해서 농장에서 일하는 아이들이 고생하는데, 이를 방지할 방법이 있나?

○ 찬반 질문

- 비싼 공정무역 초콜릿과 값이 싼 일반 초콜릿 중에 무엇을 사 먹겠는가?

□ 월드 카페 토론은 이렇게

여러 가지 주제 중에 자신이 원하는 곳으로 가서 관심이 같은 사람끼리 모이는 토론 방법인 월드 카페 토론을 하였다. 먼저 함께하고 싶은 토론 주제를 4~6개 정도 정해 주제별로 교실의 서너 군데에 카페 위치를 정하고, 3~6명 정도씩 모여 앉았다. 1차는 자기가 하고 싶은 주제가 있는 카페로 가서 12~15분 정도씩 토론을 한 후, 2차에서는 다른 주제로 헤쳐 모여 토론했다. 관심이 같은 아이들끼리 즉석에서 모둠이 만들어지므로 다른 토론보다 소통이 잘된다는 장점이 있다.

　주제가 정해지면 주제별 카페가 만들어진다. 카페 주인을 정하여 모둠원이 모두 대화에 즐겁게 참여할 수 있게 편안한 분위기를 만든다. 소외되는 학생 없이 모두 기분 좋게 참여할 수 있도록 한다. 카페 주인은 시작할 때 주제를 알리고 토론이 주제를 벗어나지 않도록 환기하기와 토론이 끝난 후 주요 내용을 발표시키는 역할도 한다. 정해진 시간이 되면 2차 토론을 위해 두 번째로 관심 있는 주제가 있는 카페로 이동하여 새로운 모둠원들과 만나 토론을 다시 시작한다.

　카페마다 자유롭게 낙서할 수 있도록 4절지 큰 종이와 연필을 준비하여 중요한 내용을 메모하거나 하고 싶은 말을 잊지 않게 적는다. 진짜 카페처럼 간단한 간식과 음료를 준비하면 분위기가 한결 부드러워지고 시간 가는 줄 모르고 화기애애하게 참여할 수 있어서 좋다.

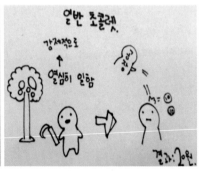
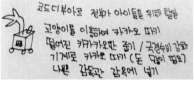

토론이 끝날 무렵에는 각자 주제에 대한 의견과 토론 소감을 말하고, 카페 주인은 전체 앞에서 어떤 내용이 오갔는지 주요 내용을 발표하였다. 월드 카페 소감문에 각자 오늘 토론한 주요 내용을 쓰며 생각을 정리했다. 내가 한 이야기뿐만 아니라 인상적이었던 내용도 쓰게 하였더니 주요 쟁점의 핵심이 잘 정리되는 효과가 있었다.

아이들은 자유 토론보다 관심이 같은 친구들끼리 모여서 토론한 후 다시 또 다른 주제로 해 볼 수 있고 사회자가 있어서 짜임새가 있는 월드 카페 토론을 좋아했다. 카페라는 자유로운 분위기가 연상되는 토론 이름과 더불어 학생들 스스로 자발적으로 모둠원을 구성한다는 점에서 시작 전부터 기대감이 컸다. 등교하면서부터 왜 빨리 안 하냐고 성화를 해서 5~6교시에 할 예정이던 토론을 1~2교시에 하기도 하였다. 아이들이 2번 이상의 토론을 하며 다양한 주제로 모둠원을 바꿔가면서 하니 만족도가 높았던 것 같다.

토론이 끝나고 카페별로 주제와 내용을 발표하였다.

○ 코트디부아르 정부가 노동하는 아이들을 위해서 해야 할 일은?

- 외국의 아이들이 코트디부아르로 불법적으로 인신매매되어 오는 것을 막기 위해 국경의 수비 인력을 늘려야 한다. 아이들은 집에 가게 해 주고 나쁜 감독관은 감옥에 보내고 착한 감독관으로 바꾼다. 21세기니까 로봇이나 기계를 이용하여 카카오 열매를 따게 한다. 자연적으로 저절로 떨어진 카카오로만 초콜릿을 만들면 아동 노동이 필요 없다.

○ 아이디와 같은 아이들을 위해 우리가 할 수 있는 일은?

- 우리가 용돈으로 카카오 열매 따는 기계를 사서 보내 주고 대신 아이들을 풀어 주라고 요청한다. 돈을 조금씩이나마 모아서 한 달마다 카카오 농장에서 일하는 아이

들에게 보내 준다. 기술이 발전된 나라에 도움을 요청하여 카카오 열매를 쉽게 딸 수 있는 기계를 사용하게 한다.

○ 초콜릿 안 먹기 운동이 아동 노동 방지에 도움이 될까?

- 도움이 안 된다. 초콜릿을 사 먹지 않으면 초콜릿 회사는 사람들에게 더욱 먹고 싶게 광고를 하고 가격을 낮춰서 소비자들의 마음을 움직일 것이다. 아동 노동을 안 하게 하려면 우리가 초콜릿을 덜 먹어야 한다. 나부터 초콜릿을 덜 먹겠다.

○ 카카오 농장에서 아이들의 노동을 금지하기 위해 우리가 할 수 있는 일은?

- 정부에 아동 학대법 처벌을 더 심하게 해달라고 요청한다. 만약 정부가 법 처벌을 강하게 하지 않으면 시위를 하는 것도 나쁘지 않을 것 같다.

○ 값이 싼 초콜릿과 값이 비싼 공정무역 초콜릿 중 어느 것을 먹겠나?

- 티끌 모아 태산이라는 말이 있듯이 용돈을 아껴야 하니까 값이 싼 일반 초콜릿을 먹겠다. 초콜릿에 있는 공정무역 마크를 눈에 잘 띄게 만들면 좋겠다. 초콜릿에는 아프리카 아이들의 눈물이 담겨 있으니까 먹을 때마다 감사하며 먹어야 한다.

월드 카페 토론을 하고 나서 평소에 많이 하던 자유 토론과 어떻게 다른지 그 소감을 물어보았다.

- 자유 토론은 아이들이 토론 주제를 정해야 해서 토론 주제가 좋은지, 안 좋은지 모른 채로 토론을 하는데 월드 카페 토론은 토론 주제를 함께 만들어 그 주제에 대해 여러 사람의 의견을 들으니까 좋았어요.
- 월드 카페 토론은 자유 토론보다 많은 주제를 정하여 토론하니까 더욱 체계적이었어요. 주제에 맞게 자세한 내용으로 많은 의견을 나눌 수 있었어요.

- 친구들과 재밌고 자유롭게 이야기를 주고받을 수 있어서 좋았어요. 평소 수다 떨 때
는 평범한 것을 간단하게 얘기하는데, 월드 카페에서는 중요한 문제로 깊이 있게
얘기해서 재밌었어요.

우리 테이블의 토론주제	내가 한 이야기	인상적이었던 내용
1.코트디부아르 아이들을 위해 정부가 어떻게 해야할까?	코트디부아르 국토의 10%가 카카오 농장이기 때문에 그 전체를 정부가 관리하게 는 힘들것 같다.	외국의 아이들의 아이들이 코트디부아르로 불법적으로 인신매매되어 오는것을 막기 위해 국경의 경비를 강화해야 한다는 내용
2.아이디와 같은 아이들 을 위해 할수 있는 일은 무엇이 있을까?	전체적으로 눌려 있는 부모님이나 어른들이 기부를 해야 할것 같다. 많은	기술이 발전한 나라에서 도움 을 요청하여 카카오 열매를 쉽게 많수 있게끔 하는 것이 좋겠다는 내용
월드카페하고 난 소감 -자유토론과 어떤 점에서 달랐고 좋았나?	자유토론보다 주제를 정하여 토론한 월드카페가 더욱 체계적이고,주제에 맞는 자세하고 많은 의견을 나눌 수 있었다.	

월드카페에 참여한 후 주제에 대한 나의 생각을 정리하여 써 보세요 강준호

토론 주제:코트디부아르 아이들을 위해 정부가 어떻게 해야 할까?

정부가 나서서 아이들을 집으로 돌려보내고 아이들이 일
하지 않더라도 먹고살 돈을 주어야 한다.또,외국에서
불법적으로 인신매매 되어오는 아이들을 막기 위해서
는 국경의 경비를 강화해야 한다.그러면 인신매매 되
어오는 아이들을 더 많이 구출할수 있을 것이다.뇌물을
받고 아이들을 넘겨받는 경찰들을 줄이기 위해서 경찰의
월급을 올려야 한다.그렇게 하면 경찰들이 뇌물때문에
아이들을 넘겨받는 일이 줄어들 것이다.그리고 카카오
농장에서 아이들이 일하지 못하게 하는 법을 어기는
사람의 처벌을 강화해야 한다.
우리 카페에서 나온 친구들의 의견을 종합해 보니,
정부가 국경의 경비를 강화하고,아이들이 불법으로 팔려
오지 못하게 법을 강화해야 할것으로 생각된다.

□ 여기 여기 붙어라, 원하는 주제로

카페 주인은 사회자 역할을 하면 된다고 했더니 모든 카페 주인들이 매우 훌륭하게 잘 해냈다. 덕분에 교사의 도움 없이도 카페마다 토론이 활발하게 진행되었다. 다음은 아이들이 좋아하는 초콜릿으로 "공정무역 초콜릿과 일반 초콜릿 중 어느 것을 먹겠는가?"로 토론한 모둠이다.

○ 카페 주인: 이 책을 읽고 공정무역을 알게 되었는데 공정무역 초콜릿은 아이들이 노동한 대가를 정당하게 지불해 주기 때문에 비쌉니다. 여러분은 값이 싼 일반 초콜릿과 값이 비싼 공정무역 초콜릿 중 어느 것을 먹겠습니까?

- 일반 초콜릿이 공정무역 초콜릿보다 싸기 때문에 일반 초콜릿을 먹을 수밖에 없습니다. "티끌 모아 태산"이라는 말이 있듯이 아이들은 용돈이 별로 없어서 돈을 아껴써야 합니다.
- 공정무역 초콜릿으로 사 먹어야 합니다. 우리가 사 먹는 1,000원짜리 초콜릿에서 아이들에게 노동한 대가로 20원만 주는 것은 공정하지 않습니다. 카카오 농장에서 일하는 아이들은 20원밖에 못 받으면서 심한 매질을 당하고 심하면 죽기까지 합니다. 자기 생명을 걸고 하는 일인데 일한 대가라도 공정하게 받게 해야 합니다.

○ 카페 주인: 양쪽의 의견을 다 들었습니다. 궁금한 점을 상대방에게 질문해 주세요.

- 겉모습만 보고 공정무역으로 생산된 초콜릿인지 어떻게 알 수 있습니까?
- 포장지에 공정무역 마크가 있습니다.

- 저도 물건을 살 때 공정무역 마크를 본 적이 있습니다.
- 어른들은 공정무역 마크가 있어도 잘 살펴보지 않습니다. 어른들은 예전과 똑같이 일반 초콜릿을 먹습니다. 어린이들이 사 먹는다고 해서 코트디부아르 아이들에게 큰 도움이 되지 않습니다. 그리고 초콜릿 맛은 다 똑같습니다.
- 공정무역 초콜릿이 크거나, 귀하거나, 신선하거나, 더 맛있지는 않습니다. 그러나 아이들이 일한 대가를 제대로 받게 해서 조금이라도 더 행복해지도록 하는 데는 도움이 됩니다.
- 공정무역 초콜릿은 값이 비싸니까 더 크고 맛있고 귀하게 만들어야 하지 않을까요?
- 공정무역 초콜릿은 맛은 똑같고 값은 더 비쌉니다. 공정무역 마크가 들어갔을 뿐 가격 빼고 나머지는 같습니다.
- 우리 아이들은 적은 돈이라도 아끼고 싶어서 일반 초콜릿을 먹는 사람이 훨씬 많습니다. 값이 더 싸야 경제적이니까요.
- 공정무역이 더 비싸니까 맛있어야 한다고 하는데, 공정무역은 농장에서 일하는 사람들이 노동한 대가를 정당하게 지불하려고 제값을 내고 카카오를 사 주는 것입니다. 가격만 다를 뿐 맛은 달라지지 않습니다.
- 카카오값을 많이 쳐 주어도 농장주들은 자기들이 이익을 보려고 하니까 그 돈을 아이들에게 줄 리가 없습니다. 우리가 공정무역 초콜릿을 사도 아이들에게는 도움이 되지 않을 수 있습니다.
- 아이들에게 직접 카카오값을 주면 되지 않을까요?
- 초콜릿 회사는 카카오 농장에서 수입하니까 돈은 농장주에게 주게 되고, 농장주가 아이들에게 돈을 안 줘도 우리가 알아낼 방법이 없습니다.
- 공정무역은 초콜릿 회사를 통하지 않고 직접 카카오값을 농장주에게 주니까 일반 초콜릿 회사보다 비싼 가격으로 삽니다. 그러면 농장주는 일한 아이들에게 일한 대가를 20원보다는 많이 주게 되어 아이들이 혜택을 받습니다.

○ 카페 주인: 사람들이 공정무역을 통해 생산된 초콜릿은 '착한 초콜릿'이라고 부르며 사 먹자는 운동을 하는데 비쌉니다. 공정무역 초콜릿을 많이 먹게 하려면 어떻게 해야 할까요?

- 일반 초콜릿보다 아주 조금만 비싸게 하면 먹을 것 같습니다. 그러면 공정무역 초콜릿이라도 부담 없이 사 먹게 될 것 같습니다.
- 공정무역 초콜릿의 가격을 일반 초콜릿과 지금의 공정무역 초콜릿 가격의 중간 정도로 하면 좋을 것 같습니다. 너무 비싸면 먹고 싶어도 못 사 먹기 때문입니다.
- 공정무역은 비쌀 수밖에 없습니다. 사람들이 공정무역에 관심을 가지도록 초콜릿 이름을 '공정무역 초콜릿'이라 하고 공정무역 마크도 잘 보이게 써넣으면 좋겠습니다.

○ 카페 주인: 월드 카페 토론을 한 소감을 얘기하고 토론을 마치겠습니다.

- 일반 초콜릿만 먹었는데, 공정무역 초콜릿을 더 많이 먹어야겠다는 생각이 듭니다. 우리가 공정무역 초콜릿을 사 먹으면 카카오 농장 아이들이 20원보다 임금을 더 많이 받을 수 있기 때문입니다.
- 저는 토론 후에 생각이 조금 바뀌었습니다. 토론 전에는 일반 초콜릿만 먹겠다고 했는데 공정무역 초콜릿이 비싸더라도 똑같이 반반씩 먹겠습니다.
- 초콜릿을 먹을 때 공정무역 마크가 있는지 확인해 봐야겠습니다. 값이 조금만 비싸면 공정무역 초콜릿을 먹어야겠습니다.

정해진 시간이 다 되면 다른 주제 카페로 옮겨서 다시 토론을 시작한다. 카페 주인은 남아서 새로 온 모둠원들에게 앞서 토론한 내용을 간략하게 말하고 덧붙여서 더 발전된 토론이 될 수 있도록 안내한다. 다양한 주제에 대해 새로운 모둠원들과 말할 수 있어서 아이들은 기대감을 갖고 자리를 옮겼다.

다음은 "코트디부아르 정부는 카카오 농장에서 일하는 아이들을 위해 어떻게 해야 할까?"라는 주제로 토론한 모둠이다.

○ 카페 주인: "코트디부아르 정부는 카카오 농장에서 일하는 아이들을 위해 어떻게 해야 할까?"에 대한 토론을 시작하겠습니다.

- 아이들이 학교에도 못 다니고 카카오 농장에 팔려갔으니까 공부를 할 수 있도록 도와줍시다.
- 만약 학교에 다니기에는 이미 너무 커 버렸으면 어떻게 합니까?
- 어릴 때 초등학교를 못 다닌 할머니 할아버지들이 지금 학교에 다니는 모습을 TV에서 본 적이 있습니다. 공부는 나이에 상관없이 할 수 있습니다.
- 저도 그렇게 생각합니다.

○ 카페 주인: 코트디부아르 정부에서는 노동하는 아이들을 위해 어떻게 해야 할지 의견을 더 나누어 보아요.

- 코트디부아르는 카카오 농장이 전체 국토 면적의 10%일 정도로 엄청난 규모의 농장을 소유하고 있습니다. 거기에서 몇 %를 다른 농장으로 바꿔 주면 노동하는 아이들이 줄어들지 않을까요?
- 카카오 농장을 줄이면 농장 주인들은 수입이 줄어드니까 다른 농장으로 바꾸지 않으려고 할 것 같아요.
- 나쁜 감독관들이 아이들을 힘들게 일을 시키는 거니까 좋은 감독관으로 바꾸면 어떨까요?
- 하지만 카카오 농장 감독관이 되면 아이들이 도망가면 돈을 못 벌고 자기가 책임을 져야 하니까 엄격하게 감시할 수밖에 없습니다. 감독관은 당연히 나빠질 수밖에 없습니다.

- 아무리 좋은 감독관이 있다 하더라도 아이들에게는 무섭지 않을까요?
- 좋은 감독관으로 바꾼다 해도 아이들의 입장을 봐 주고 일을 적게 시키니까 농장 주인은 다시 나쁜 감독관으로 바꿀 것 같습니다.
- 나쁜 감독관을 감옥에 넣으면 어떨까요?
- 나쁜 감독관을 모두 감옥에 넣는 게 가능할까요? 코트디부아르에는 카카오 농장이 60만 개가 넘습니다.
- 이렇게 많은 나쁜 감독관들을 감옥에 보내는 것보다 좋은 감독관이 되도록 교육하는 방법이 더 나을 것 같아요.
- 네. 저도 같은 생각입니다. 그래서 처음에 감독관이 될 때 아이들에게 잘 대해 주도록 교육하면 좋겠습니다.

○ 카페 주인: 아이들이 직접 카카오를 따는 농장에서는 좋은 감독관이 필요하다는 건데, 정부가 할 수 있는 일을 다른 관점에서 생각해 보면 어떨까요?

- 지금은 21세기니까 카카오 따는 일을 아이가 하지 않고 기계가 하면 좋지 않을까요?
- 오호, 괜찮은 방법이에요.
- 하지만 기계를 사는 값도 만만치 않겠는데요? 가난한 나라잖아요.
- 안전을 위해서 아이보다는 어른이 따게 하면 좋겠어요. 소방관들은 높은 곳에서 불이 나도 잘 끄시니까 어른들이 사다리를 이용해서 따도록 하는 거예요.
- 저도 찬성해요. 왜냐하면 농구 선수처럼 키가 큰 사람이 따면 고생을 덜 할 것 같아요.
- 아무리 키가 커도 나무에 잘 오르지 못하거나 민첩하지 못하면 카카오를 딸 수 없잖아요.
- 제가 어떤 TV 프로그램을 봤는데 카카오가 밑에 떨어져 있는데 껍질이 있어서 카카오 열매는 괜찮았어요. 떨어진 것만 주우면 어떨까요? 그러면 아이들이 12m나

되는 나무에 오를 필요가 없잖아요.

- 카카오가 떨어지면서 깨지면 모양이 망가질 수 있어서 제값을 받고 팔 수 없습니다.

○ 카페 주인: 토론은 함께 참여해서 좋은 생각을 모으는 것이니 최소 한 번 이상은 말하면 좋겠습니다. 토론에 참여 안 한 사람도 말씀해 주세요.

- 우리 모두가 평생 초콜릿을 안 먹고 살면 어떨까요?
- 초콜릿을 좋아하는 사람도 있기 때문에 그건 안 될 것 같습니다.
- 동감입니다. 그건 실천하기가 어렵습니다.

○ 카페 주인: 토론 주제에 맞게 나라에서 어떤 대책을 세워야 할지 말씀해 주세요. 지금까지 토론에서 나온 내용은 어른이 하기는 힘들고, 로봇은 돈이 많이 든다는 단점이 있어요.

- 고양이를 훈련시켜서 나무에 올라가서 카카오 열매를 따오게 하면 어떨까요?
- 고양이에게 힘든 일을 시키면 동물 학대가 될 수 있습니다.
- 그리고 아이들도 하기 힘든 일을 어떻게 고양이가 하나요?
- 고양이는 나무에 올라가기를 아주 잘하니까 훈련을 시키면 잘할 수 있지 않을까요?
- 고양이는 사람보다 지능도 낮기 때문에 훈련을 시킨다고 다 잘하지는 않습니다.
- 사람이 고양이보다 머리가 좋으니까 아이들이 더 잘할 것 같습니다.
- 하지만 고양이는 민첩해서 빠르게 움직일 수 있어요.

○ 카페 주인: 시간이 다 되었습니다. 오늘 토론한 주제에 대한 자신의 생 각을 말해 주세요.

- 정부가 아이들이 카카오 농장에서 일하는 것을 금지하는 법을 만들면 좋겠습니다.
- 저는 아이를 집으로 보내야 한다는 생각에 확신이 생겼습니다. 무조건 아이들은 집으로 보내 주어야 합니다.
- 어린이들이 카카오 농장에서 일하면 안 된다는 생각이 많이 들었고 기구를 사용하거나 사다리를 이용하여 따는 방법이 안전해서 좋겠습니다.
- 카카오를 따는 것처럼 힘들고 위험한 일은 어린이 대신 어른이 했으면 좋겠습니다.

○ 카페 주인: 월드 카페 토론을 하며 어떤 생각이 들었나요?

- 우리는 이렇게 자유롭게 토론하며 행복하게 학교생활을 하고 있는데 카카오 농장에서 일하는 아이들은 하루에 20시간 이상 노동을 하면서도 하루 책임량을 못 채우면 채찍을 맞는 모습이 생각났습니다. 초콜릿을 달게만 여겼던 제가 부끄럽습니다.

7. 마무리는 글쓰기로

연극이 끝나고 커튼이 내려진 뒤에도 벅찬 감동이 지속되듯이, 토론이 끝나도 머릿속에서 생각은 멈추지 않고 계속된다. 그리고 꼬리에 꼬리를 물고 혼자 묻고 대답하기가 이어진다. 이렇게 계속 떠오르는 생각을 정리하기에는 글쓰기가 효과적이다. 그래서 토론의 마무리로 논쟁이 격렬했던 내용을 중심으로 자신의 생각을 글로 써 보게 하는 것이 좋다. 토론이 끝난 직후 글쓰기를 하면 복잡한 생각들이 잘 정리되고 쓸 말도 많아서 글이 술술 잘 써진다.

상대방의 주장을 듣다 보면 내 생각이 송두리째 바뀌기도 한다. 글쓰기 주제는 토론 주제와 같게 하고 토론하면서 생각이 바뀐 경우에는 바뀐 생각으로 주장하는 글을 쓰며 이유와 설명을 덧붙이게 한다. 평소 글쓰기를 어려워하는 학생도 토론이 끝난 후 바로 글을 쓰면 친구들과 조금 전에 나눴던 이야기에 관한 기억이 생생하여 10~15분 정도의 시간 동안 잘 쓸 수 있다. 그러므로 토론이 끝나면 반드시 글을 쓰게 하자.

□ 모두가 신나는 글쓰기 축제

아이들이 쓴 글을 읽어 보면 혼자 읽기가 너무 아까울 정도로 잘 쓴 글들이 많다. 그래서 학생들이 모두 읽어 볼 수 있게 돌아가며 읽기를 했다. 댓글 쓰기를 하며 좋은 표현에 밑줄을 쳐 주고 잘한 점을 칭찬하고 보완할 점을 알려 주기로 했더니 친구들에게 자기 글에 대해 칭찬을 들어서 쓰기에 대한 자신감이 생겼다고 한다. 친구들의 댓글을 반영하여 다시 고쳐 쓰기를 한 후 우수작을 4~6편 정도 뽑아 복사해서 나누어 주었다. 친구들의 글 중에서 자기가 원하는 주제의 글을 골라 잘 쓴 부분은 옮겨 쓰고, '나라면 이렇게 쓸 거야!'라는 평을 받은 부분은 수정하여 다시 써 보도록 하였다. 자발적인 참여를 높이기 위해 응모함에 넣으면 추첨을 해서 간단한 상품을 주어 글쓰기 축제도 하였다. 잘 쓴 학생은 친구들이 자기 글을 써 주니까 뿌듯해하고, 따라 쓰는 학생들은 친구의 잘된 글을 쓰면서 어떻게 쓰는지 방법을 익히고 비판 의식도 갖게 되어 누이 좋고 매부 좋은 축제가 되었다.

아이들이 원하는 한 권의 책을 정하여 친구들과 함께 읽고, 스스로 주제를 정해 토론을 한 후, 의견을 종합하여 글쓰기까지 했다. 토론으로 함께 읽기의 막은 내려졌지만 감동은 계속되었다. 여러분도 토론으로 책 읽기를 통해 아이들과 같은 책을 읽고 머리를 맞대고 토론하며 함께 울고 함께 웃는 즐거움에 빠져 보길 바란다.

『어린 왕자』

『어린 왕자』/생텍쥐페리 글·그림/김화영 옮김/문학동네

1. 왜 『어린 왕자』인가?

2. 책과 친해지기

3. 함께 읽고 나누기

4. 책과 나 연결 짓기

5. 고전, 또 읽어도 좋은 책

6. 수업을 마치고

1. 왜 『어린 왕자』인가?

오랜 세월을 거쳐 오며 꾸준히 읽히는 책, 한 번 읽고 덮어버리는 책이 아니고 자꾸 반복해서 읽게 되는 책, 그래도 전혀 지루하지 않은 책, 지금 다 이해하지 못하더라도 나중에 다시 만나면 반가워서 책장을 넘길 것이고 깊이 빠지게 될 책. 바로 고전이다.

고전 문학 중심으로 한 권 읽기를 하였다. 3학년과 읽은 『플랜더스의 개』(1872), 『내 이름은 삐삐 롱스타킹』(1945), 4학년과 읽은 『어린이 삼국유사』와 『나무를 심은 사람』(1953), 5학년과 함께 읽은 『꽃들에게 희망을』(1972), 『몽실 언니』(1984), 6학년에 함께 읽은 『빨간 머리 앤』(1908)과 『어린 왕자』(1943)는 동서고금을 이어 읽혀 오는 책이다. 146년 전까지 거슬러 올라가 발표된 작품도 있지만, 이 책들은 읽는 이의 마음속에 생생하게 다가온다. 이렇게 고전은 읽을 때마다 보이는 이야기가 다르고 읽을수록 더욱 새롭다.

"초등학교에서 대학까지 아무것도 안 배우고 생텍쥐페리의 『어린 왕자』 한 권만 읽는다면, 그 한 권의 교과서로 인문학을 배운다면, 전 세계적으로 훌륭한 리더가 쏟아져 나오리라 확신한다."는 안하림 작가의 말에 전적으로 동의한다.

"가장 중요한 건 눈에 보이지 않아."

"네 장미꽃이 그토록 소중하게 된 것은 네가 네 장미꽃을 위해 들인 시간 때문이야."

"사막이 아름다운 건 어딘가에 우물을 감추고 있기 때문이야."

사막에 불시착한 조종사에게 "나, 양 한 마리만 그려 줘." 하며 다가온 어린 왕자는 우주의 다른 조그마한 별에서 지구로 향해 와서는 자기 별에 두고 온 한 송이 장미꽃을 내내 걱정하며 그리워했다. 여우를 만나 서로를 길들이고 아저씨를 길들이고는 다시 자기 별로 돌아가 버렸다. 그가 남기고 간 말들을 되새기며 아저씨를 비롯한 이 책의 독자는 밤이면 반짝이는 별들의 소리에 귀를 기울이며 어린 왕자를 그리워한다.

일단 한 번 읽으면 자꾸자꾸 읽게 되는 책, 선물하고 싶은 책, 240여 개의 언어로 번역되어 성경 다음으로 많이 팔렸다는 책, 동서고금으로 이어지며 읽히는 책.『어린 왕자』를 6학년 학생들과 수업 시간에 함께 한 문장, 한 문장씩 깊이 읽었다.

2. 책과 친해지기

"『어린 왕자』 책을 언제 처음 읽었나요?"
"몇 번 읽었나요?"

집에 책이 있다고, 부모님도『어린 왕자』를 읽었다고 이야기하는 아이들도 있었고, 저학년 때 이미 읽은 아이, 이 책을 좋아하는 아이도 있었다. 처음 대하는 아이들이 대부분이었지만, 그래도 제목은 많이 들어 봤다고 한다. 서재에 한 권쯤 있는 책. 그래서일까.『어린 왕자』를 대하는 아이들은 호감을 나타내기도 하였다.

"사람들은 보통『어린 왕자』 책을 몇 번쯤 읽을까요? 선생님은 삼십 번쯤 읽었어요. 그런데 읽을 적마다 새로운 것이 보여요. 그래서 자꾸 찾아 읽게 됩니다. 이런 책을 우리는 고전이라 하지요. 서로 다른 어린 왕자 번역본이 정말 많아요."

"1학년 때 읽은 친구도 있다고 했는데 그림책으로 나오기도 했고 저학년 용으로 얇은 책도 많지요. 그런데 작가가 쓴 원전의 분위기를 가장 잘 살려서 번역한 책을 고르는 게 무척 중요해요. 출판사와 번역자를 살펴볼까요?"

번역본을 최대한 많이 비교·검토한 후 김화영 씨가 번역한 『어린 왕자』(문학동네, 2007)로 정하여 함께 읽었다.

먼저, 표지를 살펴보면서 궁금증과 느낌을 이야기하였다.

- 그림이 아름다워요.
- 왜 어린 왕자인가요? 귀여워요.
- 어린 왕자의 별인가요?
- 작가가 그린 건가요?

"작가는 그림 그리기도 매우 좋아하여 책의 삽화도 작가가 직접 그린 그림이에요."

그림으로 이야기를 시작하였다. 아이들은 코끼리를 삼킨 보아 구렁이 그림을 보더니 고개를 갸웃거리며, 책장을 넘겨 그림을 살피며 그림도 멋지다고 말한다.

"이 그림 한 장에 얼마쯤 할까요?"

"책에 들어간 조그만 삽화 한 장이 약 6억 원에 경매되었다고 해요."

아이들은 무척 놀라며 슬쩍 본 그림을 자세히 살펴보더니 어린 왕자와 보아 구렁이가 무슨 관련이 있는지 궁금해하였다. 그리고 왜 이 책이 유명한지 더욱 알고 싶어 하였다.

책의 앞뒤를 살펴보고 책에 대한 정보를 찾아보기로 했다.

"24쇄라고 적혀있어요. 이렇게 여러 차례 인쇄가 된 것은 그만큼 인기가 있다는 것이겠죠?"

그리고 책을 함께 훑어 읽고 느낌을 이야기해 보았다.

- 멋진 문장이 많아요.
- 외로움이 느껴져요.
- 철학책 같아요.

왜 철학적이라고 생각하는지 물으니 이 책을 이미 읽어본 친구들이 느낌을 이야기했다.

- 작가는 조종사가 직업이에요. 캄캄한 밤하늘을 날며 혼자 외로운 작업을 하니 생각을 많이 하겠지요. 그래서 외롭고 철학적인 느낌이 들어요.

작가에 대해 이미 알고 있는 아이들이 정보를 서로 나눈 뒤 작가의 생애와 작품에 대해 자세히 소개하는 시간을 가졌다.

작가인 생텍쥐페리(Antoine Marie Roger De Saint Exupery, 1900~1944년)는 프랑스의 소설가이자 공군 장교였으며, 야간 비행의 선구자 중 한 사람이다. 1912년 첫 비행을 하였고, 비행 후에 '엔진소리가 노랫소리로 들린다'는 시를 짓기도 하였다. 4살 때 아버지의 죽음과 17살 때 동생의 죽음을 겪은 것은 그의 작품에 영향을 미쳤다. 1923년 비행기 추락으로 두개골 골절상을 입기도 했으나 이후에도 비행기 조종을 매우 하고 싶어 하였다. 1927년 아프리카 모로코 남부 해안 지역의 외따로 떨어진 사막에서 18개월 동안 우편기 조종을 하며 1928년 첫 작품 『남방우편기』를 발표하였다. 이때의 경험이 『어린 왕자』, 『인간의 대지』, 『성채』에 깊은 영향을 주었다.

그는 비행에서 늘 문학의 주제를 발견했다. 두 번째 소설 『야간 비행』 (1931)은 최초의 정기 항공기 조종사들에게 헌정된 작품으로, 안데스산맥 위의 장관과 그 순간 엄습하는 고독, 그 불가사의한 환희를 찬미했다. 시인의 눈을 가진 조종사였던 생텍쥐페리는 미지의 길을 개척해 내는 용감한 사람들의 모습, 자기 초월에 이르는 강한 의지를 시적이고 서정적인 필치로 그려냈다.

사막에 불시착하여 5일 동안이나 걷다가 아랍계 유목민 베두인을 만나 구조되기도 하고, 동료의 죽음을 겪기도 하였고, 과테말라에 추락하여 심한 부상을 입기도 했다. 이렇게 그 자신이 비행할 때 겪었던 모험을 『인간의 대지』(1939)에 기록했다. 그는 세계를 탐험하기 위한 수단으로 비행기를 이용했고, 임무를 완수하려 분투하는 남자들의 동지애 속에서 인간의 유대를 발견했다. 그리고 1939년에 육군 정찰기 조종사가 되었다. 1940년 프랑스가 함락되자 공군에서 전역하고 미국행을 결심하였다.

그는 비행과 글쓰기, 행동하는 것과 자기 자신에 관심을 기울이는 것, 두 가지 모두 대단히 중요하다고 말했던 행동주의 작가다. 『전투 조종사』 (1942)에서는 1940년 5월, 승산이 거의 없는 절망적인 상황에서 정찰 임무를 띠고 출격했던 일을 회고하고 있다. 미국에 있는 동안 프랑스인의 단결을 호소하는 『어느 인질에게 보내는 편지』(1943)와 어른들을 위한 동화인 『어린 왕자』를 발표하였다. 1944년 마지막 비행을 떠났으나 돌아오지 못하고 지중해 연안에서 실종되었다.

생텍쥐페리 이야기 영상, EBS의 '지식채널e(4분)' - 〈마지막 비행-꿈을 좇아 하늘로 간 남자〉를 함께 보며 작가에 대해 공책에 정리해 보았다.

작가 생텍쥐페리

1900 ~ 1944

- 비행을 좋아함.   - 실종되기 1년 전에 '어린왕자' 발표.

- 실종됨.

→ 목숨을 걸 만큼, 다치면서도 비행을 하는걸 보면 비행하는 걸 정말 좋아하고 자신이 좋아하는 걸 어떻게든 하려는 것 같다.

'그는 어린왕자를 찾아 떠났다.'

'나는 나를 순수하게 만드는 곳이 좋다'

→ 정말 어린왕자를 찾아 떠난 것이었다면 좋겠다.

3. 함께 읽고 나누기

『어린 왕자』는 27장으로 이루어져 있고 각 장은 제목 없이 숫자만 있다. 글 자체에 몰입하기 위하여 독후 활동보다는 책 읽기로 방향을 잡고 8차시에 걸쳐 함께 꼼꼼히 읽었다.

□ 한 권 깊이 읽기 방법

- 개인 독서 공책에 자유롭게 메모하며 읽기를 권장한다.
- 수업 시간마다 10분 정도씩 함께 읽는다.
- 작품 자체에 집중하여 문장을 꼼꼼히 읽는다.
- 질문과 기억하고 싶은 문장을 메모한다.
- 각 장의 내용에 알맞은 활동을 한다.

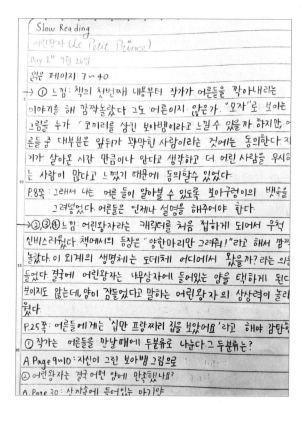

책에 직접 번호 표시를 하고 읽은 부분을 꼼꼼히 정리한 아이의 공책이다.

□ 1차시 — 어린 왕자와 만남(1~2장)

책을 펼친 후 한 문장씩 낭독한다. 대화 부분에서는 역할을 정해 두 인물의 대화를 나누어서 읽어 본다. 1~2장을 아이들과 함께 읽기를 10분 정도 한다.

동화책의 1~2장은 보통 등장인물 소개로 시작한다. 『어린 왕자』의 1장은 비행기 조종사를 소개하고, 2장에서는 어린 왕자를 소개한다. 둘은 코끼리를 삼킨 보아 구렁이 그림을 통해 만난다. 1~2장을 통해서 독자는 이 책의 지은이(話者)와 주인공을 만나게 된다. 그리고 이 부분을 함께 읽어 가며 아이들은 어린 왕자를 만난다.

읽고 떠오른 질문 적기를 마친 후 공책에 적은 질문을 서로 나누며 생각을 주고받았다.

1장의 그림을 보고 서로 나눈 질문들이다.

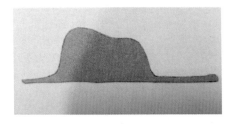

- 왜 6살에 그린 그림 이야기로 시작했을까요?
- 이 그림은 어린 왕자와 어떤 관련이 있을까요?
- 난 이 그림을 보고 코끼리를 삼킨 보아 구렁이라고 말할 수 있을까요? 모자로 보이는 나는 어른인가요, 어린이인가요?

6년 전, 사하라 사막에서 어린 왕자를 만났다.

"나, 양 한 마리만 그려 줘."

양을 그려달라는 어린 왕자에게 뱃속이 보이지 않는 보아 구렁이 그림을 그려 주었더니 아이는 "아냐. 아냐. 보아 구렁이 뱃속의 코끼리는 싫어. 보아 구렁이는 너무 위험해…. 나, 양 한 마리만 그려 줘."

아이들은 2장의 이 글을 읽고 1장의 보아 구렁이 그림이 이렇게 연결되는 것을 보고 놀라워했다.

- 작가는 천재라는 생각이 들어요.
- 모든 어른이 그림을 알아보지 못했는데 어린 왕자는 어떻게 그림을 알아봤을까요?
- 아저씨와 친하게 지낼 것 같은 생각이 들어요.
- 양을 세 번이나 그려 주었으나 다 아니라고 하니 어린 왕자는 까칠해요.
- 그냥 상자를 그려 주었을 때 만족한 건 좀 이상해요.

아이들은 의아해하며 질문이 끝이 없었다.

- 왜 이 별에 왔을까요? 어린 왕자의 정체가 궁금해져요.
- 상자는 무엇을 의미할까요?
- 어떻게 상자를 보고 그 안에 양이 있다고 생각할까요?
- 자기 마음대로 채울 수 있다는 걸까요?
- 상자를 보고 "이런 잠이 들었네."라고 말하는 건 아이의 상상력일까요?

1~2장을 번갈아 읽다가 이야기가 많아지는 부분이 있다. 계속 아이와 어른이 어떻게 다른가에 관해 이야기하는 것이었다. 책을 자세히 읽으며 모둠별로 어른과 아이의 차이점에 대해서 함께 정리해 보았다.

어린아이	어른
• 보아 구렁이 속 코끼리를 안다. • 어른들이 이해를 못 해서 설명하는 게 피곤하다. • 상상력이 풍부하다. • 상자 속의 양을 상상한다. • 보아 구렁이, 원시림, 별에 관심이 있다. • 공부가 그렇게 중요하지 않다(어른 때문에 공부해야 함).	• 보아 구렁이 속 코끼리를 모른다. • 아이들을 이해하지 못한다. • 상상력이 부족하다. • 상자 속에 관심이 없다. • 브리지게임, 골프, 정치, 넥타이 등에 관심이 많다. • 공부는 매우 중요하다.

□ 2차시 — 어린 왕자의 별(3~4장)

3~4장을 읽으며 마음에 드는 부분, 궁금한 부분에 밑줄을 긋고 생각을 메모하였다. 어려운 낱말은 문맥에서 이해한 후 사전을 찾는 방법을 권했다. 아이들은 책을 읽으며 많은 궁금증을 서로 주고받았다.

- 어린 왕자는 왜 '내(아저씨)'가 하는 말을 귀담아듣지 않는 걸까요?
- 자기가 한 물음은 끝까지 집요하게 묻는 까닭은 무엇인가요?
- 어린 왕자가 사는 곳은 어디일까요?
- 어른들은 왜 숫자를 좋아할까요
- 작가는 왜 어린 왕자의 별을 소행성 B612호라고 했을까요?
- 나(아저씨)와 어린 왕자의 공통점은 무엇인가요?
- "아마 나도 어쩌면 어른들과 비슷한지도 모를 일이다. 이젠 나도 나이를 먹었나 보다."라고 하는 아저씨는 어떤 마음일까요?

이어서 책의 내용을 상황으로 설정하여 모둠 역할극을 하고 느낀 점을 서로 나누어 보았다.

한 모둠은 새 학년이 된 첫날, 새로 사귄 친구에 대해 부모님께 이야기하는 상황으로 역할극을 하였다.

- 수업 태도가 좋으니?
- 책은 많이 읽니?
- 어느 아파트에 사니?
- 공부는 잘하니?

우리가 자주 듣던 부모님들의 질문을 이렇게 하고는 다 함께 "엄마, 아빠. 이렇게 질문해 주세요!"라고 외쳤다.

- 목소리는 어떠니?
- 무슨 운동을 좋아하니?
- 너처럼 나비를 수집하니?
- 주말에는 뭘 하고 노니?

그리곤 아이들에게 물었다. "여러분은 어떤 질문을 주로 하나요?" 아이들은 자신들이 어쩌면 어른에 더 가까운 것 같기도 하다고 말하고 그런 자신이 순수함을 잃은 것 같다고 말했다. 아이들은 웃고 있기는 했지만 씁쓸한 기분을 떨쳐내진 못하는 듯했다.

다음은 3~4장에서 재미있는 문장을 찾아 발표하는 시간을 가졌다. "어린이들은 어른들을 아주 너그럽게 생각해 줘야 한다."는 부분에서는 어른들이 어린이들을 너그럽게 대해 줘야 하는 게 아니라 그 반대여서 재미있다고 하였다. 내 안의 순수함을 잃고 자신이 싫어하던 어른의 모습을 닮아 가고 있다는 생각이 들었다는 아이도 있었다.

아이들은 기억하고 싶은 문장과 그 이유를 이렇게 공책에 적었다.

- 나는 사람들이 이 책을 무성의하게 읽어 치우지는 말았으면 하는 생각이다. 친구를 잊는다는 것은 슬픈 일이니까.
▶ 작가는 이 책을 성의 있게 꼼꼼하게 읽기를 권한다. 어린 왕자를 잊지 않으려고 한다.
- 상자 속에 들어있는 양을 꿰뚫어 보지는 못한다. 아마 나도 어쩌면 어른들과 비슷할지도 모를 일이다.
▶ 아저씨는 어른인데 어른과 비슷해지는 것을 마음 아파한다. 그래서 어린 왕자와 친구가 될 수 있나 보다.

□ 3차시 — 꽃과 어린 왕자(5~9장)

5~9장은 각자 조용히 자신만의 속도로 읽는 묵독을 하였다. 음미하고, 곱씹어 보고, 자신이 멈추고 싶은 문장에서 느리게 읽으며 더 느끼게 하고 싶어서였다.

모두가 다 읽고 난 후 "바오밥나무란 무엇일까?"라는 질문으로 모둠별로 이야기를 나누었다.

- 바오밥나무는 무서운 씨로 손을 늦게 쓰면 영영 없앨 수가 없을 정도로 위험하다. 그래서 어릴 때 뽑아 버려야 한다. 왜냐면 바오밥나무가 별을 다 덮어 버릴 수 있

기 때문이다.

- 바오밥나무는 대체 얼마나 클까요?

궁금해하는 아이의 질문에 바로 이미지 검색으로 바오밥나무를 확인하였다. 어마어마하게 크고 돌같이 단단한 나무줄기를 보고 아이들은 입을 쩍 벌렸다. 우리나라에서는 용인의 한택 식물원에 가면 볼 수 있다고 한다.

"그렇다면 바오밥나무는 무엇을 말하는 걸까요?"
질문을 던지자 아이들은 게으름, 유혹, 갈등, 책임 등을 말했다. 너무 커지기 전에 얼른 처리해야 하는 일들이라고 의견을 모았다.

그리고는 해 지는 풍경에 대한 다양한 경험을 이야기하였다. 사춘기 초기에 들어선 6학년 아이들인지라 "몹시 슬플 적에 해 지는 게 좋아져…"에 많은 공감을 표시하였다.

다음으로 내용 질문을 서로 주고받는 시간을 가졌다.

어떤 별에 사는 얼굴이 뻘건 아저씨는 누구인가요?
사업가.

어린 왕자는 왜 흐느껴 울었을까요?
양과 꽃에 대해 물었는데 성의 없는 아저씨의 대답 때문이다.

작가도 해 지는 광경을 보는 것을 좋아했을까요?
좋아했기 때문에 썼을 것이다.

아이들은 자신을 떠올리고 주변의 사람들을 떠올리며 이 부분에 많이 머물렀다.

그리고 어린 왕자와 장미를 탐구하기 시작했다.
"장미는 어떤 존재인가?" 책을 다시 읽으며 책에서 답을 찾아보았다.

- 무척 아름다워요.
- 허영심, 심술, 거만, 도도하고 자존심이 강해요.
- 새침데기예요.
- 어이없는 거짓말을 하다가 부끄러워 기침을 했어요.
- 마음은 따뜻하지만, 표현이 서툴러요.
- 계속 같이 있을 것으로 생각했는데 왕자가 떠날 때 무척 당황했을 것 같아요.
- 그래도 자존심이 강해서 우는 모습을 보이고 싶지 않았어요.

"그럼 어린 왕자는 어떤 존재인가요?"

- 눈치 없고 미숙하지만, 장미를 사랑해요.
- 꽃의 속마음을 이해하지 못하고 귀찮게 구는 꽃에게서 도망쳐 별을 떠났어요.
- 떠나온 후 꽃의 사랑을 깨닫고 몹시 그리워해요.

어린 왕자의 기분을 나타내는 표현도 찾아보았다.

"그는 갑자기 흐느껴 울기 시작했다. 어둠이 내린 뒤였다. 눈물의 나라란 이토록 신비로운 것이다."
"둥근 덮개를 덮어 주려는 순간 울음이 터져 나올 것만 같았다."

이렇게 살펴본 후 어린 왕자와 꽃 사이의 관계에 대한 이야기를 나누었다. 여자아이들은 둘 사이의 관계에 대해 무척 진지하게 이야기를 나누었다. 함께 배운 정유경 시인의 시 〈비밀〉, 함께 읽는 책인 송미경 작가의 『복수의 여신』도 꺼내며 복잡한 여자의 심리에 관한 이야기까지 번져 나갔다.

아이들이 특히 기억하고 싶은 문장은 이런 것이었다.

"어느 날은 해 지는 것을 마흔네 번이나 본 적도 있어. 몹시 슬플 적엔 해지는 게 좋아져."
"마흔네 번 본 날, 그럼 넌 그렇게도 슬펐던 거야?"

아이들은 외롭고 슬픈 어린 왕자에게 동정심이 느껴진다며 이 부분에 공감을 많이 표현했다. 경험과 맞닿은 부분인가. 우리 아이들에게도 슬픈 날이 많은가 보다.

"만약 누군가 수백만, 수천만 개나 되는 별 중에서 단 하나밖에 없는 꽃을 사랑하고 있다면 그 사람은 바로 그 별을 바라보는 것만으로도 마음이 행복해질 수 있는 거야. 저기 어딘가에 내 꽃이 있겠지… 하고 생각하면서 말이야."

아이들은 이 부분을 함께 읽고 나서 꽃에 대한 애정이 느껴지고 문장이 멋지다고 말했다. 그리고는 흐느껴 우는 어린 왕자를 위로하는 편지를 썼다.

"사실은 장미가 널 좋아하는데 표현을 못 하는 거야.", "장미를 다시 만나면 까칠한 겉모습 뒤에 숨어있는 진짜 마음을 헤아려 주렴." 등 어린 왕자에게 보내는 편지는 사실 마음에 감춰 둔 친구에게 보내는 편지일 거라는 생각이 들었다.

□ 4~5차시 ― 어린 왕자가 다녀온 별(10~15장)

일곱 번째 별인 지구에 오기 전에 어린 왕자가 거쳐 온 6개의 별에 관한 제법 긴 내용을 묵독하며 읽고 블록 수업으로 모둠별로 별 하나씩을 정해 탐구하여 발표해 보았다.

○ 소행성 325호(왕의 별)

권위적이고 모든 사람이 다 자신의 신하라고 여김. 자신의 명령을 중히 여김. 불복종을 용납하지 못함. 마음은 착해 이치에 맞는 명령을 내림. 전 우주의 군주라고 생각함. 외로움도 보임.

○ **소행성 326호(허영심에 빠진 사람의 별)**

자신을 칭찬하는 말밖에 듣지 않음. 인정받고 싶어 함.

○ **소행성 327호(술꾼의 별)**

술을 마시는 사실이 부끄러워 술을 마심. 용기가 없음. 자존감이 낮음.

○ **소행성 328호(사업가의 별)**

너무 바빠 자신을 위해 마음을 쓸 겨를이 없음. 꼼꼼하고 정확하고 소유욕이 강함. 54년 사는 동안 세 번 방해받았는데 지금이 그중 하나임. 별을 소유하고 관리함. 돈을 많이 가진 사람을 생각나게 함.

○ **소행성 329호(가로등지기의 별)**

성실하지만 상황에 대한 생각 없이 명령을 무시하지 못하여 매우 바쁘게 움직임. 1분에 한 번씩 가로등을 켜고, 끄고, 1분이 하루가 됨. 어린 왕자가 가장 좋아하는 별임. 어린 왕자는 스물네 시간에 천사백마흔네 번이나 해가 지는 축복받은 별을 끝내 잊지 못함.

○ **소행성 330호(지리학자의 별)**

바다와 강, 사막이나 도시가 어디에 있는지 알지 못하고 서재에서 기록만 함. 실제로 찾아가서 체험할 것을 충고하고 싶음.

소행성의 여러 별을 다녀온 아이들은 다음과 같이 질문하였다.

- 왕은 명령만 하는 자신의 삶에 만족할까요?

- 자기 자신을 어떻게 심판해야 할까요?

- 자기 자신을 심판할 수 있게 되면 지혜로운 사람인 까닭은 무엇일까요?

- 왜 허영심 많은 사람에겐 칭찬하는 말만 들릴까요?

- 찬양하는 게 허영심 많은 사람에겐 무슨 소용이 있을까요?

- 술꾼은 왜 부끄러운데 술을 마실까요?

- 사업가가 가진 많은 별과 어린 왕자가 가진 별의 꽃과 화산 중 누가 더 행복할까요?

- 많이 소유하면 행복할까요?

- 왕은 다스리고 사업가는 소유하는데, 관리하고 소유하는 일이 행복할까요?

- 어린 왕자는 왜 가로등 켜는 사람을 가장 좋아할까요?

- 별은 왜 해마다 점점 빨리 돌까요?

- 덧없다는 건 무엇일까요?

또 글에서 재미있는 부분을 찾아보았다.

- 짐은 하품을 금하노라.
- 자, 하품을 하라. 명령이니라.
- 짐이 명하노니, 질문을 하라.
- 어린 왕자가 길을 떠나자 급하게 소리쳤다. "너를 짐의 대사로 임명하노라."
- 제발 나 좀 기쁘게 해 주렴. 어찌 됐든 나를 찬양만 해 다오.
- 찬양하는 게 아저씨한테 무슨 소용이 있죠?
- 술 마시는 게 창피해서 술을 마신다.
- 내가 이 별에서 오십사 년째 살고 있지만, 그동안에 남의 방해를 받은 적은 딱 세 번뿐이야. 어디선가 날아온 풍뎅이 한 마리 때문에, 신경통 때문에 그리고 세 번째는… 바로 지금이야.
- 게으름뱅이들을 공상에 빠지게 만드는 금빛 도는 작은 것들.
- 아! 별들 말이군요?

- 이 별들의 사람은 '어른'의 모습이네요.

책을 읽으면서 주변에 있는 어떤 사람이 생각나는지 말해보도록 할 때 "친구 ○○인가?" 하며 이름을 밝히지 않고 이야기하는 아이들을 보며 마음이 따뜻해졌다.

나는 누구랑 가까운지 생각해 보기로 하였다.
자신이 술꾼과 가깝다는 아이들, 술을 마시는 건 아니지만 부끄러움을 많이 타는 부분에 공감을 표현하였다. 사업가 이야기를 하며 소유와 욕심에 대한 이야기도 많이 나누었다.

이어서 "소행성의 사람들에게 필요한 것은 무엇인지 충고를 해 준다면?"이라는 주제로 이야기를 나누었다.

○ 왕에게

- 명령만 하지 말고 더불어 함께 살아요. 그러면 외롭지 않아요. 권력이 중요하지 않다고요.

○ 허영심 많은 사람에게

- 칭찬하는 말만 듣고 싶어 하면 누가 칭찬해요. 저절로 칭찬이 나오게 해야지요.

○ 술꾼에게

- 아저씨 자신이 소중한 거예요. 자존감을 가지세요. 부끄러워하지 말고 용기를 내 봐요.

○ 사업가에게

- 그렇게 바쁘게 세기만 하는 별들이 아저씨에게 어떤 도움이 되나요? 욕심을 버리세요. 종이에 적어서 서랍에 넣어 두는 그 일이 왜 그렇게 중요한지요? 그러지 말고 좀 쉬세요. 꽃 한 송이와 화산 세 개만 가진 어린 왕자와 아저씨 중에 누가 더 의미 있는 것을 가졌을까요?

○ 가로등지기에게

- 명령에만 무조건 따르지 말고 일하기 전에 생각을 해 봐요. 의자를 움직이는 방법도 있잖아요.

○ 지리학자에게

- 책상에만 앉아있지 말고 세상에 나가 경험하세요. 직접 찾아보세요.

아이들은 다음과 같은 표현을 간직하고 싶다고 문장과 그 까닭을 이야기 하였다.

"쉬고 싶을 때 쉴 수 있는 방법이 있어. 쉬고 싶을 때는 그냥 천천히 걸어 봐…. 그러면 원하는 만큼 해가 길어질 거야."

- 어린 왕자가 쓸쓸한 것 같다.

"스물네 시간 동안 천사백마흔네 번이나 해가 지는 저 축복받은 별을 못 내 잊지 못하고 있다는 사실이었다."

- 해지는 풍경을 무척 좋아한다.

"내 꽃은 덧없는 것이구나. 세상과 맞서서 자기를 보호할 수단이라곤 가 시 네 개밖에 없고! 그런 꽃을 내 별에 혼자 두고 왔으니! 어린 왕자는 처 음으로 후회의 감정이 솟구쳐 올랐다."

- 어린 왕자가 꽃을 생각하는 마음을 보니 마음이 아팠다.

그리고 아이들은 소행성 325, 326, 327, 328, 329, 330호가 실제로 존재하 는지 물었다. 어린 왕자의 소행성 B612가 정말 존재하는지를 궁금해하였다. 유튜브에서 확인해보니[9] 천문학자가 발견한 실제로 존재하는 별이고 그중에 서도 328호가 가장 크다고 한다. 역시 사업가의 별답다. 하지만 어린 왕자

---

9   생텍쥐페리의 어린 왕자. YTN 웨더앤라이프(5분).

가 살았던 것으로 추측되는 B612는 실제로 존재하는 별은 아니었다.

수업하기 전이나 후에 독서 공책에 자유롭게 정리하며 책을 읽도록 하였다. 다음은 매일매일 기억나는 문장과 그 이유와 느낌을 기록한 아이의 공책이다.

) 이어지는 어린왕자

Date.   No.

2016. 03. 16 <수> 51 - 58 <왕 이야기>

기억에 남는 대사: "저는 어디서든 저를 심판할 수 있어요. 꼭 여기서 살 필요는 없어요.", "폐하의 명령이 지켜지길 원하신다면 제게 합당한 명령을 내려주셔야 해요. 이를테면 즉시 떠나라고 명령하셔야 한다구요.', 제 생각엔 지금이 딱 좋은 조건인 듯 한데요."

이유: 어린왕자가 왕을 보면서 사람에게 괜 된 권위라는 것이 중요한지 공감해하는게 인상깊었기 때문입니다

독후감: 나도 권력있는 리더나 왕이 되는 것을 좋아하는데, 자기가 좋아는 삶을 살다보면 그런 권위 따위는 아무 상관 없는 것이라고 느꼈고 내가 살고 있는 지금을 헛되지 않게 살아야겠다. 카르페디엠!

2016. 3. 17 <목> 59 - 63 <허영쟁이 이야기>

기억에 남는 대사: "친이한다는 건 내가 이별에서 가장 잘생기고, 옷을 잘 입고, 부자고, 지적이 많다는 것을 인정해준다는 뜻이지.", "어른들은 정말 이상해"

이유: 허영심 많은 허영쟁이가 꼭 나를 닮은 것 같아 수치스러웠고 어린왕자가 그런 허영쟁이를 비판하는 것도 보니 나도 정말 검소하게, 허영심 가득하지 않게 정박은 생활들을 해야겠다고 다짐할 수 있게 만들어주었기 때문입니다

독후감: "친이"한다는 것이, 그런 세상에서 가장 잘생기고 부자라는 것이 인생에서 그렇게 중요한지 나도 이해가 되지 않지만 사람을 볼 때 그들의 얼굴과 재력을 먼저 보고 친이한다는 것이 창피하기만 하다.

2016. 3. 20 <일> 62 - 63 <주정뱅이 이야기>

기억에 남는 대사: "내가 부끄러운 걸 잊기 위해서야." "술을 마신다는 게 부끄러워!"

이유: 나도 이해가 잘 되지 않는다. 왕 이야기나 허영쟁이 이야기에서는 우리나라의 성질이나 현실적 사람들을 비판하는 것을 볼 수 있었는데 주정뱅이는 뭔가 미스테리하기 때문입니다.

독후감: 술을 마신다는 것, 그건 창피한 일이다.

2016. 3. 21 <월> 64 - 69 <상인의 이야기>

기억에 남는 대사: "아니야. 공짜으로 반짝이는 조그만 것도 알이다. 게으름뱅이들은 그걸 쳐다보며 부질없는 몽상에 잠기지. 그러나 난 중대한 사람이야. 몽상에 잠길 시간이 없단다."

이유: 곱한 사람들, 자신만이 목적 중대한 일들로 하는 듯해 보이는 사람들도 비판하는 것 같았기 때문입니다

독후감: 오억 일백육십이만 이천칠백삼십일 개의 명목 이득들이 소용하고 있는 상인이 무엇이든 지배, 소유하려고 하는 나와 비슷하였다. 그래서 다른 이야기보다 더 공감이 가는 듯했다.

2016. 3. 22 <화> 70 - 75 <점등인의 이야기>

기억에 남는 대사: "명령이야."

이유: 명령으로 움직이는 모습이 어른나도 기계적으로 보였기 때문입니다.

독후감: 사람이라고 느껴지지 않는 처규는 행복이나 나는 것이 싫다.

□ 6차시 ─ 일곱 번째 별 지구(16~20장)

지구별을 찾아온 어린 왕자의 이야기를 읽을 시간이다. 여러 나라가 나오기에 지구본을 돌려가며 책을 읽었다. 뉴질랜드, 오스트레일리아, 중국, 시베리아, 러시아, 인도, 아프리카, 유럽, 남아메리카, 북아메리카, 북극, 남극 등을 찾아보며 어린 왕자와 함께 지구별을 두루두루 여행해 보았다. 책을 읽으면서 아이들은 과학 시간에 배운 지구의 자전과 공전을 떠올리기도 했다. 어린 왕자가 도착한 일곱째 별 지구. 아프리카 사막에서 뱀을 만나고 메아리를 경험한 이야기를 읽으면서 아이들은 또 질문을 나누기 시작했다.

💡 지구에 사는 사람들의 수를 강조하여 이야기하는 까닭은?

💡 어른들은 숫자를 좋아해서. 그래야 믿으니까. 숫자를 좋아하는 어른들에 대해 깨달음을 주려고.

💡 어린 왕자가 별을 떠나 지구까지 온 까닭은 무엇일까요?

💡 어떤 꽃하고 말썽이 있었거든.

💡 "내가 건드리는 사람은 자기가 나왔던 땅으로 다시 돌아가야 돼. 별이 그리워지면 도와줄게."라는 수수께끼 같은 말은 무슨 의미일까요?

💡 그 말이 곧 뱀에 물려 죽는다는 말임을 알고 무서웠다.

💡 뱀, 꽃 한 송이, 뾰족 산을 보고 지구에서 받은 느낌은 어떨까요?

💡 어린 왕자도 슬퍼 보여요. 지구가 무척 쓸쓸하다고 생각해요.

💡 장미꽃이 만발한 정원에서 오천 송이 장미꽃을 보고 어린 왕자가 풀밭에 엎드려 운 까닭은 무엇일까요?

💡 자기는 이 세상에 단 하나밖에 없는 꽃을 가진 부자인 줄만 알고 있었는데 오천 송이나 되는 장미꽃 중의 하나인 평범한 장미가 초라하게 느껴졌기 때문입니다.

책을 꼼꼼히 읽으니 문장에서 질문과 답이 나온다. 문장 깊이 읽기가 자리 잡혔다.

□ 7차시 ─ 여우와의 만남(21장)

21장은 모두를 다 쓰고 싶을 만큼 멋진 문장이 많다. 그래서 함께 낭독하고 대화 글 부분은 역할을 정해 짝과 대화하며 다시 읽었다. 그리고 기억나는 말을 이야기하였다.

"너는 나에게 이 세상에 단 하나뿐인 존재가 되는 거고, 나도 너에게 세상에 하나뿐인 유일한 존재가 되는 거야…"

문장을 함께 읽었다. 길들이기는 관계 맺기다. 나와 길들여진 사람은 누구인지 생각해 보았다. 아이들은 엄마를 가장 많이 이야기하였다. 가장 친한 친구를 말하기도 하였다.

다음은 여우와 만나는 장면에서 질문 나누기를 한 것이다.

- 작가는 왜 여우를 통해 이야기하는 걸까요?
- 어린 왕자는 왜 자꾸 꽃 한 송이가 생각날까요?

- 여우가 가르쳐 주는 비밀이란 무엇인가요?
- 우리에게 어린 왕자의 꽃 같은 존재는 누구일까요?

글이 좋아 좋은 질문이 많이 나왔다.

아이들이 기억하고 싶은 문장과 그 까닭을 발표하였다.

"네가 나를 길들인다면 우리는 서로를 필요로 하게 되는 거야. 너는 내게 이 세상에 하나밖에 없는 존재가 되는 거야. 난 네게 하나밖에 없는 존재가 될 거고…"

- 길들인다는 말이 참 멋지다.
- 세상에 하나밖에 없는 존재라는 말이 감동이다.
- 여우는 어떻게 이런 생각을 할까. 정말 지혜롭다.

"네가 나를 길들인다면 멋질 거야! 금빛으로 무르익은 밀을 보면 네 생각이 날 테니까. 그럼 난 밀밭을 지나가는 바람 소리도 사랑하게 될 거야…"

- 밀밭을 보고 싶다.
- 밀밭을 지나가는 바람 소리는 어떤 소리일까 궁금하다.

"가령 네가 오후 네 시에 온다면 난 세 시부터 벌써 행복해지기 시작할 거야."

- 친구를 이렇게 기다려본 적이 있는데 그때 생각이 났다.

- 세 시부터 행복해지기 시작한다는 표현을 마음에 간직하고 싶다.

"그렇다면 넌 얻은 게 아무것도 없잖아."

"얻은 게 있어. 밀밭 색깔이 있잖아."

- 어떻게 이런 말을 할 수가 있지? 둘이 나누는 대화가 정말 놀랍다.

"그 꽃이 내게는 너희들 모두보다 더 소중해. 내가 직접 물을 준 꽃이니까. 내가 직접 둥근 덮개를 씌워 준 꽃이니까. 내가 직접 바람막이로 막아 보호해 준 꽃이니까. 내가 직접 벌레를 잡아준 꽃이니까. 불평을 해도, 자랑을 늘어놓아도, 심지어 때때로 입을 다물고 있어도 나는 다 들어준 꽃이니까. 그건 바로 내 장미꽃이니까."

- 어린 왕자의 사랑을 느낄 수 있다.
- 어린 왕자는 장미를 정말 그리워하는 것 같다.
- 자꾸자꾸 읽고 싶고 이 문장이 저절로 외워진다.

"오직 마음으로 보아야 잘 보인다는 거야. 가장 중요한 건 눈에 보이지 않아."

- 좀 어렵긴 한데 무척 멋진 것 같다.
- 이 말이 이 책에 여러 번 나온다.

"네 장미꽃이 그토록 소중하게 된 것은 네가 네 장미꽃을 위해서 들인 시간 때문이야."

- 시간을 들인 것이어서 소중하다는 말. 나를 사랑하는 엄마 생각이 났다.

"네가 길들인 것에 대해서 넌 영원한 책임이 있는 거야. 넌 네 장미꽃에 대한 책임이 있어."

– 책임질 수 있어야 친구를 얻을 수 있다.

기억하고 싶은 문장 이야기를 나누니 한 시간도 부족했다. '글이 아름다워서', '공감이 가서', '어린 왕자가 안쓰러워서' 등 같은 문장이어도 이유는 각기 달랐다. 좋은 글에 저절로 몰입하게 하는 경험을 함께 맛보았다. 집에 가서도 계속 공책에 메모한단다. 이렇게 아이들은 책에 깊이 빠져들었다. 문장의 아름다움에 스며드는 아이들, 문학 작품 감상이 제대로 이루어졌다.

□ 8차시 — 어린 왕자와 헤어짐(22~27장)

『어린 왕자』의 마지막인 22~27장은 묵독하였다. 각자 궁금하거나 감동적인 부분에 밑줄 그으며 읽기 시작했다. 읽으면서 아이들이 남긴 질문이다.

– 철도원과 만나는 장면에서 급행열차를 타고 바쁘게 달리는 사람들은 무엇 때문에 바쁜 걸까요?
– 장사꾼과의 만남에서 시간을 절약하는 약의 의미는 무엇일까요?
– 둘이서 찾아낸 이 특별한 우물이란 대체 무엇일까요?
– 어릴 적 크리스마스트리의 불빛처럼 아름다운 나의 기억은 무엇인지요?
– 왜 어린 왕자는 지구에 떨어진 지 1년 만에 같은 자리에 왔을까요?
– 어린 왕자가 아저씨에게 준 선물은 무엇인가요?

- 아저씨는 왜 "난 네 곁을 떠나지 않을 거야."를 세 번이나 말하였을까요?
- 아저씨가 할 수 있는 일이 없어서 안타까웠어요.

나에게 마음대로 써도 되는 53분이 주어진다면 나는 무엇을 할 것인지 이야기를 나누어 보았다. 아이들의 생활을 들여다보는 시간이었다.

- 친구들과 특별한 놀이를 해요.
- 친구들에게 문자메시지를 보내요.
- 덕질해요.
- 코인노래방에 가요.
- 화학 공부를 해요(요즘 화학에 빠진 수빈이다).
- 어린 왕자는 샘을 향해 걸어갈 것이라 했는데 난 음악을 들어요.
- 게임해요. 야구해요.
- 읽다 만 책을 읽어요. 서점에 가요.
- 아마도 학원에 갈 것 같아요(늘 가야 하는 곳이니까).
- 『어린 왕자』를 다시 읽으려고요.

아이들은 질문에 다양한 대답을 하며 이야기에 빠져든다. 성경의 예수님을 모른다고 세 번이나 반복했던 베드로가 생각난다고 하는 아이도 있었다.

그리고 다음과 같은 문장을 기억하고 싶다고 했다.

"별들이 아름다운 건 눈에 보이지 않는 한 송이 꽃 때문이야."
"사막이 아름다운 건 어딘가에 샘을 감추고 있기 때문이야."
"가장 중요한 건 눈에 보이지 않아."

"이 잠든 어린 왕자가 이렇게까지 내 마음을 감동하게 하는 것은 꽃 한 송이에 대한 그의 변함없는 마음, 잠들어있을 때조차도 꺼지지 않는 등불처럼 그의 마음속에 빛나고 있는 한 송이 장미꽃 때문이야."

4. 책과 나 연결 짓기

책을 다 읽고 난 후 아이들이 기억나는 낱말로 빙고 놀이를 하는 시간을 갖는 것은 전체 이야기를 파악하는 데 도움이 된다.

- 어린 왕자, 조종사, 소행성, B612, 바오밥나무, 왕, 허영쟁이, 술꾼, 사업가, 가로등지기, 지리학자, 지구, 뱀, 장미, 여우, 철도원, 약 파는 사람, 조종사, 사막, 우물, 길들이기….

이런 낱말들을 두세 개씩 연결하여 줄거리를 다시 이야기하는 시간을 가져 보았다. 이런 낱말 빙고와 낱말 연결 문장 만들기는 언어를 확장하고 전체 이야기를 되새겨보는 데 유용한 활동이다.

- '어린 왕자'는 '조종사'를 만나 양 한 마리만 그려달라고 했다.
- '소행성 B612'에는 '바오밥나무'가 자라고 있다.
- '여우'는 '길들이기'에 대해 이야기했다.
- '사막'에서 '우물'을 찾아 나섰다.

그리고 모둠별로 각 장에 제목을 붙여 차례 만들기를 해 보았다. 아이들은 전체 작품을 꼼꼼하게, 어떤 아이들은 여러 차례 읽으며 내용을 확실히 파악하였다. 두 모둠의 차례를 비교해 보았다. 서로 비교해 보면서 미소 짓는 모습이 기특했다.

첫 번째 모둠	두 번째 모둠
1. 그림 그리기를 좋아했던 조종사	1. 보아 구렁이를 삼킨 코끼리 그림
2. 양을 그려달라는 어린 왕자	2. 사막에서 만난 어린 왕자
3. 어린 왕자와 첫 만남	3. 어린 왕자가 사는 작은 별
4. 어른들은 숫자를 좋아해	4. 소행성 B612호
5. 바오밥나무를 조심하라	5. 바오밥나무 이야기
6. 그렇게나 슬펐던 날	6. 어린 왕자의 작은 별에서 해지는 광경
7. 단 하나밖에 없는 꽃	7. 양이 꽃을 먹어버린다면
8. 후회	8. 어린 왕자와 장미, 후회와 아픔
9. 이별	9. 장미과 작별하고 별을 떠나옴
10. 명령하는 왕	10. 첫 번째, 명령하는 임금의 별
11. 칭찬받기 좋아하는 허영쟁이	11. 두 번째, 허영쟁이의 별
12. 부끄러워서 술 마시는 술꾼	12. 세 번째, 부끄러워하는 술꾼의 별
13. 숫자만 세는 사업가	13. 네 번째, 사업가의 별
14. 생각 없이 일만 하는 점등인	14. 다섯 번째, 가로등 켜는 사람의 별
15. 책상에만 앉아있는 지리학자	15. 여섯 번째, 지리학자의 별
16. 지구	16. 일곱 번째 별, 지구
17. 뱀과의 대화	17. 사하라에서 뱀을 만남
18. 뿌리가 없는 사람들	18. 꽃 한 송이를 만남
19. 외로운 어린 왕자	19. 뾰족 산의 메아리
20. 오천 송이의 꽃	20. 오천 송이 장미꽃
21. 여우를 길들이다	21. 여우를 길들임
22. 기관차	22. 철도원 만남, 바쁘게 달리는 사람들
23. 장사꾼의 시간 절약	23. 장사꾼 만남, 시간을 절약해 주는 약
24. 사막 속에서	24. 사막에서 우물 발견
25. 지구에 떨어진 지 1년	25. 지구에 온 지 1년
26. 내가 죽은 것처럼 보일 거야	26. 자기 별로 돌아간 어린 왕자
27. 어린 왕자	27. 6년 후, 어린 왕자를 기억함

전체 작품을 생각하며 서로 생각을 나눌 수 있는 열린 질문을 공책에 만들어 보고 서로 나누었다.

아이들의 열린 질문은 『어린 왕자』 책을 더 깊이 읽게 만들고 자신을 더 자세히 들여다볼 수 있게 만든다. 이러한 질문들이 함께 생각 나누기의 중요한 이야깃거리가 되는 것이다.

다음 시간은 〈꽃과 어린 왕자〉 노래를 들으며 시작하였다. 노래를 들은 느낌에 대해 이야기하고 직접 노래 가사도 써 보고 시로도 표현해 보았다. 자신이 선택해서 정하면 된다. 아름다운 작품은 아름다운 시를 쓰게 하였다.

그리고 책 한 권을 끝까지 읽고 기억나는 말은 무엇이고 이 말을 누구에게 주고 싶은지 생각한 후 책갈피를 만들어 선물해 보기로 하였다.

이 책은 아름다운 문장 표현의 보고다. 아이들이 문장을 발표할 때 자기가 "먼저 해야 하는데." 하면서 안타까워하는 소리가 여기저기서 들렸다. 공감 가는 표현이라는 의미다. 각자 문장을 적는 활동에 행복한 몰입이 보인다.

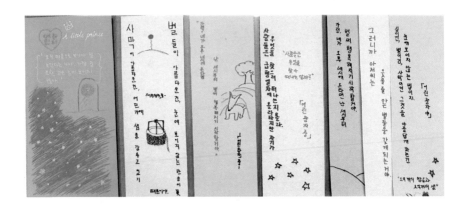

그다음 시간에는 책을 다 읽고 난 후 작가와 주인공을 탐구해보기로 하였다.

작가와 『어린 왕자』에 나오는 아저씨의 공통점에 대해 아이들은 이렇게 말하였다.

- 조종사이다.
- 조난을 당했다.
- 호기심이 많다.
- 어린아이를 이해한다.
- 비행하는 걸 좋아한다.
- 그럼 아저씨는 생텍쥐페리일까?

작가와 어린 왕자의 공통점에 대해서도 찾아보았다.

- 호기심, 어린아이의 마음을 지녔다.
- 별을 향해 떠났다.
- 둘은 만났을까?
- 어린 왕자는 해 지는 것을 마흔네 번이나 본 날도 있다고 했는데 작가분은 44살에 돌아가셨다. 놀랍다.

아이들은 작가와 어린 왕자에 대한 생각을 나누며 생텍쥐페리는 어린 왕자인 것 같다고 말했다. 그러다가 "작가는 왜 이 작품을 썼을까?"라고 질문하고는 각자 생각을 이야기하였다.

- 어른을 닮아가는 나에게 깊은 깨달음을 준 작품으로 동심을 잃지 말자는 이야기를 하려고.
- 무엇이 진짜 옳은지, 중요한지 알 수 있기를 바라는 마음에서.
- 중요한 것은 눈에 보이지 않는다는 걸 알려주려고. 엄마가 소중한 이유는 눈에 보이는 외모 때문이 아니라 엄마랑 같이 보낸 소중한 시간 때문이니까.
- 1943년 제2차 세계대전 전쟁의 슬픔에서 아름다운 동심으로 사람들을 위로하려고.

처음 읽을 때와 달라진 느낌들은 무엇인지에 대한 질문을 던져 보았다.
처음 읽었을 때는 무슨 말인지 이해도 안 되었고 길들인다는 말과 여우만 생각났는데, 함께 읽으니 재미있고 책이 좋아져서 날마다 읽는다는 아이도 있고, 베껴 쓰고 싶은 부분이 많아 공책을 두 권이나 쓴 윤서는 이제 어린 왕자를 완전히 이해하게 되었다고 말하기도 하였다. 어린 왕자가 좋아지고 만나고 싶다고도 하였다. 어린 왕자의 매력에 빠진 아이들이었다.
"또 읽을 것인지? 그렇다면 언제 다시 읽게 될까?" 하는 질문에는 이렇게 답하였다.

- 고등학교, 공부가 힘들어질 때.
- 스무 살, 사랑할 때.
- 외로울 때, 위로받고 싶을 때.
- 어른이 되어서.

 그리고 어린 왕자를 한마디로 정의해 보았다. 아이들은 각자 자신의 단어로 다양하게 이야기하였다.

- 어린 왕자는 '동심'이다.
- 길들임, 관계 맺기, 사랑의 책임, 물주기, 정성, 희망, 순수함, 외로움, 슬픔, 사랑, 추억, 소중함, 상상력, 별, 아름다움, 친구, 모험, 떠남, 여행, 안타까움, 철학, 한 편의 시….
- 어린 왕자는 오미자차라고 말할 수 있어요. 여러 가지 맛이 있으니까요.

 아이들이 선택한 단어를 들으니, 어린 왕자를 함께 깊이 읽은 아이들은 모두 시인이 되었다.

 마지막은 자신의 느낌을 담은 글쓰기를 진행했다. 친구들이 쓴 글을 돌려 읽은 후 느낌을 나누었다. 책을 꼼꼼하게 읽고 서로 나눔을 통해 생각을 확장하니 글쓰기에 어려움이 덜하고 아이들이 자연스럽게 쓰기 시작하였다. 책 한 권을 읽으며 메모로 공책 한 권을 다 채운 아이도 있다. 책의 구절 중 기억하고 싶은 구절이 정말 많았다고 한다.

□ 사람들의 내면 속에서 사라지는 어린 왕자

6학년 주서현

『어린 왕자』는 소행성 B612호에 있던 어린 왕자가 지구에서 세계 일주를 하던 비행사를 만나 그동안 자신이 여행하면서 있었던 일들을 비행사에게 이야기해 주며 지구에선 죽은 것처럼 보이지만 훗날 자기가 원래 살고 있던 소행성으로 돌아가는 이야기이다. 어린이의 시각에서 바라본 어른들의 모습이 너무나 처량해 보이기도 하였고, 정말 순진하면서도 때론 어른스러운 어린 왕자를 본받고 싶기도 하였다. 그리고 『어린 왕자』라는 책을 통해 작가가 하고 싶었던 말이 무엇인지 알아보려 노력하였다.

나는 어린 왕자가 여우와 대화를 나누는 도중, "가장 중요한 건 눈에 보이지 않아. 마음으로 보아야 해."라는 말과 "네 장미가 소중한 이유는 네 장미를 위해 들인 시간 때문이야."라는 말이 가장 감명 깊었다. 뭔가 공감이 되지만 한편으론 이해가 되지 않는 부분도 있기에 더 인상적이었다. 중요한 것은 마음으로 보아야 한다는 사실을 초반에 양이 들어있는 상자로 표현한 것이 좋았고, 내 시간을 투자해 정성스럽게 가꾼 꽃이기 때문에 사랑할 수밖에 없다는 여우의 말이 나의 코끝을 찡하게 하였다.

권위와 권력만이 세상의 전부라고 믿는 왕, 칭찬과 박수만을 보내주길 바라는 속이 텅 빈 허영쟁이, 술을 마시는 것이 부끄러워 술을 마신다는 엉뚱한 소리를 늘어놓으며 목적의식 없이 하루하루 힘들게 살아가는 주정뱅이, 소유욕만이 넘치는 상인, 기계처럼 지시에 따라 열심히 일만 하는 가로등 아저씨. 이러한 별들을 여행하면서 어린 왕자는 "어른들은 정말 이상해."라는 말만을 남기고 떠난다. 모두 뚜렷한 꿈 없이 자신이 현재 살아가고 있는 것에만 만족하려고 하며 진정으로 행복을 느끼지 못하는 21세기의 어른들이 떠올랐다. 생텍쥐페리는 어린 왕자를 통해 시간과 돈에 쫓기며 전전긍긍하며 살아가는 사람들과 우리 사회의 전반적인 현실을 비추어 내려고 했을 것 같다.

마지막으로, 죽은 것처럼 보이지만 죽은 게 아니고 멀고 험한 길에 무거운 몸을 이끌고 가지 못해 자신의 마음만을 가져가는 어린 왕자의 마지막 모습과 함께 왕자가 남긴 말이 내 가슴 속에 남아있다. 가끔 학원이 끝나고 차를 타고 오는 길에 보이는 몇 개의 별 중에서 나는 보이는 몇 개의 별이건 이렇게 말을 걸어 본다. "아직도 거기에 살고 있니? 장미는 잘 자라고 있지?"라고…

'어린 왕자'를 읽고 가장 기억에 남는 문장은 딱 세 문장이다. 1. "가장 중요한 건 눈에 보이지 않아.", 2. "네가 길들인 것에 대해서 너는 영원히 책임이 있는 거야.", 3. "이제씬 오억 개나 되는 방울을 갖게 되고 난 오억 개나 되는 우물을 갖게 될 테니까......". 이 문장은 내가 어른이 돼도 계속 기억할 것 같다. 그리고 꽃을 '사랑'하는 어린왕자, 어린왕자와 조종사 아저씨의 '우정'도 기억에 남는다.

또, "별"이라는 단어와 "길들인다"라는 단어는 굉장히 예쁜 단어인 것 같다. 왜냐하면 "길들인다"는 "관계를 맺다"인데 그렇게 해서 친구가 되고 조금씩 더 친해진다는 의미이기 때문이다. 그리고 '별을 보면 예쁘고, 계속 쳐다보면 어린왕자가 나올 것 같다. 옛날부터 별을 좋아했는데 '어린 왕자'를 읽고 더 좋아졌다. 왠지 어린 왕자를 만날 수 있을 것 같다. 어린 왕자를 만나보고 싶다.

5. 고전, 또 읽어도 좋은 책

읽을 때마다 느낌이 다른 책이 있다. 고전은 더욱 그렇다. 독자인 내가 변화되었기에 달리 읽힌다. 여러 차례 책을 읽고 달라진 느낌을 표현해 보았다. 아이들은 아래에 쓴 글처럼 읽을 적마다 새로운 면이 보이고 이해가 깊어진다고 하였다.

- 나는 『어린 왕자』를 지금까지 세 번 읽었다. 4학년 때 처음 읽었을 때는 이게 어떤 내용인지 잘 이해되지도 않았고 어색했다. 게다가 기억에 남는 문장도 없었다. 두 번째로 읽었을 때는 이해도 잘되는 편이었다. 그리고 기억에 남는 문장은 "가장 중요한 건 눈에 보이지 않아."였다. 이번에 수업하면서 읽었을 때는 『어린 왕자』를 완전히 이해했다. 느낀 점도 더 많고 그것에 대해 또 더 깊이 생각했다. 그래서 그런지 어린 왕자가 친한 친구처럼 느껴졌다. (이하 생략)

- 나는 『어린 왕자』를 여러 번 읽었다.

  처음 읽었을 때의 『어린 왕자』는 여행을 하면서 보는 소소한 것들에 대한 추상적인 감상 같았다. 그냥 멋진 말만 늘어놓은 듯한 느낌도 들었다. 하지만 왠지 멋진 말 때문에 다시 읽게 된 『어린 왕자』는 매번 다른 느낌으로 다가왔다. 두 번째 읽었을 때는 왕이 다스린다는 이유로 명령하는 것을 보면서 나와 관계를 맺고 있는 어른들을 떠올리며 공감하였다. 그리고 이번에는 눈에 보이지 않는 것에 대한 중요성, 마음으로 보는 눈에 대한 것들이 가슴에 와닿았다. 『어린 왕자』는 다음번에 다시 읽었을 때 어떤 감정과 생각을 안겨줄지 기대되는 책이다. (이하 생략)

- 정말 『어린 왕자』는 신비한 책인 것 같다. 분명 같은 내용인데 항상 읽을 때마다 느낌이 다르다. 내가 초등학교 저학년 때에 이 책을 읽었을 때는 어린 왕자와 여우 사이의 관계(길들인다/관계를 맺는다)가 제일 인상 깊었다. 초등학교 4학년 때는 어린 왕자가 지구에 도착하기 전에 거쳤던 6개의 별에서 만난 어른들이 인

상 깊었다. 그다음 마지막으로 최근에 『어린 왕자』를 읽었을 때는 어렸을 때는 미처 보지 못했던 한 문장, 한 문장 안에 숨겨져 있는(담겨 있는) 뜻이 점점 보이기 시작하여, 『어린 왕자』를 읽었을 때 '어른들의 편견', '어른들의 태도에 대한 비판'이 나타난 부분을 제일 인상 깊게 봤다. 난 그래서 왜 제목이 '어린 왕자'인지 어렴풋이 알 것 같았다. 작가는 어른들이 어린이처럼 순수하고 편견 없는 그런 마음가짐을 가지길 바라고 제목을 '어린 왕자'라고 한 것 같았다. 그리고 이러한 작가의 바람은 책에도 고스란히 담겨 있다. 9쪽에 보면 "어른들은 언제나 스스로는 아무것도 이해하지 못한다. 그러니 어린이들로서는 그들에게 매번 설명하고 또 해야 하니 피곤한 노릇이다."라고 쓰여 있다. (이하 생략)

서로 쓴 글을 돌려 읽으며 다시 생각 나눔 시간을 가졌다.

- 친구들이 쓴 독후감을 읽어보니 어린 왕자가 다시 쓴 글을 읽은 느낌이었다. 비록 진짜 어린 왕자는 만나지 못했지만 어린 왕자의 마음과 생각을 만난 것 같다. 어린 왕자의 마음이나 생각은 끝이 없는 우주 같았다. 또 어린 왕자 안에 있는 중요하지만 어려운 무언가를 찾는 것은 우주 안에서 은하수, 예쁜 별과 행성을 찾는 것과 같다. 이렇게 친구들의 독후감을 읽고 다시 한번 어린 왕자를 만날 수 있는 기회가 되었다.

6. 수업을 마치고

많은 생각을 하게 하는 『어린 왕자』를 읽은 아이들은 어린 왕자를 마음에 품고 어린 왕자를 찾아 하늘로 떠난 작가 생텍쥐페리를 만나고 싶어 하였다.
여러 번 읽었는데도 읽을 적마다 새로 공책에 정리하며 읽은 친구도 있었다. 『어린 왕자』는 어디를 펼쳐도 보석 같은 문장이어서 전체를 필사하고 싶다는 얘기도 하였다.

4학년 때 처음 읽었을 때는 이해가 잘 안 되는 부분도 많아서 30% 정도만 좋았고, 6학년이 되어 윤독 도서로 정리하며 읽을 때는 꼼꼼하게 읽으며 80% 정도 좋았으며, 수업 시간에 함께 나누며 읽으니 이해와 감동이 10점 만점에 10점이라 하였다. 여러 차례 읽은 친구들은 처음에 3~4점, 두 번째 읽었을 때 7~8점 정도, 그리고 함께 읽으며 9~10점을 줄 수 있다고 하였다. 열 번을 읽은 친구도 있었다. 간결한 문장 속에 담긴 깊은 의미에 빠져든다는 아이도 있었다.

아이들은 『어린 왕자』를 좀 더 친근한 느낌으로 알게 된 것 같아 뿌듯해했고 다음에 또 읽어 보고 싶다고, 앞으로 별을 보면 어린 왕자가 생각날 것 같다고, 앞으로도 『어린 왕자』를 여러 번 더 읽고 싶고 다른 책들도 깊이 있게 읽어 보고 싶은 마음이 들었다고 했다.

- 이 수업을 하고 나서 책에 대한 생각을 바꿀 수 있었다. 처음에는 '책'하면 떠오르는 것은 생각을 키워 주는 것이었다. 하지만 이 수업을 하고 난 후에는 책이 끝없는 바다 같았다. 그 바다는 필요로 하는 만큼 많은 생각을 나누어주는 것 같다. 그 바다에서 맘껏 헤엄치고 싶다.

이렇게 책에 대한 생각이 바뀌었다고 표현한 아이도 있다. 문장을 함께 깊이 읽으며 아이들은 점점 글에 빠져들었고 공책 메모가 늘어갔다. 이렇게 좋은 문학 작품은 시간과 공간, 세대를 초월하여 영원히 우리들 마음속에 다가온다는 것을 확인하며 고전의 힘을 체험할 수 있었다.

책가방에 들어 있는 좋은 책 한 권을 평생 친구삼아 가는 길. 행복한 책 읽기 시간이었다.

1. 동시집 함께 읽기, 왜 하지?

2. 동시집 함께 읽기, 어떻게 할까?

3. 시는 바로 너란다

4. 함께 읽기에서 함께 쓰기까지

5. 동시 수업의 흐름

6. 수업을 마치며

7. 학생들이 골라 읽은 동시집

1. 동시집 함께 읽기, 왜 하지?

초등학교 시절 중 돌아가 보고 싶은 한 장면이 있을까? 오래전에 읽은 동시 한 편이 빠르게 나를 그곳으로 데리고 가 주었다.

탱자나무꽃이 피었단다
희디흰 꽃이 피었단다

탱자나무 가시는 아프단다
푸르디푸른 바늘 가시란다
…

탱자나무 곁에서 울었단다
모두모두 나를 달랬단다
…

– 기타하라 하쿠슈. <탱자나무꽃> 일부.

『윤석중 선생님과 함께하는 동시여행』 중에서

내가 다니던 시골 초등학교의 담장은 탱자나무였다. 탱자나무 울타리 옆에서 선생님께 꾸지람을 듣고 우는 나를 달래 주던 상냥했던 친구들. 윤석중 선생님의 번역으로 오래전에 읽은 동시 한 편이 그 순간을 아름답게 되살려 놓았다. 지금 이 순간이 아름다운 한 때인 것을 동시를 함께 읽으며 학생들과 나누고 싶었다.

그동안 나는 학기의 첫 국어 수업을 동시 함께 읽기로 시작해왔다. 동시 수업을 하다 보면 교과서에 실려 있는 시나 교사가 선택한 시가 학생들의 경험과 흥미에 닿아있지 않은 채로 한두 편의 동시 읽기로 그치게 되어 늘 아쉬웠다. 동시 몇 편 읽기로 학생들이 동시의 매력에 빠져들기는 어렵다.

그러나 동시 몇 편 읽기만으로도 학생들의 감수성을 높이고 마음을 나누고 생각을 키워갈 수 있었다. 김용규는 『생각의 시대』에서 하나의 생각이 다른 생각들을 만들어 가는 생각의 도구들이 있다고 했다. 그중에서도 첫 번째로 시에서 흔히 사용하는 은유를 꼽는다. 될수록 많은 동시 읽기와 글 속의 은유 찾기, 보이지 않는 생각을 보이는 이미지로 바꿔 보기 등을 통해 생각을 키우는 도구 하나를 이번 동시 수업을 통해 학생들이 손에 쥘 수 있기를 바랐다.

권지예는 프랑스 문장 교육 백 년의 전통은 시 암송 수업에서 시작된다고 전하고 있다. 그녀는 자신의 글 「프랑스의 문장교육」에서 프랑스의 초등학생들은 해마다 10여 편의 시를 시 수첩에 펜으로 옮겨 적고, 그림으로 그리고, 암송하여 시험을 치른다고 했다. 작가는 프랑스 유학 중에 딸 아이의 시 암송 숙제를 함께하며 비유나 표현의 독창성과 아름다움을 맛보고, 폴 베를렌의 〈가을 노래〉나 아폴리네르의 〈미라보 다리〉 같은 시를 어린 딸의 입을 통해 들었을 때 감동했던 순간을 되돌아본다.

루트번스타인이 『생각의 탄생』에서 말했던 천재들의 생각 도구 중 관찰, 이미지화, 추상화, 놀이, 변형, 통합의 연습을 동시 수업으로 해 보고자 했다. 동시집을 함께 읽고 친구들과 이야기 나누면서 상상력과 창의력을 높이는 생각의 도구를 갖추고, 각자의 생각과 공감 능력을 키워나가는 경험이 동시집 함께 읽기에서 시작하여 다른 시간으로 더 퍼져 나갈 수 있기를 바라는 마음이었다.

2. 동시집 함께 읽기, 어떻게 할까?

시는 한 편, 한 편이 완결된 작품이다. 시인이 자신의 생각을 시 속에 은유와 이미지로 표현하였으나 시를 읽고 감상하는 것은 독해 능력과 경험이 다른 독자마다 각자 다 다르다. 마치 입맛이 다른 사람들이 즐겨 찾는 음식이 다르듯이, 학생들도 좋아하는 시와 즐겨 읽는 시가 각기 다르다. 교사가 한두 편의 시를 정하여 전체 학생들에게 똑같이 감상하라고 하는 것은 메뉴가 하나뿐인 학교 식당에서 식사하는 것과 다르지 않다.

동시집 읽기 수업은 도서관 수업으로 진행하였다. 학교 도서실에는 동시집을 모아둔 서가가 따로 있었다. 동시집 서가 앞에 도서실 수업용 모둠 책상을 놓았다.

동시 수업은 매시간 동시집 읽기로 시작되었다. 도서실에 들어오면 곧바로 동시집 서가에서 각자 읽고 싶은 동시집 한 권을 골라 와서 모둠 책상에 앉아 10분간 조용히 책장을 넘기게 하였다. 도서실에는 같은 시집이 서너 권씩 구비되어 있고 시는 동화와 달리 학년 구분 없이 두루 읽을 수 있다. 동시 수업을 하는 동안 학생들이 가능한 한 많은 동시를 찾아 읽기를 원했다. 또한, 시간마다 읽은 시들 중에서 마음에 드는 동시 한 편을 골라 시 수첩에 옮겨 적었다. 동시 읽기 경험을 통해 우리말의 아름다움을 맛보며, 자신의 마음에 꼭 드는 표현을 찾아가는 선택 경험을 최대한 늘리고자 했다. 그리고 좋은 것을 가슴에 품고 오래 기억하도록 반복하여 읽고 쓰고 암송하자고 약속하였다.

3. 시는 바로 너란다

"시를 좋아하니?"

동시 수업 첫 시간에 이 질문을 먼저 던졌다. 동시를 스스로 찾아서 읽어본 적이 없는 학생들이 더러 있었다. 그들이 되물었다. "시가 뭐에요?"

"시인을 만나본 적은 있니?"

이 질문에도 많은 학생이 없다고 했다.

"시가 무엇인가?"에 대한 질문에 답을 하는 대신, 마이클 베다드 글, 바바라 쿠니의 그림책 『에밀리』를 읽어주는 것으로 동시 수업을 시작했다.

> 나는 그분 옆에 섰습니다. 우리 옷은 둘 다 눈처럼 하얀색이었어요. 나는 그분의 무릎에 놓인 종이를 내려다보았습니다.
> "그게 시예요?"
> 내가 물었습니다.
> "아니. 시는 바로 너란다. 이건 시가 되려고 애쓰고 있는 것일 뿐이야."
> 창턱 위에 놓아둔 초롱꽃처럼 그분의 목소리는 가볍고도 예민했습니다.
> "아주머니께 봄을 좀 가져왔어요."
> 내가 말했습니다. 나는 호주머니에서 백합 알뿌리 두 개를 꺼내 그분의 무릎에 내려놓았습니다.
>
> - 『에밀리』(비룡소)

마음에 감동이 오는 멋진 말을 듣거나 좋은 글을 쓰는 사람을 보면 "어머, 시 같아.", "저 사람은 시인인가 봐."라고 감탄하게 된다. 꽃을 좋아하는 이웃집 시인 에밀리를 만나서 백합 알뿌리 두 개를 전하며 "봄을 좀 가져왔어요."라고 말하는 것이 바로 시를 짓는 일임을 함께 생각해 보았다.

수업 시간에 시인을 직접 만나 보면 좋겠으나 그게 어려우니 동시집을 읽으며 시인의 마음을 만나고, 동시를 직접 써 보며 모두 어린 시인이 되어 보기까지 열 시간 동안 동시집 읽기를 함께 해 보기로 하고 수업 계획을 세웠다.

4. 함께 읽기에서 함께 쓰기까지

동시집 함께 읽기 수업을 열 시간 동안 다음의 표에 따라 하자고 의논하였다.

□ **1단계: 동시집과 친해지기**(2시간)

차시	동시 함께 읽기
1	○ 시가 뭐에요? • 그림책 『에밀리』 함께 읽기 • 좋아하는 동시 소개하고 까닭 말하기 • 시에 대한 각자의 생각과 경험 나누기
2	○ 이미지 찾기 • 짝의 이미지 떠올리기 • 동시집에서 짝의 이미지가 들어있는 시 고르기 • 짝에게 동시 낭송 선물하기

□ 2단계: 함께 읽고 나누기(4시간)

차시	동시 함께 읽기
3	○ 은유적 표현 찾기 • 은유적 표현이 있는 동시 찾기 • 은유적 표현에 밑줄 치고 옮겨 쓰기 • 은유적 표현 찾기 릴레이 게임
4	○ 그림이 그려지는 동시 • 그림이 그려지는 동시를 찾아 그림으로 그리기 • 그림을 보고 시 내용 맞추기 게임 • 맞춘 동시 낭송해 주고 시 공책에 옮겨 쓰기
5	○ 표현이 아름다운 동시 • 표현이 아름다운 동시 한 줄 찾기 • 좋은 표현 한 줄 빌려서 내 시로 연결하기 • 동시 바꿔 쓰고 돌려 읽으며 동시 감상평 써 주기
6	○ 내 경험이 들어있는 동시 • 내 경험과 비슷하여 마음에 드는 동시 찾기 • 동시의 소재나 제목을 몸짓으로 표현해 보고 맞추기 • 시 공책에 동시 옮겨 쓰기

□ 3단계: 동시집과 나 연결하기(4시간)

차시	동시 함께 읽기
7~8	○ 모둠 동시 제목 정하기 • 모둠 친구 모두가 좋아하는 동시 한 편 고르기 • 각자 모둠 동시 제목 제안하기 • 모둠 토의로 모둠 동시 제목 고르기 ○ 모둠 동시 만들기 • 모둠 동시 제목으로 연상 낱말 모으기 • 연상 낱말로 동시 문장 만들기 • 모둠 동시 쓰고 시평 듣기
9~10	○ 나의 시와 시 그림 만들기 • 내가 쓰고 싶은 나의 시 구상하기 • 무얼 쓸 것인지 모둠 친구들과 묻고 답하기 • 구상한 시와 시 그림을 시 수첩에 쓰기 ○ 나의 작은 시집 만들기 • 모둠 친구들에게 나의 시 읽어 주고 시평 듣기 • 나의 시 고쳐 쓰기 • 나의 작은 시집의 앞표지, 뒤표지 꾸며 전시하기

5. 동시 수업의 흐름

□ 첫째 시간 — 시가 뭐에요?

동시와 동화, 동극을 다루는 문학 수업은 학생들에게 언어를 사용한 문학 작품을 통해서 상상력을 키워 주고 더 아름다운 삶을 꿈꾸도록 도와준다. 국어 교과서에 동시 감상 작품을 첫 단원과 마지막 단원에 싣는 것은 동시 감상을 통해 심미적 감각을 깨워 주고 우리 말과 글의 아름다움을 경험하기 위함이다.

시에 대한 기존 생각을 들어보기 위해 학생들에게 '동시' 하면 떠오르는 생각을 물어보았다.

- 안 좋은 일을 잊게 해 줘요.
- 짧고 재미있는 글이에요.
- 웃기는 말이 많아요.
- 좋은 표현이 많아요.
- 조용하고 재미있는 느낌이 들어요.
- 시를 읽으면 집중이 돼요.
- 나도 쓰고 싶다는 생각이 들어요.
- 리듬이 있어서 노래 부르고 싶어져요.
- 감정과 생각이 잘 표현되어서 좋아요.
- 창의적이에요.
- 신기해요. 제 취미에요.
- 반복되는 말이 많아요.
- 안 보이는 바람이 불어오는 모습이 보여요.
- 사투리가 많아요.

- 흉내 내는 단어가 많아요.
- 역설법을 써요.
- 지루하고 재미없어요.

  학생들은 동시에는 짧으면서 재미있는 글이 많고, 지은이의 감정과 생각을 노래로 말한다고 했다. 시를 잘 쓰고 싶다고도 했다. 대부분이 자신의 삶을 언어로 아름답게 표현하는 것이 시임을 알고 있었다. 그러나 시는 어려워서 이야기보다 재미가 없고 지루하다고 생각하는 학생들도 있었다.

  시가 우리의 삶을 아름답게 만들어 주는 순간을 보여 주는 그림책 『에밀리』를 조금 더 읽어나갔다. 자신이 알고 있는 사람들과 자신의 삶 전체를 시를 통해 예술로 승화시킨 에밀리 디킨슨의 시와 삶을 담은 이 책을 통해 시와 시인의 세계로 함께 들어갔다.

  "엄마가 연주하는 걸 들어 보렴. 엄마는 한 작품을 연습하고 또 연습하는데 가끔은 요술 같은 일이 일어나서 음악이 살아 숨 쉬는 것처럼 느껴진단다. 그게 네 몸을 오싹하게 만들지. 그걸 설명할 수는 없어. 그건 정말, 신비로운 일이거든.
그런 일을 말이 할 때 '시'라고 한단다."

  에밀리의 이웃집에 피아노 치는 엄마와 딸이 이사를 오고, 에밀리는 피아노 연주로 마른 꽃과 같은 자신을 봄처럼 소생시켜달라는 편지를 이웃집에 보낸다. 엄마와 함께 백합 알뿌리 두 개를 들고 가서 에밀리를 만나 "아주머니께 봄을 좀 가져왔어요."라고 말하는 소녀에게 에밀리는 이렇게 답시를 써서 준다.

"지상에서 천국을 찾지 못한 자는

하늘에서도 천국을 찾지 못할 것이다

우리가 어디로 가든 간에

천사들이 우리 옆집을 빌리기 때문이다"

에밀리의 시를 함께 읽고 외우며 학생들은 시가 참 멋지고 아름답다고 하였다.

그림책 읽기에 이어서 외우고 있는 시나 좋아하는 시를 발표해 보자고 했다. 그런데 대부분의 학생이 외우고 있는 시가 없다고 답했다. 그중 자신이 쓴 시를 외우고 있어서 발표하는 어린이가 몇 있었다. 딱 한 어린이가 자신이 쓴 시를 묶어서 한 권짜리 시집을 출판했다고 자랑했다. 그러자 샘이 난 한 학생이 일어나 노래 가사를 시로 외웠다. "그건 노래잖아." 라고 친구들이 말했지만 노래가 시임을 모두 인정했다. 노래를 여러 번 듣고 따라 부르면 외워지는 것처럼, 동시도 여러 번 소리 내어 낭독하면 쉽게 외워지고, 재미가 나서 동시 공부가 저절로 된다는 이야기를 나누었다.

그리고 A4 용지 다섯 장을 반으로 접어 묶어서 겉표지를 빼고 16쪽짜리 시 수첩을 만들었다. 여기에 열 시간 동안 동시집 읽기를 하며 각자 마음에 드는 동시를 옮겨 적고 그림을 그려서 나만의 작은 시집을 만들기로 하였다.

□ 둘째 시간 — 이미지 찾기

둘째 시간 수업은 다음과 같이 흘러갔다.

학습 단계	교수-학습 활동
반응 준비	동기 유발, 학습 문제 확인(8분)

▷ 동기유발: 이미지 찾기
* 선생님에게서 받은 인상을 한 단어로 표현하기
* 선생님의 이미지와 단어의 느낌 비교하기
▷ 학습 문제 확인과 학습 내용 안내하기

학습 문제	친구에게 어울리는 시를 골라 낭송 선물을 해 보자.
학습 내용	1. 내 별명 이름표 만들어 자기소개하기 2. 친구의 이미지 떠올리기 3. 친구의 이미지가 들어있는 시를 골라 낭송해 주기
반응 형성	친구의 이미지 떠올리고 어울리는 시 찾기(15분)

▷ 내 별명 이름표 만들어 자기소개하기
* 이름자가 들어가는 단어로 별명 이름표 만들어 자기소개하기
▷ 짝 친구 이미지 떠올리기
* 친구를 3분간 자세히 관찰하고 느낌 떠올리기
▷ 짝 친구에게 주고 싶은 동시 한 편 고르기
* 고른 동시를 학습지에 쓰고 고른 이유 덧붙이기

반응 명료화	동시에 대한 개인 반응 공유, 상호 교류하기(10분)

▷ 내가 고른 동시를 친구에게 낭송해 주고 낭송 받기
* 돌아가며 친구에게 동시 낭송하고 선택 이유 설명하기
▷ 동시 낭송 선물 받은 느낌 말하기
* 어디가 마음에 드는지 공감이 가는 부분 확인해 주기

반응 심화	일반화하기, 상호 평가와 자기 성찰하기(7분)

▷ 동시 선택과 동시 선물하기의 재미나 어려운 점 발표하기
* 어디가 재미있었나? 어떤 점이 어려웠나?
▷ 상호 평가와 자기 성찰하기

시는 이미지가 떠오를 때 시작된다.

백합 알뿌리를 들고 와서 봄을 좀 가져왔다고 말하는 소녀를 보고 시인
은 천사의 이미지를 떠올리고 그 이미지로 시를 만든다. 우리도 이 시인처

럼 친구에게서 이미지를 떠올리고, 친구와 비슷한 이미지가 들어있는 동시를 시집에서 찾아서 시 공책에 옮겨 쓰고, 친구에게 낭송해 주기를 과제로 제시했다.

이 수업의 핵심은 이미지 찾기다. 이미지는 말이나 글로 표현하기 힘든 것을 상상하게 하고 이해시킬 수 있다. 시는 표현하고 싶은 말을 가장 짧은 언어로 형상화한 이미지들을 모아놓은 은유의 보물 창고다. 자기가 전하려고 하는 내용을 이미지로 바꾸기, 이미지 찾기는 시를 이해하고 생산하는 기초이기도 하지만 가장 어려운 부분이기도 하다. 그래서 자신의 이미지를 친구에게 알릴 수 있도록 이름과 연결되는 닉네임을 지어 자기소개하기를 먼저 해 보았다.

이름에 '하'자가 들어가고 하늘을 좋아하는 학생은 하하, 하늘. '아'자 이름에는 아름. '유'자가 들어가고 별을 좋아하는 학생은 유성이라는 닉네임을 정했다. 자신의 이름자와 상관없이 별명을 알려 주며 그렇게 불러 달라고 주문하는 학생도 있었다.

이어서 3분간 짝을 가만히 바라보고 관찰하면서 짝 친구의 이미지를 떠올리는 시간을 가졌다. 말을 하지 않고 친구 얼굴을 오래 바라보는 시간을 학교에서 가진 적이 있었던가? 학생들의 얼굴에 웃을 듯 말 듯 미소가 피어올랐다. 친구에게 어울리는 단어가 떠오르자 얼른 읽고 있던 동시집을 펼쳐 동시 중에서 친구와 비슷한 이미지를 담고 있는 시를 골라 시 공책에 옮겨 적었다. 시 옮겨 적기를 마치고 여러 번 읽고 암송하고는 옆 친구에게 선물로 그 시를 낭송해 주었다.

시 낭송 선물을 처음 받아본 학생들은 내가 처음 시 선물을 받았던 때처럼 기분이 좋아져서 귀한 선물을 받았다며 흐뭇해하였다. 기분이 좋아진 김에 친구들이나 자신의 이미지와 맞는 동시를 더 찾으려고 수업을 마치는 시간까지 열심히 동시집을 펼쳐 읽었다.

한편 친구에게 꼭 맞는 동시를 하나 고르는 게 어려운 학생들도 꽤 많았다. 선택이 쉽지 않은 학생들에게는 자신이 마음에 드는 시 한 편을 골라 친구에게 읽어 주도록 하였다.

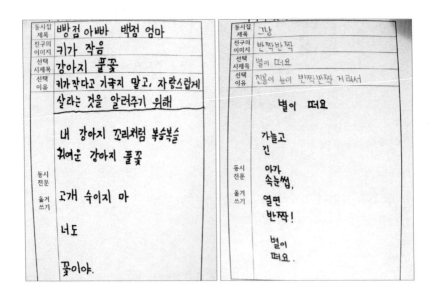

둘째 시간 수업을 마치고 수업 돌아보기를 하였다. 자신에게 어울리는 동시 낭송 선물을 받은 학생은 기분이 참 좋았다고 하였고, 친구에게 딱 맞는 이미지를 찾으려고 애썼으나 실패한 학생은 이미지 찾기가 힘들었다고 했다.

사실 이미지 찾기는 짧은 시간에 이뤄지지 않는다. 자세히 보고 오래 생각한 결과로 얻어진다. 시를 공부하며 친구나 주변의 사물을 자세히 관찰하고 오래오래 마음에 담아두는 경험을 더 해 볼 수 있기를 기대해 본다.

□ 셋째 시간 ─ 은유적 표현 찾기

은유는 천재들의 생각 도구라고 한다. 김용규는 『생각의 시대』에서 "시는 은유의 보물 창고이다. 가장 짧은 언어로 가장 많은 은유를 담은 것이 시다. 은유를 익히는 가장 좋은 방법은 시를 많이 읽는 것"이라고 말한다.

자신이 골라 온 동시집을 읽어가면서 은유가 들어있는 동시를 찾아보기로 했다. 학생들은 시에는 비유적 표현이 많이 사용된다는 것을 이미 배워서 알고 있었으므로 직유법을 사용한 곳은 잘 찾아내었다. 그러나 시의 형식에서 바로 보이지 않는 은유적 표현은 찾기가 쉽지 않다. "~같다."나 "~처럼"이 붙어있지 않은 은유적 표현 찾기는 독해력이 따라 주어야 가능하다. 또 서로 연결되는 두 단어 사이를 이어 주는 생각을 찾을 수 있어야 한다. 은유 알기가 6학년 과정에 들어있는 이유이다. 은유가 익숙하지 않은 학생들이라 동시 속의 어느 부분이 은유를 사용한 것인지 찾기 어려워하였다. 그래서 우선 "~같다."와 "~처럼"을 붙여 보면서 두 단어가 연결되는지 살펴보자고 했다.

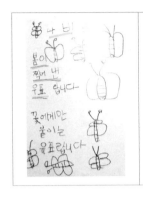

나비는

봄이
찍어낸
우표 같습니다

꽃에만
붙이는
우표 같습니다

손동연 시인의 동시집 『참 좋은 짝』 속에서 제일 먼저 은유를 찾아낸 진용이가 동시 〈나비〉를 옮겨 적고 암송했다. 꽃에 붙고 편지에 붙는다는 생각이 나비와 우표를 연결하고 있다. 은유 표현 찾기를 어려워하는 친구들을 위해 우표 뒤에 "같습니다."를 붙여서 직유법으로 한 번 더 읽어보게 했다. 은유와 직유로 표현된 두 시를 다 같이 따라 읽어 보며 어느 쪽이 더 좋은지 반 친구들에게 물어보니 은유적 표현의 시가 더 멋지다고 했다. 그런데도 아직 은유적 표현을 찾기가 쉽지는 않아 보였다.

그래서 은유와 직유를 구분하지 않고 'A=B'로 연결하여 쓴 시 구절을 동시집 속에서 찾아 동시 수첩에 옮겨 적고 은유 구절 릴레이 게임을 시작하였다.

친구는 별
숨길수록 빛을 내니까

- 박두순, 「친구에게」 중에서

저 별은 하늘 아이들이 사는 집의 쬐그만 초인종
가만히 누르고 싶으니까

- 이준관, 「별 하나」 중

나는 나비

기분이 너무 좋아 날아갈 듯해서

- 김륭. 「나는 나비」 중

칫솔은 꼬마 기차 이빨은 미니 레일

치카치카 하니까

- 김개미. 「네 살짜리 양치질」 중

한 방울의 이슬은 하늘나라 햇빛 방울

이슬 속에 햇빛이 꼭꼭 들어차서

- 김요섭. 「관찰일기」 중

공부보다는 생활이 앞서는 학생들이다. 동시 속에서 은유 찾기를 벗어나 생활 속에서 은유적 표현을 찾아 써 보자고 하니 한 학생의 입에서 바로 은유 시가 튀어나왔다.

시는 살충제

벌레 쫓듯이 나쁜 기운을 쫓아낸다

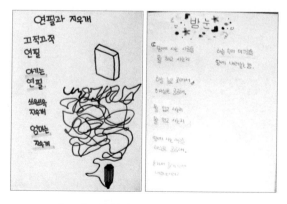

은유적 표현 찾아 밑줄 치고 옮겨 쓰기

□ 넷째 시간 — 그림이 그려지는 동시 찾기

생각이 그림으로 그려지면 시의 이미지나 은유 찾기가 훨씬 쉬워진다. 동시 공부를 할 때 시화 만들기를 빼놓지 않고 하는 이유이기도 하다.

동시집을 읽으면서 머릿속에 그림이 그려지는 동시 한 편을 골라, 내 생각대로 그림을 바꿔서 그려 본다. 그러면 동시가 더 깊이 읽히면서 내 생각과 느낌이 살아있는 시를 새롭게 만들 수 있게 된다.

이준관 시인의 동시집 『쥐눈이콩은 기죽지 않아』에 수록된 동시 〈저녁〉이다. 이 동시에는,

집집마다 분꽃 같은 불이 켜지는,
집집마다 저녁별을 보고 강아지가 짖어대는,
집집마다 "조금만 더 놀다 가. 응?" 하고 친구가 붙잡는,
집집마다 "밥 먹어라!" 하고 엄마가 부르는,

마을의 모습이 그려져 있다. 동시집 속 마을의 하늘에는 저녁별과 노랗고 둥근 보름달이 함께 떠 있다.

〈저녁〉 시를 만난 주아는 이 시가 도시의 저녁보다 시골의 저녁 풍경과 더 어울린다고 생각하였다. 그래서 다른 장면은 다 생략하고 친구의 집에서 놀다가 저녁밥 짓는 연기가 올라올 때 우리 집에서도 저녁밥을 지어놓고 기다리는 엄마를 떠올리며 초승달이 떠 있는 초저녁 길을 걸어가는 아이의 모습을 그렸다. 저녁의 이미지가 한 생각으로 집중되어 그림으로 잘 드러났다.

수색초등학교 6학년 박주아의 저녁 그림

이렇게 다르게 그려진 그림을 보고 친구들과 함께 각자의 경험을 이야기로 나눈 후에 모여진 생각으로 동시를 지으면 같은 소재와 제목이지만 모두 저만의 생각이 담긴 새로운 시를 지을 수 있게 된다.

다음은 문삼석 시인의 동시집 『그냥』에 실린 〈연필과 지우개〉 동시를 읽고 학생이 그린 그림이다.

이 동시의 전문은 다음처럼 짧다.

끄적끄적
연필
아기는
연필

쓰으쓰으
지우개
엄마는
지우개

- 문삼석. <연필과 지우개>

수색초등학교 6학년 장하람의 연필과 지우개 그림

연필과 지우개를 낙서하는 아기와 그걸 지우는 엄마에 비유한 시다. 하지만 위와 같이 그림을 다시 그리고, 함께 이야기를 나누다 보면 새롭게 연상되는 생각이 솔솔 피어오른다.

- 엎드려있는 엄마가 갑갑해 보여요.
- 연필은 신이 났는데요.

- 엄마가 낙서를 지우려고 준비하고 있어요.
- 우리 엄마는 깨끗이 하라고 잔소리하시는데 이 엄마는 입이 없어서 말을 못 해요.
- 엄마가 힘들겠어요.

　지우개 앞에 그어진 직선을 출발선으로 본다면 연필 아기가 그리는 자유로운 선을 따라서 달려가고 싶은 지우개 엄마의 마음도 읽을 수 있다. 이처럼 동시에서 받은 이미지와 생각을 그림으로 그려보는 과정에서 학생들의 생각이 깊어지기도 하고 더 멀리 자유롭게 펼쳐지기도 한다.

　그림으로 떠오르는 이미지가 달라지면 같은 제목이라도 다른 시가 나온다. 다음은 〈얼룩〉이라는 같은 시를 읽고 다른 그림을 그린 두 학생의 시이다. 경험과 생각에 따라 그려지는 그림이 달라지니 전혀 다른 시가 만들어진다.

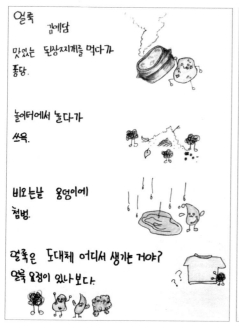

〈얼룩〉을 소재로 예담이는 찌개 냄비와 얼룩 요정, 놀이터와 얼룩 요정, 웅덩이와 얼룩 요정, 얼룩진 옷과 물음표를 그렸다. 얼룩이 잘 생기는 곳을 그려 주고 얼룩 요정이 따라온다는 생각을 길어 올렸다.

하윤이는 세탁기와 얼룩이 묻은 옷과 기억 요정을 그렸다. 얼룩은 내가 지나온 모든 흔적을 기억하라는 기억 요정의 신호라고 생각한 것이다.

경험은 다르지만, 함께 그림을 그리고 이야기 나누다 보니 요정이 있다는 생각을 공유하게 되었고, 그 생각에서 각기 독특한 시가 만들어졌다.

친구가 읽었던 동시를 읽지 않고 친구가 그린 그림만 보고 모둠 친구들이 그림을 그린 친구의 생각을 맞추는 게임도 시간이 넉넉하면 해 볼 수 있다. 각자의 눈에 보이는 대로 그림 속의 이미지를 읽어 주는 것도 새로운 생각을 불러일으켜 줄 수 있다. 학생들은 자신의 그림에서 어떤 이미지가 읽히는지 친구들의 눈으로 본 이야기를 들어보는 시간을 좋아했다. 이어서 자신이 생각해 낸 이미지를 들려주며 모둠 친구들과 함께 길어 올린 다양한 이미지를 종합하는 시간을 가지고 나니 시를 좀 더 쉽게 쓸 수 있게 되었다.

□ **다섯째 시간 — 마음에 드는 표현 찾기**

동시집을 읽다가 보면, '이 구절은 참 멋지다. 나도 이렇게 써보고 싶다' 이런 생각이 들어 책에 밑줄을 치거나 옮겨 적고 싶은 표현이 있다. 이번에는 시 전체를 옮겨 쓰는 대신 마음에 드는 부분만 시 수첩에 써 보기로 했다.

마음에 드는 시를 먼저 고르고, 그 시에서 가장 좋은 표현 한두 줄을 뽑아내 생각을 덧붙여 본다. 글을 쓰다 보면 새로운 이미지가 떠오르고 그것이 다음 문장이 되어 글이 계속 이어지게 된다.

이어서 시 글 옆에 떠오르는 이미지를 그림으로 그렸다. 글과 그림을 모 둠 친구들과 돌려 보면서 친구들의 생각을 더 받아서 내 글로 바꾸어 나 간다. 이렇게 하여 동시집을 읽으면서 얻은 좋은 표현과 거기서 일어나는 생각을 펼쳐서 동시 만들기 연습을 해나갈 수 있었다.

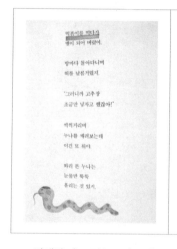

박해정 시, 고정순 그림. <뱀>   수색초등학교 6학년 조유민. <떡볶이>

□ 여섯째 시간 — 내 경험이 살아있는 동시 찾기

시를 읽다 보면 '어, 나도 이런 경험이 있어' 하는 생각에 자신이 겪었던 일을 이야기하고 싶은 충동이 일어난다. 이때가 동시를 쓸 수 있는 좋은 기회다.

새로운 동시집을 골라 읽으며 '내 경험이 살아있는 동시 찾기'를 하였다. 이번 시간에는 자신의 경험이 들어있는 동시를 먼저 찾은 사람이 경험을 몸짓으로 표현하고, 모둠 친구들이 친구의 경험 맞추기 놀이를 해 보았다.

친구들도 비슷한 일을 경험했을 터라 쉽게 맞출 수 있을 것으로 생각했지만 의사소통을 주로 말과 글로 해 왔기 때문에 언어가 빠진 몸짓만으로 생각을 전달하기가 쉽지 않다는 것을 무언극을 통해서 알게 되었다. 그래서 자신이 몸짓으로 표현하고자 했던 것을 글로 써 보기로 하였다.

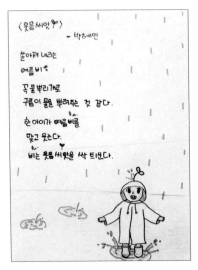

비가 오지 않고 더운 날이 계속되다가 드디어 비가 오는 날, 비를 맞으며 웃고 있는 아이를 본 경험을 혜민이가 시로 썼다. 비가 웃음꽃을 피웠으니 웃음 씨앗을 싹 틔운 것이라는 새로운 생각을 하게 된 것이다. 나만의 경험이 새로운 생각으로 이어져 특별한 시를 창작하게 하였다.

경험을 살려서 시 쓰기를 해보자고 하면 글을 쓸 만한 멋진 경험이 없다는 말을 자주 듣는다. 그러나 소소한 경험들이 글로 표현되어질 때 오래도록 가슴에 품게 될 소중한 경험이 된다.

또한 실제로 다 겪을 수 없는 경험의 부족은 독서를 통해 채워질 수 있고, 글로 표현함으로 상상력을 더욱 키워나갈 수 있게 된다.

예담이는 염색했던 경험을 시로 썼다. 『빨강 머리 앤』을 읽으면 빨강 머리를 해 보고 싶고, 초록 머리를 한 아이돌을 보면 초록 머리 염색을 해 보고 싶은 게 우리 학생들이다. 정말 초록 머리 염색을 하고 온 학생이 남학생 중에도 한 명 더 있었다.

나의 경험과 친구의 경험이 시로 생생하게 표현되어서 염색에 대한 학생들의 선망을 달래기에 이보다 더 좋은 글이 없었다.

□ 7~8 블록 타임 ― 모둠 동시 만들기

모둠 친구들과 함께 모둠 동시 만들기를 해 보자고 하였다. 동시 쓰기를 힘들어하는 학생들을 위해 생각을 모아 함께 동시 쓰기 연습을 하려는 의도였다.

각자가 선택한 동시집을 읽다가 마음에 드는 동시를 하나 골라서 돌아가며 친구들에게 낭독해 준다. 4인 모둠에서 4편의 동시 낭독을 듣고 모둠원 모두가 좋아하는 동시 제목을 하나 고른다. 동시집에 들어있던 동시 제목이어도 좋고 동시의 소재나 주제 중에서 골라도 좋다.

정해진 모둠 동시 주제어를 가운데에 두고 떠오르는 생각을 적어나가는 브레인라이팅(Brain Writing) 기법으로 마인드맵을 그려나갔다. 이렇게 모여진 낱말들로 모둠 동시를 썼다.

　모둠 동시 쓰기 시간에 안타까웠던 것은 모둠으로 머리를 맞대고 멋진 시를 만들기 위해 각자가 가지고 있는 좋은 생각들을 모으길 바랐는데, 모여 앉으니 장난기가 발동해서 깊은 생각보다 재미난 생각으로 흘러가 깊이와 감동이 있는 좋은 시를 만들기 어려웠다는 점이다.

　그 대신 학생들은 친구들과 생각을 모은다는 것이 쉬운 일이 아님을 경험하였다. 또 함께 그들만의 재미난 생각으로 동시 만드는 일에 빠져서 학습 시간 내내 마음껏 웃고 즐길 수 있어서 좋았다고 하였다.

　또 다른 모둠에는 남학생 넷에 여학생이 한 명 있었다. 남녀가 균형이 맞지 않아서인지 생각 모으기가 잘 안 되는 것처럼 보였다. 잠시 후 모두 벌레에 빠져들기 시작하더니 서로 벌레 이름을 끝없이 늘어놓았다. 그리고는

벌레 모양으로 '벌레벌레'와 '꿈틀꿈틀'을 쓰기 시작하였다.

　시 쓰기가 장난으로 빠지는 게 아닌가 염려되어, "왜 벌레가 이렇게 많으니?" 하고 물으니 "식구가 좀 많아요."라고 답하는 게 아닌가.

　우문현답이라니… 벌레의 이미지가 이렇게 살아있는 시는 어린이들만이 쓸 수 있겠다는 생각이 들었다.

□ 9~10 블록 타임 ― 나의 작은 시집 만들기

　동시집 함께 읽기 수업의 마무리로 각자 그동안 스스로 고른 시들과 자신이 보고 들은 것, 경험과 생각한 것 중에서 나만의 작은 시집에 넣고 싶은 것을 골랐다. 시집 안에 옮겨 쓴 동시와 그림, 공부한 내용을 모으고 마지막에 자신의 창작시를 써넣었다. 나만의 시집이 된 작은 책은 동시 수업 첫 시간에 A4 용지 5장을 반으로 접어 만든 16쪽 시 수첩이었다.

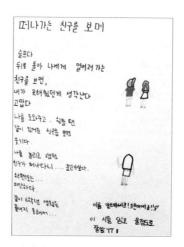

나의 창작시와 친구들의 시평 받기
- 수색초등학교 6학년 김은서

　나의 창작시를 쓰고 나서 모둠 친구들에게 낭독도 해 주고 돌려 읽기도 하고 시평도 받았다. 시평을 받은 후에는 고쳐 쓰기도 하였다. 시집의 제목을 정하고 겉표지까지 만들고 나니 소박한 나만의 동시집 한 권이 완성되었다. 그러나 마지막 10차시 수업은 학기 말 행사로 축소되어 나의 작은 시집 겉표지를 제대로 완성하지 못하고 스케치만 하고 말았다.

좋은 창작 작품이 나오려면 시간이 넉넉해야 좋다. 혼자 생각할 시간과 친구들과 생각을 나누는 시간, 그리고 생각을 작품으로 표현할 시간을 충분히 갖도록 해 주어야 한다.

나의 작은 동시집 제목과 표지 그림 스케치

미완성인 채로 그려진 시집의 제목 중에 『장롱 속 돋보기』가 있었다. 뒤죽박죽 쌓여 있는 생활 경험을 시 읽기와 시 쓰기를 통해 자세히 관찰하는 경험이 들어있어서 반가웠다.

또 『사람들의 생각』이라는 제목의 표지도 있었는데, 책 그림과 함께 부제로 '돌 안에 갇힌 사람들은 나갈 수 있을까?'라는 문장이 쓰여 있었다. 6학년생들이어서일까? 공부와 책이 돌처럼 무겁고 단단하게 사람들을 가둬둔다는 답답함이 엿보여 안타까웠다.

하지만 갇혀있는 사람에게는 '왜지?'라는 의문부호를 붙여주어 생각하게 하고, 돌 책 위에 걸터앉아 있는 다른 아이를 그려서 "이렇게 세상을 관찰해보니 멋진데."라고 말해 주는 듯했다. 시 읽기, 시 쓰기를 통해 그러한 생각과 힘이 자라났다는 느낌이 들어 힘이 났다.

6. 수업을 마치며

동시 수업을 마치며 첫 시간에 나왔던 질문인 "시가 뭐에요?"라는 질문을 아이들에게 다시 물었다.

- 시는 감정을 표현하는 글이에요.
- 사람의 마음을 표현하거나 재미있게 비유한 글이요.
- 내 생각을 표현할 수 있어서 좋은 글이에요.
- 시는 생각해서 쓰는 것이 정말 어려워요. 하지만 읽는 것은 재미있어요.

학생들의 말이 맞다. 글쓰기가 책 읽기처럼 쉬우면 얼마나 좋을까? 그래도 책 읽기의 완성이 글쓰기라는 걸 모두 어렴풋이나마 알게 된 듯했다.

동시집 함께 읽기 공부를 하면서 어려웠던 점이나 느낀 점을 더 나누어 보았다.

- 비유적 표현 찾기가 어려웠지만, 친구들과 협동해서 좋았어요.
- 마음이 차분해지는 느낌이 들었어요.
- 시를 그림으로 표현하는 게 어려웠고, 내가 시를 만드는 게 좋았어요.
- 시가 우리의 상상을 더 풍부하게 하고 집중하게 해 줄 수 있는 것 같아요.
- 좋은 시를 찾아서 읽어서 좋았어요.
- 동시에는 자신의 표현이 잘 드러나 있는 것 같아요.
- 자기 생각을 짧은 글로 아름답게 표현하는 게 멋졌어요.

그랬다. 짧은 시간이었지만 학생들은 동시를 읽고 쓰면서 쉬운 것과 어려운 것을 버무려가며 자신의 감정을 표현하는 즐거움과 창작의 고통을 같이 맛보았다. 그리고 "시가 뭐에요?"에 대한 답을 스스로 이렇게 잘 정의하였다.

- 시는 글을 그림 그리듯 간단하고 정확하게 표현한 것이에요.

7. 학생들이 골라 읽은 동시집

동시집	
콜라 마시는 북극곰	몽당연필도 주소가 있다
그냥	쉬는 시간에 똥 싸기 싫어
얘, 내 옆에 앉아! 내 옆에 앉아!	콧구멍만 바쁘다
달팽이는 지가 집이다	똥 찾아가세요
참 좋은 짝	엄마의 법칙
우산 속	먼지야 자니?
할아버지 요강	소똥 경단이 최고야
더 이상 크고 싶지 않아요	별을 사랑하는 아이들아
이때까지 몰랐네요	맛있는 말
뻥튀기는 속상해	수박씨
빵점 아빠 백점 엄마	까만 밤
놀아요 선생님	너도 알 거야
선생님을 이긴 날	쥐눈이콩은 기죽지 않아
아버지 월급 콩알만 하네	넌 어느 지구에 사니?
구방아 목욕 가자	어이없는 놈
아버지 얼굴 예쁘네요	예쁘다고 말해줘
팝콘 교실	커다란 빵 생각

학교 도서실 서가에 꽂혀있던 동시집들

제2부

교사들의 함께 읽기

어려운 책 읽기, 쉽지 않은 전쟁에서 이기는 길 찾기

수요일마다 전쟁이다!
홀링 후드후드는 하필 자신을 가장 미워하는 베이커 선생님과 단둘만의
시간을 보내게 된다. 선생님이 선택한 것은 '셰익스피어 읽기'.
홀링은 '선생님이 자신을 죽도록 지겹도록 만들 작정'으로 건넸다고 생각한
셰익스피어의 책들을 읽으면서 점차 성장해 나간다.

교과서를 준비하지 않고 수업에 들어오면 교사가 학생에게, "넌 총도 없이 전쟁터에 나가냐?"라고 한다. 교사와 학생이 모두 학교를 전쟁터라고 생각하는 듯하다. 쉬운 전쟁이 어디 있으랴. 어쩌면 학생들에게는 어려운 책한 권 깊이 읽기가 전쟁처럼 느껴질 수도 있겠다는 생각이 들었다. 수요일마다 방과 후에 교사와 학생이 세익스피어 희곡 깊이 읽기를 진행해 나가는 이야기인 『수요일의 전쟁』을 함께 읽으며 독서 전쟁에서 승리하는 비법을 찾아보기로 했다.

□ **이 책은 고학년 어린이를 위한 동화책으로 분류되어 있어요. 주인공이 7학년생인데 우리 학제로는 중학교 1학년생이지요. 초등학생들과 함께 읽기에 적합한 책이라 생각하시나요?**

- 독서 수준이 천차만별인 초등학교에서 반 전체 학생을 대상으로 열 시간 안에 후루룩 읽어내기로 수업하기에는 적당하지 않아요. 좀 더 쉬운 책으로 하는 것이 좋겠어요.

- 중학생이 된 홀링이 수요일 오후 종교 시간에 학교에 혼자 남게 된 상황에서 담임 선생님이 한 학생을 위해 무얼 할까 고민하다가 맞춤 수업으로 세익스피어의 희곡을 읽어나가기로 해요. 다인수 학급에서 평균 수준의 학습 목표를 잡고 수업을 하다 보면 앞서가는 학생은 제자리걸음을 하고 늦게 가는 학생은 억지로 끌려가기도 하지요. 이런 현실을 보완해 줄 수 있는 책이라고 봐요.

- 이 책을 학교에서 함께 읽기 할 때는 한 장씩 교사가 앞뒤 배경을 설명하고 읽어보게 하면 좋을 것 같아요. 초등학생이 혼자 읽기에는 어려운 책이에요.

- 교사와 학생이 1:1 또는 교사와 몇 명으로 구성된 소그룹이 함께 이야

기하는 방법으로는 좋을 것 같아요. 독서 동아리 학생들과 함께 책을 읽은 소감을 나누는 활동을 해 보니 일 년 동안 계속하면 졸업 후에도 찾아오게 되는 진짜 제자가 되더군요. 담임 교사로 지도했던 제자들보다 독서 동아리 제자들이 더 많이 찾아와요. 아마도 책을 매개로 속 깊은 대화를 했던 경험을 잊지 못하는 것 같아요. 그렇게 소수와 깊이 읽기에 좋은 책이에요.

- 한 권 깊이 읽기도 교사와 아이들이 1:1로 마음 깊은 이야기를 나누는 경험이 필요해요. 현재 교사들이 가지고 있는 강박관념 하나가 전체 학생들을 공평하게 대해야 한다는 생각이에요. 이것 때문에 수업의 수준과 독서 대화마저도 하향 평준화가 되기 쉽지요. 학생들이 교사를 존중하려면 관계 속에서 배움이 일어나야 하는데 교사가 학생을 집단으로만 만나니까 존경하는 교사가 없게 되어요. 교사와 학생이 따로 시간을 내어서 심화 지도를 주고받을 수 있는 학교 문화가 한 권 깊이 읽기를 통해 만들어지면 좋겠어요.

- 그게 바로 이 책을 읽는 의미라는 생각이 드네요. 총 391쪽이니 두꺼운 책이에요. 한 학기 열 시간의 독서 수업으로 한정하지 말고 매주 첫 국어 시간이나 마지막 시간을 정해 20쪽 정도씩 20주에 걸쳐 천천히 읽어 나가면 초등 고학년의 독서 수준을 중학생 수준으로 깊어지게 할 수 있겠어요.

- 책을 통해서 고학년 아이들과 깊이 만나고 싶어서 독서 동아리 운영을 자청하고 동아리 부서명을 '두꺼운 책 읽기 부'로 정했어요. 두꺼운 책을 읽으려고 작심한 독서 전사들 11명이 모였지요. 자발적으로 모이니 두꺼운 책을 읽는다는 부담이 없더군요.

- 한 권 깊이 읽기도 방법을 열어놓는 것이 좋겠어요. 다양한 방법으로 접근해 보면 어떨까요? '수준별 책 읽기'로 접근하는 것도 독서 교육의

한 갈래가 아닐까요?

- 맞아요. 교육 과정의 방향은 '아이들이 스스로 움직이게 하자'는 것이니까 책도 자기 수준에 맞는 것으로 스스로 선택할 수 있어야 한다고 봐요.

- 그래서 2015 개정 교육 과정에서도 독서 단원의 목표를 3학년에서는 '책을 끝까지 읽자', 4학년은 '책을 꼼꼼하게 읽자', 5학년은 '책을 읽고 토론해 보자', 6학년은 '책을 읽고 내 삶과 연관 지어 보자', 이런 식으로 고등학교까지 학년별 목표가 단계별로 되어 있어요.

- 학년별 목표가 단계로 되어 있더라도 아이들마다 책 읽는 수준은 매우 달라요. 따라서 교사가 정해준 테두리 안에서 아이들이 책을 스스로 골라 읽을 수 있도록 선택권을 주어야 한다고 봐요.

□ 『수요일의 전쟁』 책을 읽고 난 소감을 나눠볼까요?

- 이 책을 쓴 게리 슈미트는 현재 미국 미시간주 캘빈대학의 영어과 교수이기도 해요. 모국어인 영어를 어떻게 가르치는지가 베이커 선생님의 수업 속에 잘 녹아있어요. 학생들의 어휘 확장을 위해 선생님은 고전 속에 나오는 어려운 낱말을 불쑥불쑥 사용해요. 무슨 말인지 궁금해진 학생들이 사전을 찾아 스스로 익혀가게 만들지요. 셰익스피어 희곡을 읽게 한 후에는 처음에는 내용 파악 문제를 풀게 하다가 나중에는 작품의 주제나 작가의 의도를 물어보고 감상문을 쓰게 하지요. 물론 독서 대화를 통해 학생은 선생님이 먼저 해당 작품을 읽었고 내용과 의미를 다 파악하고 있다는 걸 느끼죠. 국어 수업과 문학 수업이 이렇게 이뤄지면 좋겠다는 생각이 들어요. 선생님들이 이 책을 다 읽으시면 좋겠어요.

- 주인공은 셰익스피어 희곡 중 가장 쉽게 읽히는 『베니스의 상인』으로 부터 『템페스트』, 『로미오와 줄리엣』, 『맥베스』, 『줄리어스 시저』, 『햄릿』, 『헛소동』을 한 권씩 정복해 나가면서 책 속의 단어나 구절을 생활 속에서 불쑥불쑥 사용하게 되는데요. 주인공이 셰익스피어 작품 속의 구절을 사용할 때 주변의 어른들이 "『템페스트』를 읽었니?", "시저의 말이잖아?" 하고 반응하여 셰익스피어를 읽어낸 주인공을 인정해 주어요. 선생님 혼자서만 교육하는 게 아니라 어른들이 함께 교육에 참여하는 거지요.

- 주인공이 독서하며 성장해 가는 이 책을 읽으며 『나의 린드그렌 선생님』 책이 생각났어요. 두 책의 구조가 매우 비슷해요. 『나의 린드그렌 선생님』도 주인공이 자신의 상황이나 느낌이 있을 때마다 작가의 작품을 소환하여 이야기를 풀어내요. 작가의 언어로 말하는 것이 아니라 문학 작품을 빌어서 이야기하니까 훨씬 더 감동이죠. "책을 읽으면 많은 것을 배우는데 그걸 통해서 네가 착한 마음을 가지려고 노력해야 한다."는 대목에서 '독서가 이렇게 독자를 성장시키는구나!' 하는 느낌이 왔어요. 『수요일의 전쟁』에서도 선생님이 "권력은 누구나 갖고 싶어 하지만 어떻게 써야 하는지를 끊임없이 고민하라."는 말을 셰익스피어의 작품을 통해서 말하니까 저절로 마음이 움직였어요.

□ **이 책을 읽으며 '우리나라에도 셰익스피어를 능가할 만한 고전이 있을까?'라고 생각해 보았어요. 우리나라의 어떤 책이 셰익스피어처럼 오랫동안 계속 읽힐 수 있을까요?**

- 우리 학교에서는 아스트리드 린드그렌 작품을 권장 도서로 소개하여 1학년부터 6학년까지 차례차례 만나게 해요. 또한, 우리나라 작가 중

에서는 권정생의 작품을 학년마다 읽게 해요. 1학년에서는 『훨훨 간다』 같은 옛날이야기로 시작하여 『황소 아저씨』, 『엄마 까투리』, 2학년에서는 『길 아저씨 손 아저씨』, 『오소리네 집 꽃밭』 등 그림책을, 3학년에서는 『하느님의 눈물』, 4학년엔 『강아지똥』의 문장을 함께 꼼꼼히 읽으며 한 학기 한 권 읽기를 준비해요. 『강아지똥』은 그림책 분량의 세 배 정도 되는 원래 작품으로 읽어요. 그리고 고학년에 가서는 『몽실언니』, 『점득이네』 등을 읽어요. 처음에는 『몽실언니』를 싫어할까 봐 걱정을 많이 했지요. 그런데 이 책을 읽은 5학년 학생 중에 감명 깊게 읽은 책 1순위로 『몽실언니』를 꼽는 학생이 50% 정도 되었어요.

- 우리 학교 아이들도 『몽실언니』를 읽고 "난남이가 너무 불쌍해요. 이럴 순 없어요."라면서 자신들이 느껴보지 못했던 감정들을 책을 통해 느끼는 경험을 하더군요.

□ 『수요일의 전쟁』을 읽으며 받은 감동이나 새롭게 배운 것, 궁금한 점 등을 더 나눠 볼까요?

- 이 책에서 타인에 대한 배려를 배웠어요. 주인공 홀링은 『템페스트』 연극에서 노랑 타이즈를 입고 정령 아리엘 역을 해요. 연극 공연과 같은 시각에 이뤄지는 유명 야구선수의 사인회에 가기 위해 무대복도 갈아입지 못하고 달려가지요. 사인회 마감 직전에 도착하여 자기 앞의 친구가 사인볼을 받은 후 마지막으로 공을 내밀죠. 그런데 야구선수가 "나는 노란색 타이즈를 입은 아이한테는 사인을 해 줄 수 없어."라며 주인공의 공을 바닥에 툭 던져요. 노랑 타이즈 때문에 충분히 부끄러웠던 주인공은 그만 얼굴이 창백해지죠. 그 순간 앞의 친구가 야구선수 앞에 사인받은 공을 내려놓으며, "저는 이 공이 필요 없을 것 같아요. 아

저씨는 잡색 얼간이에요." 하고 아리엘을 모르는 야구선수에게 『템페스트』에 나오는 욕을 하고 홀링을 데리고 나가요. 모욕받은 친구를 생각하면 사인볼을 가지고 있을 수가 없는 거지요. 이 부분을 읽으며, '우리 학생 중에 이렇게 할 수 있는 아이가 있을까?' 하고 생각해 보았어요. 이 책을 읽은 아이라면 이런 상황에서 용기를 내어 곤경에 빠진 친구를 도울 수 있겠다는 생각이 들었어요. 독서로 책 내용을 아는 것도 필요하지만, 삶의 용기를 얻을 수 있다는 점에서 의미가 크다고 생각해요.

- 『수요일의 전쟁』을 읽으며 궁금한 점이 있었어요. 선생님은 수요일 오후에 교실에 혼자 남게 된 주인공 때문에 꼼짝없이 못 쉬고 학생을 돌봐야 했는데, 그때 주인공에게 셰익스피어 책을 읽게 한 의도는 무엇이었을까요?

- 선생님은 처음에는 칠판을 지우고 지우개를 털어오는 등 이런저런 심부름을 시키며 학생의 인내심과 능력을 가늠해 봐요. 가능성을 확인한 후에는 순수하게 셰익스피어 희곡을 읽게 하려는 의도였다고 봐요. 선생님이 악역을 자처했고, 주인공은 혼자 남아 책 읽기가 싫어서 선생님이 자신을 미워해서 벌을 주는 것으로 생각한 것이죠.

- 처음에는 '이 아이는 읽다가 지쳐서 그만두지 않을까?'로 예측했는데 끝까지 읽어내더군요. 선생님은 이 아이의 독서 수준을 알고 있었고, 셰익스피어를 읽어낼 수 있다고 파악하신 거죠. 진정한 교사라는 생각이 들어요.

- 이야기의 배경을 보면 작가는 미국인, 장소는 뉴욕, 시대는 1960~70년대에요. 베트남 전쟁이 일어나는 시기이며 학생들은 자기 반에 있는 베트남 아이를 싫어해요. 남북 대립이 오래되고 북한 이탈 주민이 많아져 다문화 갈등이 늘어가는 우리나라의 상황과 비슷하다고 봐요.

- 중간중간에 감동적인 장면이 많았어요. 남편이 베트남전에서 사망한

후 급식시간마다 베트남 난민 아이를 노려보던 영양사가 나중에는 학생들에게 베트남 특식을 만들어 나눠주며 난민 아이를 자기 집으로 들이고 껴안아 주는 장면과 특히 전사한 줄 알았던 선생님의 남편이 살아왔을 때는 울컥 눈물이 나려고 했어요.

□ **인문학과 정치·경제·사회 문제가 이 책 안에 다 들어있어요. 그래서 더 어렵게 느껴지나 봐요. 이런 어려운 책을 읽어내는 방법을 좀 더 나눠 볼까요?**

- 혼자 읽으라고 하면 안 읽었을 텐데, 함께 읽기라서 끝까지 다 읽게 되었어요. 이 점에서 독서도 숙제처럼 꼭 읽어야 한다는 강압적인 면도 필요하다는 생각이에요.

- 한 권 깊이 읽기를 친구들과 팀을 이뤄서 읽으면 좋을 것 같아요. 나는 한 권을 읽지만 다른 친구가 전해 주는 이야기를 통해 더 많은 책을 읽은 효과가 나지요.

- 아이들이 혼자서는 끝까지 못 읽으니까 친구나 선생님과 같이 읽는 방법이 좋겠어요.

- 한 권을 여유 있게 읽으면 좋겠어요. 목표를 정하고 모든 아이에게 똑같이 가도록 몰아붙이지 말고, 한 권 읽기를 즐기고 읽은 만큼 자연스럽게 나누게 하면 좋지 않을까요?

- 한 권을 같이 읽게 하려면 아이들이 원하는 쪽으로 읽는 방법이 달라져야 한다고 봐요.

- 한 권 읽기 교육 과정에서 여러 방법을 안내해 주고 있어요. 혼자 읽기, 짝끼리 읽기, 모둠별로 읽기, 학급 단위로 읽기. 하지만 기본은 한 권의 책을 함께 읽게 하자는 의도이죠. 3~4학년에게는 다 같이 읽기의 경험

이 중요해요. 한 권을 같이 읽어나가면서 좋은 문장을 찾게 하고, '나는 이 문장을 뽑았는데 친구는 다른 문장을 뽑았네', '나는 이런 관점에서 봤는데 친구는 다르게 보네'라고 생각하는 과정을 통해 문장을 보는 힘과 생각을 나누는 힘이 길러져요. 그래서 같은 책을 함께 읽는 경험이 중요해요.

□ 책 선정 방법에 대하여 더 이야기 나눌까요?

- 책을 선정할 때 교사가 정해 주면 저학년은 그대로 따라가지만, 고학년은 독서 동기가 훨씬 떨어져요. 개정 교육 과정 독서 단원에서는 자신이 읽고 싶은 책으로 선택하도록 안내하고 있어요. 교실에 같은 책을 몇 권씩 비치하여 3~4명 혹은 4~6명이 함께 읽게 했더니 좋아했어요.

- 교사가 선택한 책이라도 학생들이 읽어 보고 싶다는 생각이 들도록 안내하면 독서 의욕을 높일 수 있어요. 독서의 자발성을 늘 염두에 두어야 한다고 봐요. 독서 단원에서 책을 선정할 때는 학생들이 의논해서 선정하는 것이지만 교사는 미리 학생의 수준과 관심을 파악하고 책을 준비하여 안내하고 선정은 학생이 하는 것으로 운용의 묘를 발휘해야겠지요. 여기에 교사들의 치열한 준비가 필요해요. 이렇게 책을 읽고 나누는 교사들의 교수 학습 공동체 활동이 필요한 거죠.

- 초등학교에서의 독서 경험을 통해 평생 독자가 되도록 장기적인 시각으로 접근하면 좋겠어요. 스스로 책을 선택하여 읽을 수 있는 능력을 차근차근 길러 주도록 한 권 깊이 읽기가 성공하기를 기대해 봐요.

책 길 따라 걷는 성장 길

이 책은 엄마와 둘이 사는 '비읍'이의 성장통 이야기다.
『내 이름은 삐삐 롱스타킹』을 쓴 아스트리드 린드그렌의 작품을 한 권씩 찾아
읽어 가며 책 읽기 재미에 흠뻑 빠진 비읍이를 보여 준다.
작가의 눈을 빌려 주인공이 자신에게 벌어지는 일들을 해석하고 삶의 문제를
해결해 나가는 모습을 보면서 '우리가 책을 읽는 이유가 바로 이것이지!'라는
생각이 강하게 든 책이다.

『수요일의 전쟁』을 함께 읽으면서 한 작가의 책을 깊이 읽으며 주인공도 성장해 가는 내용이 실려 있는 유은실 작가의 『나의 린드그렌 선생님』을 떠올리게 되었다. 그래서 깊이 읽기가 사람을 어떻게 성장시킬 수 있는지에 초점을 맞추어 책을 읽고 이야기를 나누었다.

□ **책에 대한 느낌과 궁금한 점에 대해 서로 이야기를 나눠 보는 시간을 가졌으면 좋겠어요.**

- 가장 인상 깊은 인물은 헌책방 주인인 '그러게 언니'인데요. 비읍이가 겪는 엄마와의 갈등, 학교에서의 다툼 등에 귀 기울여주는 좋은 친구이자 인생 선배라는 생각이 들었어요. 책을 중심으로 관계가 맺어지고 삶이 해석되는 것도 인상적이었습니다.

- 자신의 성장에 깊은 영향을 준 독서에 대한 작가의 경험을 쓴 글 같아요. 유은실 작가가 린드그렌 선생님을 진짜 좋아하고, 꿈을 갖게 해 준 인생 멘토로 그분의 삶을 닮고 싶어 했다는 것을 작품을 통해 알 수 있었어요.

- 왜 주인공의 이름이 하필 '비읍'일까요? 아버지가 이름 붙여준 이유 이외의 다른 까닭은 무엇인지? 중의적인 이유가 궁금해요.

- 1, 2, 3, 4, 5. 5개 숫자만 알고 있다가 손가락이 쫙 펼쳐지는 순간의 다음 숫자는 다른 세계로의 확장을 의미할 수 있어요. 'ㄱ', 'ㄴ', 'ㄷ', 'ㄹ', 'ㅁ' 다섯 개의 자음. 그다음의 비읍은 씨앗에서 새싹이 트는 것 같은 의미로 작가적 상상력이 뛰어난 이름이라고밖에 볼 수 없기에 감탄할 뿐입니다.

- '많은 문자 중에 왜 하필 비읍일까?'가 궁금했는데 함께 이야기하다 보니 다양한 해석이 나오네요. 재미있어요.

□ 책 속에 등장하는 어른들을 살펴볼까요? 아이들은 이런 선생님과 엄마의 모습을 보면서 어떤 생각을 할까 궁금해졌는데요.

- 교육적으로 대한다고 하는 교사의 태도가 오히려 아이들에게 상처를 주지는 않는지 반성하게 되었어요. '버츄 카드'를 활용한 한글 익히기 수업을 참관했는데 아이들이 싫어함에도 불구하고 교육적이라는 교사의 판단으로 낱말을 베껴 쓰도록 했어요. 1학년에게 '열정', '소신'이라는 어려운 말들을 그냥 쓰라고 하면서 아이들이 힘들어하는 모습에도 불구하고 자신의 교육 방식대로 열심히 하는 선생님이셨죠. "난 열심히 하는데 왜 아이들과 학부모들은 불만족스러워할까? 왜 그럴까?"라고 말씀하시더군요. 배움의 시작은 학생들의 흥미와 실태 및 수준을 고려하는 것에서 출발한다고 생각합니다. 교육의 방향은 무엇보다 중요하다고 생각해요.

- 책을 읽다가 '엄마 같지 않은 엄마 모습'을 발견했을 때 흔히 볼 수 있는 어머니들의 모습이라는 생각도 들었어요. '엄마의 언니가 되고 싶은 비읍이'의 심정이 이해되었어요.

- '엄마 캐릭터를 왜 이렇게 묘사했을까? 엄마도 그렇고, 선생님도 그렇고, 어른의 모습을 왜 이렇게 그려냈을까?' 의문이 들었어요. 아이들과 책을 함께 읽어갈 때 독서하는 것을 싫어하는 비읍이 엄마에 대한 이야기가 나오자 "우리 엄마도 그래요."라고 말하는 아이들이 의외로 많았어요. 요즈음 일부의 학부모는 대학에 가는 데 필요한 독서만을 하라고 합니다. 아이가 흥미로 책을 좋아하는 것 자체를 그다지 환영하지 않아요. 책을 수단시하는 우리 사회의 슬픈 자화상이란 생각이 들었어요.

- 비읍이 엄마는 독서가 상처를 치유해 줄 수는 없다고 생각하는 것 같

아요. 예전에는 엄마도 비읍이처럼 책을 가까이했으나 힘든 삶의 피곤함을 덜어주는 데 책은 아무 소용이 없다고 생각한 것 같아요. 그래서 비읍이가 책만 읽는 것을 반대했을지도 몰라요. 하지만 비읍이는 엄마의 생각과는 달리 책을 읽어가면서 위로받고 성장해 갑니다. 삶의 고단함, 힘듦에도 불구하고 책이 주는 힘이 있는 거죠.

□ **책 속에서 이어지는 갈등들이 아이의 성장통으로 느껴지고 그것을 독서로 풀어 가는 것이 인상적인데요. 책이 주는 힘은 무엇일까요?**

- 비읍이가 책으로 위로받고 성장하는 걸 보면서 '책을 읽는 이유가 바로 이거지'라는 생각이 들었어요. 어렸을 때 책 서문의 한 문단을 베껴 써서 독후감 상을 받았던 경험이 있어요. 지금까지도 양심의 가책을 받고 있는데요. 비읍이도 나와 같은 경험을 했던 장면에서 비읍이의 심정이 정말 잘 이해되었어요.

- 양심의 가책을 받지 않는 아이들도 많기 때문에 비읍이처럼 살아있는 양심으로 살아가야 한다는 것도 일러줄 필요가 있어요. 자기가 직접 썼는데 선생님이 의심하여 상처받은 경험도 있는 아이도 있긴 하지만요.

- 이 책의 작가는 1970년대에 태어났는데, '뿌리 깊은 나무'를 수집할 나이면 60이 넘은 나이입니다. 이야기의 배경인 비읍이가 살았던 시대는 1990년대라고 생각해 보면 유은실 작가의 실제 유년 시절이 아니라 새로운 시대를 배경으로 만들어낸 것 같다는 생각이 들었어요. '등장인물 중의 그러게 언니가 유은실 작가 아닐까?'라는 생각이 들더군요. 비읍이를 10살로 설정한 것은 작가의 경험과도 연결되어 있을 것 같아요.

- '그러게 언니'의 인생에 대한 조언이 나올 때 『나의 라임오렌지 나무』의 뽀르뚜가가 떠올랐어요. 친구에는 나이 제한이 없다는 말이 생각날 정

도로 '아이가 의지하고, 삶을 기댈 수 있는 어른을 만날 수 있는 것이 얼마나 행운인가!'라는 생각도 들었어요.

- 간혹 아이들은 "어른들은 중학교 1학년이다."라고 말할 때가 있습니다. 초등학생이 알아듣는 언어로 이야기해야 어른들이 알아듣는다는 거죠. 어른들이라고 수준이 아이들보다 다 높은 것은 아닌 것 같아요. 어른들도 동화책을 읽었으면 좋겠다는 생각이 들어요. 아이들이 어떤 세상 앓이를 하면서 삶을 살아가고 있는지 알았으면 해요.

- 이런 책은 어른, 아이 독자 구분이 없는 것 같아요. '오히려 동화라는 장르가 어른 독자를 막는 것은 아닌가'라는 아쉬움이 있네요.

□ **이 책을 다시 읽어 보니 작가가 린드그렌 선생님 책을 얼마나 꼼꼼히 읽었는지 내공이 보였어요. 이 책을 어떻게 수업에 적용하면 좋을까요?**

- "삐삐를 부르는 산울림 소리, 삐삐를 부르는 상냥한 소리~"로 시작되는 노래를 들으면서 삐삐의 모습을 상상해 보고 린드그렌 선생님의 얼굴이 동영상에도 나오니까 노래로 수업을 시작하는 것이 좋을 듯해요.

- 〈말괄량이 삐삐〉 영화를 보여 주면서 수업을 시작하는 것보다는 먼저 책을 읽었으면 해요. 영화를 본 아이들은 내용을 다 알고 있다고 생각해서인지 책을 읽지 않을 뿐만 아니라 독서 의욕도 다소 떨어집니다. 린드그렌 선생님의 다양한 작품을 읽고 난 후 『나의 린드그렌 선생님』을 읽는다면 내 느낌과 주인공 비읍이의 느낌이 비교되고 공감되면서 훨씬 재미있게 책을 읽을 수 있을 듯해요. 그리고 이 책에 빠진 사람은 린드그렌의 다른 작품을 읽게 될 것 같아요. 책이 책을 부르는 경험을 하게 만드는 책입니다.

- 수업할 때 자신과 가장 비슷한 사람이 누구인지를 찾아보는 활동도 문

학적으로 의미 있는 활동인 것 같아요. 그 사람이 되어 보면서 인물도 분석해 보고, 자신을 투영시켜 나를 드러내고 구체화해 보는 것도 괜찮은 활동인 것 같아요.

- 이 책 속엔 마음에 담아두고 싶은 말들이 많이 나오는데요. 명언 찾기나 마음에 드는 글귀를 보고 나의 경험과 연결 지어 보는 것 등도 좋을 듯합니다.

- '주인공의 이름은 왜 비읍일까?', '책 속에 나와 있는 것 이상의 또 다른 의미는 뭘까?' 이런 생각을 해 보면서 각자 자기 이름에 감춰져 있는 의미나 자신의 강점 찾기 등의 인성수업과 연결 짓는 수업도 괜찮을 것 같네요.

□ **그런데 교사가 '이 수업에서 이건 알려줘야 해!'라는 프레임을 갖고 수업에 임하면 자칫 한 권 깊이 읽기의 목표 중 하나인 책을 좋아하고 깊이 빠지는 데 방해가 될 수도 있다는 생각이 들었어요. 한 권 깊이 읽기에서 중요한 것은 무엇이라고 생각하는지요?**

- 교사가 의도하지 않아도 아이들이 스스로 수업을 풀어갈 때가 있어요. 깊이 읽기는 교사의 생각보다는 아이들의 생각과 말로 수업을 풀어가는 수업 대화식으로 풀어가야 하지 않을까요?
예를 들어 『행복한 청소부』에 "고정관념이란 수챗구멍에 처넣어야 한다."는 문장이 있어요. "이 말은 무슨 뜻일까요?"라고 물으니 한 아이가 "청소부는 청소만 해야 하고 교수는 강의만 해야 한다는 고정관념을 딱 깨는 말이잖아요. 저는 그 말이 가장 강렬하게 다가와요."라고 하더군요. 스스로 읽어내는 내면의 힘이 있다고 느꼈어요.
- 한 쪽, 한 쪽 읽어가면서 마음에 와닿는 문장 뽑기만으로 수업을 했을

때도 깊이 읽기가 가능했어요. 학생들의 다양한 반응을 끌어내 주는 교사의 여유가 한 권 깊이 읽기의 지향점이라고 생각해요. 한 권 읽기 수업을 방법적인 면에 초점을 맞추면 책을 접해 보지 않은 아마추어 교사의 모습이 나옵니다. 깊이 읽기가 아닌 독후 활동만을 나열한 수업이 될 가능성이 높아요. 한 문단을 편안히 읽고 마음에 와닿는 문장에 대해 서로 이야기를 나누는 것이 중요하다고 생각해요.

- 하지만 그런 문학적인 접근 이외에도 다양한 수업 방법을 적용했을 때 훨씬 입체적으로 아이들의 삶에 다가갈 가능성이 있다고 생각합니다. 책 선정 및 독후 활동을 교사가 정해 주기보다는 아이들 스스로 제안하는 것으로 수업을 만들어가는 것도 좋을 듯합니다.

- 수업할 때 교사는 주체적인 삶을 살아가는 한 인간으로 아이들을 대하고, 교사 자신도 그런 한 사람으로 수업에 참여한다는 열린 마음이 한 권 읽기에 꼭 필요하다고 생각합니다.

- 한 권 깊이 읽기의 지향점을 잊지 않는 것이 정말 중요하다고 생각해요. 그 방법 중 하나로 자기 말로 깊이 읽기를 매번 정의해 보는 것입니다. 얼마 전까지는 '함께 읽고, 나누고, 쓰기'로 정의하다가 요즘엔 '책 맛을 통해서 각자의 삶의 맛을 내는 것'으로 바뀌었어요. 반 아이들 모두 같은 책을 읽든, 다른 책을 읽든 크게 문제 될 것은 없을 것 같아요. 같은 책을 읽어도 사람들마다 생각이 다를 수 있고, 서로 다른 책을 읽어도 공통으로 흐르는 것이 있다는 것을 발견하는 것도 의미 있을 것 같아요. 방법에만 매달리면 방향성을 잃기 쉬워요. 큰 틀에서 볼 필요가 있다고 생각합니다.

III. 『은수저』

창조적 리더를 키운 감수성의 보물상자

전편 53장, 후편 22장으로 이루어진 나카 간스케의 어린 시절부터 청년까지의
성장 과정을 쓴 자전 소설이다.
1913~1914년 사이의 신문 연재소설이기 때문에 문장의 길이가
길지도, 짧지도 않으며 아름다운 산문체로 되어 있다.

"슬로 리딩 수업은 공부건 일이건 어떻게 해결해야 하는지 그 방법을 알려주는 수업이었다."

1960년대 3년 동안 하시모토 다케시의 슬로 리딩 수업을 받고 현재 1,000여 명의 일본 최고 오피니언 리더들이 된 사람들이 한결같이 하는 말이다. 『은수저』라는 소설책 단 한 권으로 이런 기적 같은 일을 해내다니, 슬로 리딩 방법도 궁금했지만 우리는 『은수저』 책이 궁금했다. 교과서를 버리고 선택한 교재. 도대체 어떤 내용일까? 같이 읽고 생각을 나누었다.

□ 어떠셨어요? 책을 읽고 깊이 빠지셨나요?

- 감수성에 오롯이 매료되었어요. 읽고 난 후에 긴 시를 읽었다는 느낌을 받았죠. 시를 쓰고 싶었다는 작가의 마음이 고스란히 담긴 문장이 돋보였고, 교사들이 이런 문학적 감수성이 뛰어난 작품에 푹 빠져든 경험이 있어야 문학으로 아이들과 함께 이 경험을 나눌 수 있겠다는 생각이 들었어요.
- 이 책을 읽으면서 개인적으로 옛날의 경험이 소환되는 듯한 느낌이었어요. 어릴 적 경험이 떠올려져서 계속 웃으면서 이 책을 읽었어요. 이모님이 돌아가셨을 때는 같이 울기도 했어요. 반나절 만에 읽게 되었고, 읽는 중간마다 시를 쓰고 싶게 만들 정도로 감수성을 풍부하게 만들어주는 책이었던 것 같아요. 오래된 책인데도 불구하고 작가의 문체나 감수성에 다시 한번 감동하게 되었죠. 예전의 풍경이 그려지고 아이들과 아이들 사이의 감정을 매우 세세하게 묘사한 부분이 감동을 전해주었어요. '어릴 적 기억을 어찌 그리 생생히 기억할 수 있을까?'라는 생각이 들었고, 정말 행복한 책 읽기였어요.

- 저는 요즘 어린이 책을 읽으면서 어떤 책들은 스토리 위주로 할리우드 영화처럼 내용 전개가 자연스럽지 못하고 작위적인 작가의 의도가 보이는 듯해서 문학적 감수성을 느끼지 못하고 불편한 것들도 있었어요. 그럴 때 '문학에서 언어의 세련미나 언어 자체만의 아름다움을 어떻게 책 읽기에서 맛보게 할 수 있을까?'라는 생각이 들어 고민이기도 했어요. 그런 내 생각을 해결해 주는 작품이 이『은수저』라는 생각이 들었어요. 스토리가 전개되면서도 그 사건 이면에 있는 감수성에 대한 표현들이 아주 뛰어나더군요. 문학 작품을 읽으면서 재미와 함께 언어의 맛을 느낄 수 있어서 참 좋았어요.

- 저 같은 경우 책의 묘사는 기가 막히는데 몰입이 잘 안 되었어요. '책에 빨려들지 못하는 이유는 무엇일까?', '혹시 내가 책을 느끼기보다 분석하면서 읽는 것은 아닐까?'라는 생각도 들었는데 그 이유를 들여다보니 개인적으로 일본의 절 분위기에서 오는 어둡고 우울한 느낌 때문에 몰입이 안 되었던 것 같았어요. 그러나 일본 문화에 대한 표현력이 대단했고, 번역도 성공적인 것 같습니다.

- 저도 처음엔 몰입하기가 어려웠어요. 작가가 방관자처럼 숨어있는 모습이 이 책에 몰입할 수 없게 하는 방해 요인이 되더군요. 중간쯤 친구 K를 만나고 바닷가에서 요양하고, 인간관계 이야기가 나오면서 흐름을 탈 수 있었어요. 그리고 보면 책 읽기는 읽는 독자의 경험과 참 관계가 깊다고 생각됩니다.

- 우리 대부분이 과거를 잊는 데 반해 이 책의 주인공은 늘 이모님 등에 업혀 세상을 바라보았기에 커서도 어릴 적 기억이 남아있을 수 있다고 생각해요. 자신이 몸으로 부딪치고 깨지는 경험을 통해 그 부분의 체험이 집중적으로 기억되는 것이 아니라 관찰자로서의 세상 보기였기에 유년 시절의 기억이 파노라마처럼 자세히 펼쳐져 고스란히 전해질 수

있었던 것 같기도 해요.

□ **하시모토 다케시가 수업에서 '샛길'로 많이 빠졌다고 했었거든요. 『은수저』를 읽으면서 '샛길'로 빠질 수 있었던 요소는 무엇이라고 생각하셨어요?**

- 하시모토 다케시의 『슬로 리딩』 책을 보면서 『은수저』 책을 어떻게 녹여 냈는지에 대한 의문점이 풀리더군요. 읽으면서 3년 동안 슬로 리딩 수업이 가능할 것 같다는 생각이 들었어요. 사자성어, 의성어, 의태어를 매우 적절하게 사용한 문학 작품이며, 한 문장을 깊이 있게 생각하는 읽기를 통해 다양한 생각들과 심도 있는 생각들을 이끌어 내기에도 적합한 작품인 것 같아요. 일본인들도 잘 모르는 자신들의 문화를 깊이 연구해 볼 수 있는 단서를 제공하는 훌륭한 작품이라는 생각이 들더군요.

- 1914년경에 쓴 작품인데 자신들 문화의 우수성을 주장하지는 않았으나 그냥 자연스럽게 자신들 문화가 있는 그대로 잘 드러난 작품이라는 생각이 들었어요. 예를 들어 '여자아이 날'에는 여자아이를 존중해 주는 의미 있는 날을 보낸다든지, '수신' 교과 시간에 계속해서 이야기를 들려준다든지 하는 등, 이런 대목에서 빠져들어 읽으면서 일본 문화를 보게 되더군요.

- 이 책을 읽으며 부러웠던 것은 일본의 세시 풍속 같은 것이었어요. 어린이를 위한 날에 어른들도 인형을 꺼내서 장식하고 집을 꾸미고 하는 것을 보며 삶의 소소한 것들을 가꾸는 모습이 아름답게 느껴지더군요. 우리도 전통을 바탕으로 아이들이 어릴 적 경험을 소중히 여기는 스토리가 있었을 텐데 그런 이야기가 잘 전해졌으면 하는 생각이 들기도 했

어요. 우리 문화에는 사람을 존중하는 문화와 풍속이 남아있지 않아 많이 아쉬웠어요.

- 문화에 대한 소재들을 읽기만 하는 것이 아니라 직접 해 볼 수 있는 요소들이 책 곳곳에 많이 있었어요. 일본 전통 과자에 대한 이야기가 나오면 그것을 만들어 본다든지, 전통 과자를 전수해 오는 공장을 탐구해서 보고서를 쓴다든지 등, 그런 것들이 3년 동안 슬로 리딩으로 가능했다는 생각이 들었습니다. 하시모토 다케시는 『은수저』를 여러 번 읽었다고 합니다. 읽고 또 읽으면서 어떤 대목에서 아이들과 탐구하고 어떤 대목에서 아이들과 체험할 것인지, 그리고 읽다가 아이들에게서 나오는 동기가 있으면 과감하게 '샛길'로 빠졌다고 해요. 여러 번 읽다 보니 사고가 확장되는 체험을 했고 아이들을 책에 빠뜨릴 수 있게 하는 것이 가능했다고 합니다. 슬로 리딩의 경우 교사가 여러 번 읽고 책에 푹 빠져보는 것 외에 왕도는 없을 듯하죠?

- 이 책의 제목인 '은수저'가 의미하는 것은 무엇일까요? 오래된 서랍에서 발견한 은수저가 어릴 적 이야기의 시작입니다. 자기 인생을 푸는 실마리를 발견하여 삶을 만든 유년 시절의 추억들을 세세하게 돌아보며 치유 과정을 거친 듯합니다.

- 저의 경우에는 어릴 적 안 좋았던 기억을 스스로 지워버렸던 것 같아요. 나쁜 기억은 의도적으로 지워버린 마음. 하지만 이 책을 읽으면서 어느 순간 올라오는 기억들. 나쁜 기억들을 접어둔 상태는 성장이 아니지 싶어요. 기억하고 싶지 않은 나쁜 기억들은 소환하여 눈물을 불러일으키고 직면해야만 극복할 수 있다고 해요. 그런 의미에서 어린 시절 성장 소설은 치유의 힘도 있는 것 같아요.

- 나쁜 기억들을 외면하고 회피하지 않고 직면하는 것은 중요한 것 같죠? 독서 치료도 돌이킬 수 없는 과거의 상처를 스스럼없이 드러내는

것을 바탕으로 해요. 자세히 표현하는 것까지는 아닐지라도 키워드라도 표현될 때, 그때부터 독서 치료가 시작됩니다. 어린 시절 기억들이 때로는 상처인지 몰랐는데 책을 읽으면서 그 시절을 눈물로 소환할 때, 그것이 나에게 아픔이었다고 말하는 순간 상처는 더 이상 상처로 남지 않아요. 그것이 문학 작품을 통해 가능하답니다. 문학을 통한 치유!

□ 아하! 선생님들 이야기를 듣고 보니 어린 시절에 경험했던 문화가 고스란히 남아 있어 이런저런 문화적인 경험을 직접 해 볼 수 있는 요소도 들어 있고, 마음이 아팠던 기억들을 소환해서 치유할 수 있는 요소도 있었군요. 그럼 책 읽기를 좀 넓혀볼까요? 이런 요소가 들어 있는 다른 책들은 어떤 것이 있을까요?

- 『은수저』처럼 우리가 몰랐던 우리 문화를 소상하게 알게 해줄 수 있는 책이 없을까?'라고 생각해봤는데 박완서 씨의『그 많던 싱아를 누가 다 먹었을까』라는 작품이 떠올랐어요. 문학의 맛을 느낄 수 있을 만큼 문장이 좋고, 일제 강점기 말부터 6·25까지 시대의 흐름 속에서의 개인이 삶을 어떻게 살아냈는지 알 수 있어요. 초등학생이 읽기에는 어떨지 좀 생각해 봐야겠지만 초등학교 시절까지 함께 읽고 그 이후의 이야기는 아이들 몫으로 돌려도 되지 않을까요?

- 『당나귀 실베스터와 요술 조약돌』을 읽으면서 사자와 만났을 때 너무 당황해서 "바위가 되게 해 주세요."라는 얼토당토않은 주문을 외울 때, 아이들은 왜 그런 말을 했는지 그 순간 잘 이해하지 못해요. 하지만 살면서 원하지 않는 일들이 벌어졌던 일들에 관해 이야기를 나누게 되면 멍청한 것 같았던 주인공이 그럴 수도 있었을 것 같다고 이해가 되는 상황이 있어요. 이해하지 못했던 타인의 일들을 '자기화'해 보는 경험을

통해 '그럴 수도 있지'라고 이해의 폭이 넓어지는 경험도 있어요. 이런 것도 문학의 힘이고 책을 읽는 이유이기도 해요. 지금 당장 주어지는 해답만이 아닌, 인생을 넓게 볼 수 있기 위해 책을 읽는 것이라는 생각이 듭니다.

- 『은수저』와 비슷한 흐름의 책으로는 『작은 나무』, 지금은 『내 영혼이 따뜻했던 날들』이라는 제목으로 출판되는 책이 있어요. 인디언 아이가 미국 서부 개척 시대를 겪는 성장 소설이랍니다. 인디언들의 옛 지혜와 개척자들인 미국인 사이에서 벌어지는 일들을 아이의 눈으로 보고 인간의 조건에 대해 생각해 볼 수 있는 책이에요. 『팍스』라는 책 또한 여우와 아이를 통해 생명에 대한 존중과 교감에 관해 섬세하게 그려낸 내용의 책입니다. 이런 책들을 찾아서 읽다 보니 지금은 한 권 읽기가 시행착오를 겪고 있지만, 시간이 흐른 뒤 위와 같은 작품들로 아이들과 본질에 가까운 책 깊이 읽기를 할 수 있으리라는 생각이 들어요. 그러려면 교사들이 다양한 책을 읽는 것이 필요하다고 생각됩니다. 아이들 책을 읽는 교사가 절실히 필요해요. 교과서로 가르치는 것을 넘어 아이들에게 삶의 가치와 향기를 가르치는 그런 한 권 읽기를 할 수 있는 교사들을 꿈꿔 봅니다.

- 『은수저』 책은 빨리 책장이 넘겨지지 않았어요. 그 이유는 일본 풍습이 많이 소개되었기 때문인 것 같아요. 이 책으로 우리나라 아이들과 수업을 한다면 한계점이 있을 겁니다. 문화적인 차이가 있어요. 이 책을 수업 시간에 읽기보다는 왜 이 책이 슬로 리딩의 작품이 되었는지 교사가 한번 되새겨봐야 할 것 같아요. 자기 나라 언어의 맛이 살아있는 문장, 자국의 문화가 객관적으로 그려지고 시대를 온몸으로 살아가는 성장 소설 등이 그런 책이겠죠. 이런 의미에 맞는 책으로 이미륵의 『압록강은 흐른다』가 생각났어요. 조선 시대 말, 일제 강점기 시작되기 전 사

람들의 삶의 모습과 3.1운동 이후 독일 망명까지 시기를 다룬 이미륵의 자전적 성장 소설이랍니다. 어쩌면 역사에 표현되지 않았던 시대와 문화가 담겨 있어서 그 시대를 더 깊이 이해할 수 있을 거예요.

- 우리나라의 신화와 영웅, 역사적 인물들을 25권으로 쓴『한겨레 아이들』이란 시리즈도 있어요. 우리 겨레의 입에서 입으로 전해져 온 신화에는 인간의 기원, 우주의 기원, 생명의 기원 등이 담겨있고 그 이야기 흐름을 따라가다 보면 오늘의 내가 있게 된다는 것을 알게 되죠. 우리나라의 문화를 알 수 있는 책이 더 없을까요?

- 『백두산 이야기』가 있어요. 문학사적으로 많이 거론되는 이야기로 우리 문화의 뿌리를 알 수 있답니다. 저의 경우 어릴 적에 세계 명작을 많이 읽었고, 우리 문학을 접하지 못했어요. 어릴 적 경험이 어른이 되어서 독서 장르를 많이 결정짓는 것 같아요. 그래서 지금도 머리로는 '우리 이야기를 읽어야지' 하면서 정서로는 서양의 명작이라고 하는 책에 더 마음이 간답니다. 내 경험이 아니더라도 어릴 때 접하는 정서가 문화의 밑바탕이 된다고 봐요. 우리 문화의 뿌리인 옛이야기, 신화, 소설 등을 적극적으로 교재로 발굴해 볼 필요가 있어요. 『양반전』이나 『옹고집전』 등의 고전을 5, 6학년에 한 권 읽기로 읽는 것도 참 의미 있을 것 같아요.

□ 책 한 권을 읽고 나누는 과정에서 이야기가 이렇게 넓어지다니, 우리 신화까지 이야기가 종횡무진입니다. 『은수저』를 읽으면서 '슬로 리딩 수업'에 대해서는 어떤 생각이 드셨어요? 좀 해 볼 만하시던가요?

- 『푸른 사자 와니니』로 한 권 읽기를 슬로 리딩으로 실천하는 교사를 만난 적이 있어요. 교과서를 벗어나 성취 기준을 가지고 수업하기에는 조

금 벅차서 같이 하고 싶은 교사들과 만나서 읽고 장마다 어떤 활동을 할지 함께 짜 보았다고 하더군요. 국어과 성취 기준을 중심으로 하기도 하고 다른 교과 성취 기준과 통합하여 주제 중심으로 통합하기도 했답니다. 아이들이 너무 재미있어하며 자연스럽게 국어과 성취 기준도 달성했다고 해요. 책을 교재로 하는 국어 수업은 정말 매력적인 것 같아요. 문학이 갖는 총체적 이해와 감동, 국어 기능적 성취까지 달성할 수 있으니 말이에요.

- 교사의 학급 운영 방식과 교육에 대한 진지함이 한 권 읽기에도 영향을 주는 것 같아요. 평소 사고력을 중심으로 자발적인 성장을 바탕에 두었던 학급에서 한 권 읽기도 깊이 읽기에 연결될 수 있다고 생각합니다.

- 한 권 깊이 읽기는 교사가 함께 읽고 생각을 나누는 과정을 한번 해 봐야 해요. 저의 경우 여러 번 해 보다 보니 사고가 확장되는 체험을 했고 아이들을 책에 빠뜨리는 것이 가능했어요. 뜻이 맞는 교사들과 한 권을 선택해서 읽고 생각을 나누어 보는 것을 해 본 경험들이 한 권 깊이 읽기의 자양분이 되는 것 같아요.

- 책이 어렵거나 혹은 아이들이 책을 많이 읽지 않은 경우, 교사가 책을 읽어 주면 아이들 수준을 넘는 책도 한 권 깊이 읽기가 가능할 수 있어요. 『소리 질러, 운동장』에는 흉내 내는 말이 120개 정도 나오는데 모둠에서 아이들이 함께 인터넷 사전에서 찾아보면서 정리했었어요. 힘들다고 하는 아이들도 있었지만, 그것을 다 정리했을 때는 서로 뿌듯해했어요.

□ **왜 책을 읽고 공부를 시키고 싶어 하세요?** (웃음)

- 그러네요. 나는 아이들이랑 책을 읽게 되면 그 책의 감성에 푹 빠지기

보다 뭔가 눈에 보이는 공부부터 시켜야 할 것 같은 생각이 들고 그런 활동부터 계획하기도 해요. 가르쳐야 한다는 교사의 습성을 너무 많이 지니고 있나 봐요. (맞아. 맞아. 웃음과 함께 동의) 그래도 이번 책의 낱말을 찾아 정리하는 것은 힘들어하면서도 아이들은 재미있어했어요. 『소리 질러, 운동장』을 읽으면서 낱말들을 그렇게 정리했지만, 야구경기에 관해 이야기를 나누니까 아이들은 아주 신나 하더군요. 요즘 5, 6학년 아이들은 좋아하는 야구팀이 있어 경기를 즐기고 있는데 수업 시간에 책을 읽으면서 자신들이 좋아하는 야구 이야기라니! 신날 수밖에 없었겠지요. 그리고 이를 통해 교사인 나도 아이들의 문화에 다가가는 계기가 되었고, 변화된 내 모습에서 아이들과 책을 함께 읽는 것이 교사로서도 의미 있는 시간이 된 듯합니다.

- 정말 그런 것 같아요. 책 한 권을 깊이 읽기는 아이들이 대단하다는 것을 많이 느끼게 해 주는 수업입니다. '책으로 이렇게 다양한 생각과 이야기를 나눌 수 있구나'를 아이들이 알고 흥분하게 됩니다. 문학 작품을 함께 읽다 보면 아이들이 인생에 대해 전체적으로 느끼면서 '진짜 살아가는구나!'라는 걸 느끼게 돼요. 어른들은 경험치가 많아서 인생을 분석하고 해석하려고 들지만, 아이들은 직관적으로 느끼고 감각적으로 그것을 표현합니다. 함께 읽고 깊이 읽기의 장점이자 묘미랍니다.

- 윤여림의 『서로를 보다』 그림책과 앤서니 브라운의 『동물원』을 읽어주면서 2학년 아이들이 느낌을 표현하는 것을 보면 동물권에 대해 아주 본질적으로 이야기할 때가 있어요. 교사가 설명해 주지 않고 그림만으로도 아이들은 동물권에 대해서 온몸으로 느끼고 있더군요. 표현이야 좀 미숙하지만, 아이들은 직관적으로 옳고 그름에 대한 느낌을 간직하고 있답니다. 그런 것을 책을 함께 읽으면서 자연스럽게 키워갈 수 있어서 참 좋은 것 같아요.

□ 『은수저』로 책 읽기의 원리를 다시 살펴보게 되었네요. 함께 읽기가 갈수록 재미있어지는데, 다음에는 무슨 책을 읽을까요?

- 오늘 이야기 나왔던 책 중에 『압록강은 흐른다』를 함께 읽고 싶어요. 제가 초등학교 때 6학년 국어 교과서에 실렸던 작품이에요. 그때는 별 감흥을 못 가졌고 좀 어렵다고 생각했었어요. 그런데 『은수저』를 읽고 『슬로 리딩』을 보면서 그 책을 다시 읽고 싶어지네요. 왜냐하면 1919년 3.1운동 직전의 우리 사회와 문화를 알 수 있게 쓰인 책이 별로 없는데 그 책이 그 시대를 말해 주지 않을까 싶기도 해요. 게다가 선생님들과 함께 읽고 이야기를 나누다 보면 이해가 훨씬 깊어질 것 같아요.

□ 좋아요. 모두 동의하시나요? (예!) 그럼 다음엔 『압록강은 흐른다』를 읽고 함께 나누기로 하겠습니다.

강물이 흐르듯 우리네 삶도 흐르고

글쓴이 이미륵은 선비이자 지주인 집안에서 한학을 공부하면서 행복한 어린 시절
을 보낸다. 일본의 신학문을 만나게 된 개화기의 지식인은 이 격변기를 어떻게 헤
쳐나갈 수 있을까? '경계를 뛰어넘어 낯선 세계의 한가운데로 걸어갔던' 그 시대 선
각자들의 고독과 용기에 주목해 보자.

일본 소설인 『은수저』를 대체할 수 있는 우리 소설은 없을까? 『은수저』가 나름대로 일본의 문화를 소개하는 역할을 했다면, 우리 아이들에게 우리 나라만의 고유한 풍습, 지금은 찾기 어려운 어른들의 이야기를 들려줄 수는 없을까 하고 고민해 보니, 『압록강은 흐른다』가 떠올랐다. 글쓴이가 『은수저』의 저자와 같은 시대를 살았고, 둘 다 성장 소설이라는 점에서 비교가 되지 않을까? 더군다나 일제 강점기의 엄혹한 시기에 우리 조상들의 삶의 모습이 아이들로 하여금 호기심을 불러일으킬 수도 있을 것 같았다.

□ **먼저 『압록강은 흐른다』에 대하여 소개하여 주시기 바랍니다. 또한, 이 책을 읽고 나서 어떤 생각이 드셨나요?**

- 이 책은 '이미륵'의 자전적 소설입니다. 서술과 묘사가 매우 세밀해서 어디까지가 실화인지 궁금했어요. 박완서 씨의 소설처럼 실감 나서 어느 정도로 기억력이 좋으면 이렇게 세밀하게 그려낼까 싶었습니다.
- 내 경험뿐만 아니라 주변 사람들의 경험도 같이 포함되어 있어 더 세밀하게 느껴졌을 거예요.
- 이 소설 자체가 이분의 인생이 아닌가 해요. 픽션도 있겠지만, 대부분 사실일 것이란 생각이 듭니다.
- 작가는 '조선에 대한 무엇을 독일에 알려야 할까?'를 10년 정도, 그렇게 오랫동안 구상하여 이 책을 썼다고 해요. 우리나라의 아늑한 시골 풍경과 일상을 그림을 그리듯이 묘사했어요.
- 이 책을 읽고, 어린 시절의 이야기가 매우 아름답게 느껴지기도 했지만, 독일로 망명한 후의 그의 삶이 궁금하기도 했어요. 다른 자료들을 찾아보니, 작가가 느꼈던 타국에서의 외로움과 고국에 대한 그리움이 엄청났던 것 같아요. 그래서 그 절절함이 느껴져 안타까웠고, 안쓰러

워지기도 했습니다. 이 책은 작가의 20대 초반까지의 삶이 담겨 있어서 그 후 독일에서 이방인으로의 삶도 궁금해지더군요.

□ **좀 전에 글쓴이의 자전적 소설이라고 말씀하셨는데, 이미륵 씨가 궁금해지네요. 어떤 분인지 소개해 주시겠어요?**

- 이미륵 씨는 황해도 해주 출신이고, 독일로 망명한 분입니다. 그래서인지 잘 모르는 분들도 꽤 있는 것 같습니다.

- 작가의 개인사를 보면 안타까운 점도 있어요. 결혼하고 그 당시 20살의 나이에 독일로 떠났다고 합니다. 그렇다면 망명 후 한 번도 자기 자식을 못 본 것인데…. 6·25 때 아들은 죽었고 딸의 행방도 모른다고 합니다.

- 조선을 떠나 3개월에 걸쳐 여러 나라를 통해 독일로 갔어요. 망명했으니 다시 올 수 없는 길을 간 거지요. 이때 어떤 심정이었을까요? 작가가 독일에 정착할 때까지 여러 조직에서 도와주었다고 합니다. 안중근 의사의 아들이 프랑스에 있다가 독일에서 정착하도록 도와주었다는 말도 있어요. 그 당시 우리나라의 상황 속에서 한 지식인의 모습이 어떠했는지 알 수 있었어요.

□ **독일 사람들이 이 책을 교재로 썼다고 하는데, 어떤 점에서 감명받았다고 생각하시나요?**

- 독일어로 쓴 아름다운 문장을 꼽을 수 있겠어요. 더군다나 외국인이 쓴 아름다운 문장이라서 특별하다고 생각하지 않았을까요?

- 서양 사람들의 개인주의적 사고로 볼 때 죽은 동생의 식솔까지 보듬고 산다든가, 지주와 소작농의 관계가 투쟁이 아니라 보완적인 관계라는 것들에서 더불어 살아가는 공동체를 중시하는 동양적 문화에 매료될

수도 있었을 거라는 생각이 듭니다.

- 둘째 누이 어진이는 작가보다 훨씬 더 똑똑한 것으로 묘사되어 있어요. 당시 여자라서 가르치지 않고 차별받는 것도 독일 사람들의 눈에는 색다르게 보일 수 있어요.

- 독일에서는 중용을 매우 중요시합니다. 삶의 균형을 찾아가는 과정에 호감을 느끼는 것 같아요. 『빨간 머리 앤』과 『하이디』와 같은 고전 속의 주인공들은 지금도 균형감 있는 인물로 평가되고 있어요. 이 책이 오래전에 출간되었음에도 불구하고 현재를 살아가는 우리와 인간관계나 갈등 등에서 유사한 점이 매우 많습니다.

- 어느 것에나 시대를 관통하는 것들은 공통점이 있어요. 문화는 계속 발전되는 것 같지만 과거와 현재가 나선형으로 동시에 존재한다고 생각해요. 이런 점에서 '온고지신'을 느낄 수 있겠지요.

□ **이 책을 읽게 된 이유는 일본 소설인 『은수저』와 비교해보기 위한 것이었습니다. 이 책을 읽은 소감을 『은수저』와 비교하여 말씀해 주십시오.**

- 먼저 우리나라 작가와 일본 작가의 글이기에 두 나라의 문화에 대한 호기심이 있었습니다. 『은수저』에 나타난 일본의 옛 문화와 『압록강은 흐른다』의 우리 문화를 화자가 어떤 위치에서 보고 서술했는가를 비교해 보는 맛이 있었지요.

- 『은수저』에 푹 빠져서 책을 읽으면서도 부러운 마음이 들었어요. '일본은 외부로부터의 침략이 적어서인지 자신들의 문화를 고스란히 남겨놓은 것이 아닐까?', '반면에 우리 옛 문화는 수많은 전쟁과 개발로 사라지거나 미처 관심을 두지 않아 잊고 있는 것은 아닌가?' 하는 생각이요. 좀 더 소중히 여기고 미래를 바라보며 보존해야 하지 않나 하는 생

각이 들었어요.

- 제 개인적인 경험을 말씀드리자면, 저는 어릴 적에 승경도 놀이나 시조 놀이를 했어요. 둘러앉아서 한 사람이 시조의 종장을 부르면 깔려 있는 카드 중에서 초장과 중장을 읽고 짝을 찾아서 가져가는 놀이입니다. 은수저에서도 시조놀이가 나와요. 우리가 어렸을 때 했던 놀이가 두 나라에서 공통으로 이루어진다는 것이 인상적이었어요.

- 그것과 비슷한 운 떼기 놀이가 『압록강은 흐른다』 책에서도 나옵니다.

- 동유럽을 여행하면서 느낀 건데, 우리와 같은 민속놀이 문화가 많더군요. 고누 놀이 같은 것인데 똑같아서 깜짝 놀랐어요. 그런 점에서 두 책 다 그 나라 고유의 전래 놀이와 문화가 살아있다는 점이 공통점인 것 같아요.

□ 이 책만의 특별한 점은 무엇일까요? 특히 문학적인 면에서 찾아보신다면 어떤 것들이 있을까요?

- 번역본이 여러 가지라서 서로 다른 번역가의 책을 읽어본다면 문체의 다름을 경험해 볼 수 있을 것 같아요.

- 문체가 매우 독일적인 듯합니다. 객관적이라고나 할까. 감정이 안 들어 있어서 낯설었어요.

- 다소 건조하다고 생각했는데 독일식이라고 말하니까 이해가 되네요. 이 책은 다큐멘터리 같아요. 수식 없이 삶을 그대로 보여 주어 오히려 감동이 있었어요.

- 세시풍습 놀이가 소개되어 있어서 느리게 읽으면서 역사 공부도 더불어 할 수 있는 책인 것 같았어요.

- 이 책에서는 그 당시 상황이 매우 척박함에도 불구하고 개인사에 미시

적으로 접근한 것이 인상적이었습니다. 시대의 고단함보다 개인의 삶에 초점을 맞추다 보니 오히려 백성들의 삶이 담담하게 그려진 것 같습니다. 도도한 역사의 흐름 속에서도 개개인의 삶은 계속된다는 것에 공감했습니다.

□ 이 책을 초등학생들과 함께 읽는다면 이 책만의 가치를 생각해 봐야 할 것 같습니다. 교육이나 가정문화와 관련지어 말씀해 주십시오.

- 주인공이 첫날 학교에 들어갔을 때, 신학문에 대해 혼란스러워했던 점이 기억납니다. 그런 심정을 우리는 한 번이라도 경험해 봤을까요? 공부가 어려운 아이들은 이 과정을 겪을 텐데요. '아이들 중에도 책을 접하지 않은 아이들, 집에서 읽어 주지 않는 아이들도 이런 혼란을 겪고 있지 않을까?' 하는 생각이 들었어요.

- 우리 교사들이 전혀 짐작하지 못하고 있는 부분이 있어요. 2년 연속 담임을 맡게 된 아이들에게 "이거 지난해에 다 배웠지?" 하고 묻자 "우리가요?"라고 답하더군요. 교사는 다 가르쳤지만, 아이들은 이해가 안 된 상태로 그냥 넘어간 것이지요. 우리 교과서는 아이들 수준에 비해 어렵다고 해요. 아이들 수준에 안 맞으니까 아이들이 힘들어하게 되지요. 결국 아이들 수준에 맞춰 주는 것이 정말 중요하다고 생각해요.

- 몸 움직임은 의식을 깨우는 활동인데, '놀이는 최고다'라는 생각으로 놀이만 하는 경우도 많아요. 수업에서는 몸의 움직임을 통해 아이의 의식을 깨우게 해야 하는데 일부에서 왜곡된 교육 과정이 되고 있어요.

- 교사가 "나는 교과서를 가르친다."고 하고, 가르쳤으니까 할 일은 다 했다고 생각하는 경우도 있더군요.

□ 이 책에서는 아버지의 존재감이 크게 드러나 있습니다. 가부장적이라고 할 수도 있지만 그럼에도 불구하고 본받아야 할 점들도 있다고 생각합니다. 가정교육에 대해서는 어떤 점을 느끼셨나요?

- 주인공이 '아버지를 위해서라면, 엄마를 위해서라면'이라고 생각하는 효도의 마음이 대단했는데, 요즘 아이들은 어떻게 생각하는지 궁금했어요.

- 요즘 아빠들이 아이들과 잘 놀아주긴 해요. 그렇지만 바둑알을 딱 내려두고 울림이 멈출 때까지 바둑돌을 두면 안 된다고 가르치는 작가의 아버지처럼, 여유와 기다림을 느끼게 해 주는지 궁금해요. 요즘 누가 이런 여유를 가르쳐 주겠나 싶어요. 놀이 속에 가족의 사랑이 살아있어야 하는데 우리는 어떤지 궁금합니다.

- 요즘에는 가족이 함께 교류하지 않고, 사람과 사람 사이에 핸드폰이나 장난감과 같은 무언가가 있어요. 얼굴을 맞대고 나누는 이야기가 없어요. 이 책의 아버지는 인격체로 아이를 대하는데 요즘 부모들은 놀아 주면 된다는 생각으로 오히려 자녀에게 부채의식만 갖게 되지요.

- 이 책으로 아빠들과 함께 대화를 나눠도 좋겠다는 생각이 들었어요. 회초리 맞는 장면, 따귀 맞는 장면이 충격적인데도 인격을 모독했다는 느낌이 들지 않는 이유는 무엇일까요?

- 신학문을 배우고 왔을 때 계속 아버지가 배우고 싶어서 묻고, 아들은 아버지에게 설명해 주려고 잘 듣는 장면이 매우 인상적이었어요. 서로 가르치고 배우는 장면에서는 친구처럼 여겨지기도 했어요.

- 실제로 우리 할머니는 매일 저녁 사람들을 모아 놓고 옛날이야기를 많이 해 주셨어요. 이 책을 읽으면서 할머니 말씀이 머릿속에 새삼 되살아났어요. 평소에 "나는 종부다."라는 말씀을 많이 하셨는데, 자부심

을 느끼고 즐기시는 듯했어요. 할머니는 저의 정신적인 유산이시지요. 그런데 서울로 올라오면서 고향을 잃고 뿌리 뽑힌 삶을 살게 되면서 밀려오는 서양 문물을 받아들이기에 바쁘다 보니…. 시골에선 승경도 놀이 같은 것도 하고, 집안 어른들 얘기나 전통 같은 얘기를 많이 했었어요. 아이가 매 맞는 것도 공감이 많이 갔어요. 나는 친구들에게 당하고 들어왔는데 시비를 가리지 않고 나한테만 잘못이라고 해서 억울했었는데, 지나고 보니 남을 원망하지 않고 사는 법을 배운 게 아닌가 싶어요. 지금 부모들이 자기 자식만 감싸고 돌면서 잘못은 남 탓으로 돌리는 것도 한번 생각해 봄 직해요.

- 종아리를 맞는 사건이 인상적이었어요. 예순이 넘은 사람들에게는 그런 기억이 남아 있을 것 같아요. 원망보다는 훈육의 한 방법이라고 생각했던 것 같아 이해했지요.

□ **이 책의 시대적 배경은 우리나라로서 매우 엄혹한 시기였다고 할 수 있습니다. 여기에 대해서도 하실 말씀이 있는지요?**

- 그 시대는 혼란스러운 시기였는데 소작농과의 관계도 이상적으로 그려져 있는 것 같아요. 인간관계도 안 좋을 거라고 짐작했는데, 그 틈새를 보게 되었어요. 일본에 대한 시각이 우호적이었다가 우리를 집어삼키는 나라라는 걸 알게 되면서 바뀌게 되었고, 3.1 운동이라는 사건 자체의 기술보다는 그 속에 자리 잡은 인간의 삶 자체를 보여 주는 듯했어요.
- 도도하게 흘러가는 역사의 거대한 물결 밑에서 유유히 살아가는 일상이 꼭 흐르는 압록강 같아요. 조병갑 같은 탐관오리도 있지만, 이 책을 보니 우리 조상들이 소작농을 식구처럼 대하고 서로 존중하며 살았다는 것을 알 수 있었어요.

□ 이 책으로 '한 학기 한 권 읽기'를 한다면 어떨까요? 초등학생들과 함께 읽기에 적합한지 의견을 말씀해 주십시오.

- 6학년 아이들에게 이 책이 어려울 것 같은데도 읽히고 싶은 이유가 있어요. 선비 정신은 서양의 기사도보다 더 멋진 심성을 키워 주었다고 생각해요. 그런데 일제에 의해 선비 정신의 고고함은 무시되고 학자들의 토론 문화는 당쟁으로 폄하되었습니다. 주인공은 학문적 접근으로 의학을 연구하려 했지만, 정부는 보건 의사를 기르기 위해서 돈을 대 주었어요. 의학과 철학을 같이 하고 싶었던 것이 바로 선비 정신이었던 것 같아요. 그런데 정부는 실용성만 따져서 학문에 접근시키니까 이상과 현실 사이에서 괴리가 생겼던 것 같아요. 한편으로 그 당시 우리 조상들이 지키고 싶어 했던 가치는 무엇이었는지 아이들과 함께 읽으면서 해답을 찾고 싶어요.

- 『어린 왕자』를 함께 읽고 6학년 아이가 쓴 글을 보면서 내면의 깊이가 상당하다는 생각을 했어요. 그렇다면 이 책도 도전해 볼 만하지 않나 싶습니다. 또 우리가 서양의 기술을 첨단이라고 하고 클래식 음악을 고상하다고 생각하는 경우가 있는데, 우리의 것도 충분히 가치가 있다는 것을 아이들과 함께 탐구하고 싶어요.

- 요즘 아이들은 "청산은 유구하되~" 소리를 내면서 시조를 느리게 읊조리는 것을 촌스럽다고 생각해요. 우리 것의 가치를 긍정적으로 생각하게 도와줄 필요가 있다는 점에서 한 번 함께 읽었으면 해요.

- 그 당시의 시조창은 방법론과 같아요. '지금의 우리는 무엇으로 이어가야 하나?' 그러한 정신과 철학이 있어야 한다고 생각해요. '그 당시 사람들은 어떻게 살았을까?', '서로를 배려하기 위하여 어떻게 했을까?'를 되살려서 '지금의 우리는 어떻게 해야 할까?'를 고민해야지, 예전의 방법으

로 들어가면 오류가 생기고 역효과가 일어날 수 있어요. 그런 점에서 전통을 바탕으로 우리의 길을 찾는 한 권 읽기가 가능할 것 같아요.

- 우리나라 역사가 큰 사건 위주로 나오니까 경주 최부자의 '노블레스 오블리주' 정신은 놓치고 갑니다. 제대로 된 부자들의 정신이나 그 시대의 일상적인 삶의 변화 등에 대하여 공부하는 역사 수업과 연계하는 것도 필요해요.

□ 마지막으로 하실 말씀이 있다면 부탁드리겠습니다.

- 이 책은 우리나라 역사의 빈 부분을 채워 주는 책이 아닐까 해요. 아이들과 함께 읽고 싶은 생각이 강하게 들었어요. 아이들의 정서가 사실적이고 고전적이면서도 정감 있게 그려져 있어서 인상적이었어요.

- 시대의 변화에 따라 개인의 삶이 얼마나 영향을 받을 수 있는지를 확연히 알 수 있었어요.

- 자연스럽게 전통 교육 방법과 현대적인 교육 방법을 비교하게 되었어요. 아이들 수준에 맞게 뇌의 균형을 맞추는 여유 있는 학습이 이루어지도록 하는 것이 우리 교육자들이 할 일이 아닌가 해요. 올바른 교수·학습 방법에 대한 고민과 노력이 계속되어야 한다는 것을 말하고 싶어요.

- 이 책이 잃어버린 역사를 되찾아줘서 정말 좋았어요. 한 고등학교 교사에게 권했더니 학생들과 함께 읽겠다고 하더군요. 축구의 경우에도 우리나라 선수들은 지고 나면 죄송하다며 울기도 하는데, 독일 선수들은 우리한테 졌는데도 "한국은 이런 점에서 매우 잘했다. 우리는 어떤 점을 잘못했다."라고 객관적으로 말하잖아요? 그래서 그런 점을 본받고 싶었어요. 이 책에는 우리 문화와 독일 문화가 각각 살아있어서 그 점도 좋았어요.

- 등장인물 중 만수가 미륵에게 예술가로서의 삶과 공부로 출세하는 삶의 선택에 관해서 묻는 장면이 있어요. 예술을 향유하며 사는 가치관에 대해 이야기를 나눠보고 싶어요.
- 『압록강은 흐른다』를 아이들과 꼭 함께 읽고 싶어요. 특히 슬로 리딩으로 읽고 싶어요. 한 학기나 1년 정도, 긴 호흡으로 읽는 것이지요. 6학년이 근대사를 배울 때 그 부분만 발췌해서 읽게 해도 좋을 것 같아요.
- 제목의 의미가 무엇일까 생각해 보았어요. 『압록강은 흐른다』에서의 삶의 이야기는 끝없이 흐르는 물과 같다는 생각이 들어요. 압록강이 그때나 지금이나 계속 흐르는 것처럼, 세상이 바뀌어도 우리는 삶을 살고 있듯이….

한 생명의 성장 과정이 진화의 과정이다

해리엇은 실제로 175년의 삶을 산 갈라파고스 거북이다. 거북이 한 마리가 한 세기
전에 살다 간 진화론의 창시자 찰스 다윈을 우리 시대로 불러온다.
해리엇은 천국과 같은 갈라파고스에서 잡혀 비글호를 타고 다윈을 만났고, 그 뒤
지난 2006년에 긴 삶의 여정을 마감하기까지 호주의 한 동물원에서 생활해 왔다.

고학년 아이들이 좋아하는 동화책이다. 『봉주르, 뚜르』, 『서찰을 전하는 아이』, 『우리 동네 전설은』 그리고 『해리엇』까지. 한윤섭 작가의 책은 아이들의 눈을 세계로, 과거와 미래로 넓혀 주고 높여 주며 깊어지게 한다.

"175살로 추정되는 갈라파고스 거북이가 죽었다."

작가는 신문에 난 한 줄의 기사를 보고 이 책의 아이디어를 떠올렸다고 한다. 이 거북이가 다윈이 만났던 바로 그 거북이가 아닐까 상상하며…

한 세기 전의 이야기나 사람들을 보면 "이 사람들은 모두 죽었지요?"라고 말하며 우리와 단절된 이야기인 양 관심을 두지 않는 아이들에게 '175년 동안 바다를 품고 살았던 갈라파고스 거북 이야기'라는 부제가 과거와 현재와 미래를 연결해 줄 수 있는 책이라고 생각되었다.

□ 『해리엇』, 어떻게 읽으셨어요?

- 저는 책을 잡으면 먼저 표지부터 찬찬히 살펴봐요. 제목 아래에 있는 '175년 동안 바다를 품고 살았던 갈라파고스 거북 이야기'라고 달린 부제를 읽으며, '아하! 해리엇이 거북이구나. 거북이는 오래 사니까 175년을 살았나 보다. 그런데 갈라파고스는 어디에 있지?'라는 생각과 함께 세계지도를 머리에 떠올리며 표지 그림을 보니 여러 동물이 한 곳을 향해서 가고 있는 모습이 보였어요. 커다란 거북을 커다란 원숭이가 밀면서 가는 그림이었지요. 무슨 이야기가 전개될지 무척 궁금해졌어요. 궁금증을 부풀린 후 책을 펼쳐 읽기 시작했지요.

- 사전 지식 없이 이 책을 읽었는데 지금 우리가 사는 시대, 호주에서 죽은 거북이 이야기에 다윈과 갈라파고스가 연결되어 나오는 게 좀 의아했어요. 지금은 21세기이고 다윈은 19세기 인물로 배웠으니 200년 세월의 간격이 제 머릿속에서 잘 연결이 안 되는 거예요. 그래서 호주의

최장수 거북이가 죽었다는 2006년에서 175년을 빼 보니 1831년 다윈이 비글호로 갈라파고스를 탐험하던 바로 그 시간이 나오더군요. 호주 동물원에서 생을 마감한 해리엇은 다윈이 갈라파고스에서 데리고 왔던 바로 그 거북이였던 거예요!

- 자바에서 잡혀 온 원숭이, 갈라파고스에서 잡혀 온 거북이, 호주의 동물원. 이 책으로 세계여행을 한 듯해요. 그리고 다윈, 비글호, 진화의 현장에 있었던 거북이의 이야기에 원숭이 찰리의 성장 이야기가 함께 진행되고 있어서 '한 생명의 성장이 곧 우주의 진화로구나!' 하는 깨달음도 얻게 되었어요.

□ **작가의 상상 범위가 참 넓다는 생각을 했어요. 이 작가가 처음부터 동화작가인 건 아니었지요? 극작가이면서 연출가라는데 문장이 다른 동화작가들과 좀 다르지 않은가요?**

- 맞아요. 대화가 간결하고 명확하며 생생해요. 이야기의 진행 중에도 등장인물의 행동과 표정이 그려져요. 글을 읽는데 마치 〈동물의 왕국〉과 같은 자연 다큐멘터리 한 편을 보는 듯, 글 속에 연극이 보이는 것 같았어요. 한 장면을 보고 있는 순간에도 동시에 다른 장면이 그려졌거든요.

- 이 책보다 일 년 전에 출판된 『봉주르, 뚜르』의 경우는 작가가 파리에서 살았기에 그 속에서 우리가 외면한 남북문제들을 접할 수 있었겠다 싶었는데, 『해리엇』을 읽으면서는 한 줄의 기사를 바탕으로 과학 지식으로만 접했던 갈라파고스와 다윈을 배경으로 깔고 한 권의 동화를 만들어낸 것을 보면서 작가의 상상력이 참 위대하다고 생각했어요.

- 글이 입체적이에요. 극작가라서 그런지 장면이 바뀌고 무대가 바뀔 때

시간과 공간을 뛰어넘는 장치들이 손에서 책을 못 놓게 만들어요.

- '한윤섭 작가는 책을 머리로 쓰는 작가가 아닐까?'라는 생각을 했어요. 글의 구성이 아귀가 너무 잘 맞으니까 오히려 아이의 감수성이 들어설 자리가 없다는 생각이 들었거든요. 일본 책 『은수저』나 『나의 린드그렌 선생님』을 쓴 유은실 작가의 글에서 보이는 감수성은 멋지지는 않아도 아이의 마음이 그대로 투영되어 보여서 좋았어요. 스토리를 중심으로 펼쳐가는 문장이면 문학적 감수성에 깊이 빠지기는 어렵다는 거죠.

□ **아이들의 독서 취향이 각기 다른데 한 권의 책을 다 함께 읽게 하는 것이 바른 방향인지 고민해 봐야 하지 않을까요?**

- 탐정 소설을 좋아하고 추리를 좋아하는 아이들은 『해리엇』 같은 종류의 책을 선호해요. 독서 취향이 있는 거지요. 아이들에게 자기가 좋아하는 책 제목을 다 써서 가져오게 했더니 『해리포터』가 매우 많았어요. 남자 아이들은 앞뒤 플롯이 딱딱 맞아떨어지니까 통쾌함을 느끼더군요.

- 요즘 제 고민이 그거에요. 수준이 안 맞거나 읽기 싫어하는 아이들도 있는데 같은 책을 읽히기가 다소 미안했어요. 그래서 단편집으로 정해 취향대로 골라 읽게 했지요. 2시간 동안 모둠 4명이 다른 책, 다른 단편을 읽게 했어요. 자기가 좋아하는 책을 선택할 수 있는 안목을 기르게 하는 것이 좋지 않을까요?

- 책을 함께 읽어가면서 자기 취향을 발견하게 하는 것은 어떨까요? "나는 책을 읽는 도중에 이런 부분이 불편했는데 너희들은 어땠니?"라고 물어보면 스스로의 취향을 발견하게 되지 않을까요?

- 자신이 직접 책을 선택할 수 있다면 각자 성향이 다른 책을 골라 다른 성격의 책을 읽어 보면서 다양한 독서 경험을 하게 하는 것도 좋을 것

같아요. 음식의 경우처럼 자기가 원하는 것을 고르게 하면 입맛에 맞는 것만 골라 편식하게 될 수도 있으니, 선택과 집중을 같이 하여 아이들에게 책을 고르는 법, 느끼는 법을 경험하게 하면 좋겠어요.

- 교사가 어떤 한 책을 모두에게 꼭 읽히고 싶다는 의도가 있으면 책을 읽기 전에 배경지식도 알려 주어 책을 읽고 싶게 만들고, "진짜 좋은 책인데 좀 어려워. 그래도 읽어볼래?"라고 자극하는 방법도 있어요.

- 서평 쓰기처럼 다른 시각에서 책을 이야기해 보는 것도 좋은 방법이라고 봐요. 서평에는 객관적인 책의 정보와 함께 주관적인 감상도 포함되니까 친구들의 서평을 돌아가며 읽으면 책을 이해하는 폭이 넓어지지 않을까요?

□ **작가에 따라, 또 독자마다 더 좋아하는 문장이 있고 그것을 발견하게 하면 좋겠다는 말씀이군요. 이제 등장인물에 대한 이야기를 나눠 볼까요?**

- 동화책은 일반적으로 책머리에 주인공 소개가 나와요. 그런데 이 책은 현시점의 한 장면을 보여 주고 과거로 갔다가 다시 현시점으로 돌아가요. 장면의 전환을 이끄는 인물이 원숭이 찰리예요. 그럼 원숭이 찰리가 주인공인 거지요? 그런데 제목은 『해리엇』이네요. 누가 주인공인지 헷갈려요.

- 어린 원숭이 찰리가 이야기를 끌어가지만, 백 칠십 살 거북이 해리엇이 있었기에 이 이야기가 완성될 수 있었어요. 해리엇과 같은 어른이 이 사회에 꼭 필요하니 찰리가 아닌 해리엇이 주인공이라는 생각이에요.

- 이 책을 읽으며 『야쿠바와 사자』가 떠올랐어요. 그 책에는 "스스로 고귀한 마음을 가진 어른"이라는 표현이 나와요. 이처럼 용기와 신뢰를 바탕으로 한 관계 맺음이 삶에서 가치 있는 일이고, 그런 어른의 모습을

꿈꾸며 닮고자 할 때 아름다운 세상을 만들어 갈 수 있겠다는 생각이 들어요.

- 저도 '해리엇과 같은 어른이 되어야겠구나!'라고 생각했어요. 책을 읽는 내내 나이든 지금의 내 모습과 해리엇의 행동을 자꾸 비교해 보게 되었어요. '나는 진정한 어른이 되었나? 어른 역할을 제대로 하고 있나?' 하구요.

- 찰리를 주인공으로 이야기를 진행하다가 해리엇을 중심으로 이야기가 전환되니 드라마처럼 등장인물에 따라 서로 다른 입장에서 볼 수 있었어요. 개코원숭이 스미스가 찰리를 괴롭힐 때 해리엇이 지켜 주죠. 개코원숭이는 해리엇의 도움으로 아기의 생명을 살리게 되고 변화되어요. 어른의 역할은 아이들을 성장시키고, 바르게 성장한 아이들의 힘으로 사회가 나아질 수 있다고 생각했어요.

- 비글호에서 해리엇이 제일 어렸어요. 보통 종류별로 두세 쌍의 동물을 잡아갔으나 거북은 항해 중 음식으로 쉰 마리쯤 많이 잡아갔죠. 해리엇은 거북들이 처음엔 한 마리씩 잡혀가 돌아오지 않는 이유를 몰랐다가 핀치새가 알려 주어 잡아먹혔다는 걸 알게 되어요. 가장 오래 살아남을 어린 거북을 지키기 위해 늙은 거북들이 차례로 우리 앞으로 나서요. 해리엇이 살아남아 갈라파고스로 돌아가 실상을 전하라고요. 해리엇은 어른들의 희생을 바로 거기서 배웠죠. 해리엇이 존경받는 어른이 되게 한 힘은 몸소 삶으로 보여준 어른들 덕분이에요. 저 역시도 젊은이들에게 그런 어른이 되고 싶어요.

□ **사회적으로 믿고 따라갈 어른이 부재한 시대가 되었어요. '나는 어떤 어른이 되고 싶은가?', '나는 누구와 가장 닮았나?'를 주제로 생각을 더 나눠 볼까요?**

- 해리엇을 닮고 싶어요. 해리엇처럼 늙고 해리엇처럼 죽고 싶어요. 마지막 장면에서는 눈물이 났어요. 움직일 수 없게 된 해리엇을 동물원 친구들이 밀고 가 바다에 넣어 주는 장면에서 이렇게 생을 마칠 수 있으면 보람 있는 삶이겠다는 생각을 했어요.

- 각기 캐릭터가 분명한 등장인물이 여럿 나오니까 나와 가장 닮은 등장 인물을 선택해 보고 이유를 말해 보는 것도 좋을 것 같네요. 현재의 나와 가장 닮은 인물을 찾아 성격 분석을 해 보면 나를 알아가는 데 도움이 되겠어요.

- 등장인물 중 가장 악역이 스미스인데 나는 스미스 같은 행동을 한 적은 없었는지 뒤돌아보는 활동을 아이들과 해 보면 좋겠어요. 처음부터 악인은 없는데 상황에 따라 악인이 되는 것이죠. 악역을 맡았던 스미스도 나중에 선해지는 것처럼 '저 장면에서는 왜 저런 마음을 품었을까?', '왜 그렇게 되었을까?'를 생각해 보는 것도 자기 성찰의 방법으로 괜찮을 듯해요. '나도 이럴 때는 스미스였다'는 자기 고백도 되고요.

- 해리엇의 죽음을 앞두고, 동물원에서 가장 어린 슬로로리스는, "앞으로 누구에게 이야기를 듣나요?"라고 말하며 울어요. 몸이 약해서 잠을 못 이루는 슬로로리스에게 해리엇이 찾아가서 밤새 이야기를 들려주었지요. 이야기의 힘으로 슬로로리스는 삶을 이어왔거든요. 해리엇은 "그렇다면 아가야. 오늘 내가 마지막 이야기를 들려줘야겠구나. 아주 오래된 내 이야기, 한 번도 말하지 않았던 이야기를 친구들 모두에게 오늘 밤 들려주고 싶구나." 하고 자신의 오래된 꿈, 갈라파고스 이야기를 들려주

어요. 그 장면에서 박완서의 유작인 『아가 마중』을 떠올렸어요. 할머니는 손주가 태어나면 들려줄 이야기를 쌓아두고 아가를 기다리지요. 노인이 이야기를 품는다는 건 저녁노을처럼 찬란해지는 일이에요.
- 해리엇은 죽을 때를 알고 동물원의 모든 식구에게 작별 인사를 해요. 나이가 들면 스스로 곡기를 끊고 죽음을 맞이하기도 하고, 억지로 생명을 연장하기도 하는데 존엄사에 대해서 고학년 학생들과 함께 이야기해 봐도 좋을 것 같아요.

□ **이 책이 품고 있는 주제가 크고 많아서 초등학생들이 읽고 다 소화하기가 어렵겠다는 생각이 들었어요. 한윤섭 작가는 동화책을 초등학생을 위해 썼을까요?**

- 동화는 아이들만 읽는 책이 아니라 아이들이 주인공인 책이지요. 『마당을 나온 암탉』처럼 아이들과 어른이 함께 읽도록 만들어진 책이에요. 『하룻밤』 책을 보더라도 "죽음은 삶을 다한 뒤에 오는 선물 같은 거란다."라는 표현이 있어요. 아이들이 죽음을 피할 것 같은데 실상은 이 구절에 밑줄을 쳐요. 『삼백이의 칠일장』, 『조선에서 가장 재미난 이야기꾼』, 『꼴뚜기』, 『주병국 주방장』, 『복수의 여신』, 『스갱 아저씨의 염소』 등의 동화책은 어른과 아이 모두를 감동시키는 아주 훌륭한 동화책들이죠.
- 동화책은 어른과 아이들 모두에게 자아 성찰의 기회를 주어요. 해리엇을 읽고 어른들은 '나는 해리엇처럼 좋은 어른일까?'를 생각해 보게 되고, 아이들은 좋은 어른의 모습으로 해리엇을 마음속에 품었다면 나중에 어른이 되어서도 힘든 순간에 '해리엇이라면 어떻게 했을까?'를 생각하게 되겠지요.

- 아이들의 삶과 책이 연관되는 것은 매우 중요해요. 교과서를 완전히 재 구성하여 프로젝트 수업을 할 때도 자신들의 삶과 관련될 때 열심히 집중해서 하게 되거든요.

□ **지금 한 권 깊이 읽기를 실행하고 있는 교사들에게 잊지 말라고 당부 하고 싶은 말씀이 있으신지요?**

- 한 권 깊이 읽기가 교사와 학생이 함께 자기를 발견해가는 과정이 되면 좋겠어요. 학생 활동이 중심이 되는 수업을 지향하고, 교사의 지속적 인 수업 기록을 통해 깊이 읽기 방법에 대한 고찰이 더 있어야겠어요.
- 깊이 읽기는 자신을 납득시키는 시간이에요. 책을 읽고 떠오른 질문 하 나가 자신의 삶을 바라보게 하고 변화시킬 수 있어야 해요. 책 속에서 인생의 질문을 발견하고 깊이 생각해 보는 경험이 학생과 교사 모두에 게 꼭 필요해요.
- 깊이 읽기 수업이 교사들에게 새로운 과제가 되지 않고 행복한 수업 진 화의 시간이 되기를 바라는 마음이에요.

□ **함께 읽기의 마무리로 마음에 남은 문장들을 뽑아 볼까요?**

- "내 눈을 봐야지. 친구끼리는 눈을 보고 얘기하는 거야."
- "죽음은 두려움뿐이었다. 그런데 새로운 생명으로 태어난다는 올드의 말은 멋지다는 생각이 들었다."
- "갈라파고스가 그립지만, 너희와 있는 시간이 행복했다."
- "정말 당신이 바다에 가면, 바다가 당신을 갈라파고스로 데려다주나 요? 아니, 아직도 그 약속을 지키고 싶어요? 그럼 바다로 가세요. 당신 은 충분히 그럴 자격이 있어요. 너무 오래 기다렸잖아요."

- "사람들이 우리의 땅으로 왔지만 우리는 사람들에게 맞서지 않았다. 그 곳에서는 누군가와 맞선다는 것을 배운 적이 없었으니까. 우리 눈에 비친 사람의 모습은 우리와 같은 하나의 동물일 뿐이었다. 우리는 의심하지 않고 순순히 그들이 섬에 머무는 것을 받아들였다."

- "죽은 후 자유롭게 날 수 있는 새가 되고 싶다는 여우가 찰리에게 무엇으로 다시 태어나고 싶은지 묻자, '전 사람으로 태어나고 싶어요.'라고 답하는 순간이 진화의 순간으로 보였다."

- "처음이라 쉽지 않을 거야. 그리고 외로울 거야. 난 네 마음을 안다. 하지만 걱정하지 마라. 여기는 너 혼자가 아니다. 그걸 알려 주고 싶어 온 거야. 난 네 친구다."

- "'해리엇, 고마워요.' 찰리는 마음속으로 말했다. '찰리, 고마워하지 않아도 돼. 우린 친구니까.'"

일곱 갈래 길 끝에서 무지갯빛 생각을 얻다

□ 책을 더 많이 읽게 해 줘요

어느 날, '한 학기 한 권 읽기' 수업을 하신 4학년 선생님 한 분이 이메일을 보내 왔다.

"이렇게 하는 것이 맞는지 한 번 봐 주세요."라는 제목의 메일이었다. 그분은 『찰리와 초콜릿 공장』 책으로 8차시 수업을 진행하셨다. 그리고 수업에 활용했던 학습지 8장을 함께 보냈다. 선생님은 한 권 읽기 수업을 위해 독서 전 단계에서 책 내용을 짐작하고, 상상하면서 흥미를 돋우는 활동들을 하였다. 그리고 독서 단계에서는 책 내용을 나누어 각각의 차시에 적합한 활동들을 학습지로 구안(具案)하고 마지막 독서 후 단계에서 관련 영화를 보고 느낀 점을 쓰는 것으로 수업을 마무리했다. 학습지 한 장, 한 장마다 수업 활동에 대한 고민과 노력의 흔적이 보였다.

지금 대부분의 학교 교실에서 이와 비슷한 상황이 펼쳐지리라 생각된다. 국어 시간에 '한 학기 한 권 읽기'로 우리는 무엇을 얻고자 하는가? 스스로 읽고 싶을 때 책을 꺼내어 읽는 아이들에게 지나치게 학습을 위한 독서를 강요해서 독서를 즐기는 평생 독자를 길러내는 데 소홀했다는 비판의 목소리도 있다. 초등학교에서는 책상과 의자를 밀어 놓고 아이들이 교실 바닥에 매트를 깔고 앉거나 엎드려서, 혹은 누워서 자신이 좋아하는 책을 마음껏 읽게 하는 것으로 족하지 않은가? '한 학기 한 권 읽기'는 그 과정을 통해 학생들이 책 읽기를 좋아하게 만드는 것이 핵심이다. 책 읽기를 질리게 하면 안 된다는 것이다. 그렇게 해서 아이들의 입에서 "한 학기에 한 권만 읽게 하는 것은 너무 적어요. 책을 더 많이 읽게 해 줘요."라는 말이 나오게 하면 좋겠다.

과연 그럴 수 있는 '한 학기 한 권 읽기'에 적합한 방법은 있을까? 삶의 결이 다른 교사와 환경과 수준이 다른 아이들이 책을 매개로 삶의 이야기를 나눈다. 그럴 때 수업 방법은 천차만별일 것이다. 오히려 정해진 수업 방법의 틀이 있다는 것이 더 문제 아닌가?

□ 마음의 힘을 키워줄 독서 철학 찾기

이런 질문을 가지고 수석 교사 일곱 명이 모여 각자의 독서 철학을 나눴다. 다음과 같은 토의가 이뤄졌다.

- 한 권 깊이 읽기는 초등학교 3학년부터 고등학교 3학년까지 학창시절 10년간 지속되는 큰 프로젝트에요. 자기 이해를 바탕으로 한 자기 관리 역량 강화를 시작으로 공동체 역량 기르기까지 가능한 독서가 최고의 방법이라고 생각해요.
- 책 한 권을 깊이 읽고 동료 교사들과 이야기를 나눠 보니 이미 읽었던 책이었는데 책 속의 내용이 새롭게 깨달아지더군요. 혼자 읽는 독서보

다 나누는 독서가 더 힘이 있다고 생각했어요. 아이들이 깊이 읽기, 함께 읽기를 통해 나와 세상을 들여다보고 책을 좋아하는 사람으로 커갈 수 있으면 좋겠어요.

- 우리가 먼저 깊이 읽기, 함께 읽기를 시도해 보지요.
- 책 읽기를 '어떻게 할까?'라는 방법 찾기보다는 '왜 할까?'에 생각을 먼저 두면 좋겠어요. 방법이 먼저 제시되면 왜 그것을 해야 하는지 생각하지 못하게 될 수도 있어요. 그러나 왜 하는지를 염두에 두면 어떻게 하면 좋을지가 보이게 돼요. 결국은 독서 철학이 필요하다는 것이지요.
- 우리가 가야 할 방법이나 철학은 교육 과정에 있어요. 교육 과정이 바라는 창의·융합형 인재를 양성하는 데 있어서 한 권 깊이 읽기가 어떻게 기여할 수 있는가 생각해 보기로 하죠.
- 책 읽기의 목표를 아이들의 미래 창의력 기르기에 두면 어려워질 수 있어요. 각자 독자들이 지금의 상황을 잘 들여다볼 수 있는 자기 성찰의 힘 기르기에 두면 좋겠어요.
- 책 읽기가 너무 어려워지면 안 돼요. 책을 처음 읽는 아이들도 있다는 것을 염두에 두고 아이들의 입장에서 쉽게 다가갈 수 있는 단계를 밟아가야 해요.
- 문학적 감성을 키우는 일이 중요해요. "아름다움을 보는 능력을 갖춘 사람은 늙지 않는다."는 카프카의 말처럼, 어릴 때 독서를 통해 아름다움을 느낄 수 있는 심미안을 갖추게 하면 좋겠어요.
- 우리 책의 방향을 좀 자유롭게 해 보지요. 독서 방법이 강한 사람은 방법 안내를 하고, 철학이 강한 사람은 철학 안내를 하고, 내용을 깊이 있게 들여다볼 사람은 그렇게 하고요.
- 진로 독서나 사회 과학, 자연 과학 쪽의 비문학 독서도 다루고 예술 독서도 시도해 보면 어때요?

- 우리가 먼저 읽고 이야기 나눈 책을 가지고 각 교실에서 수업에 적용해 보고, 학생들의 반응까지 기록하면 교사들에게 도움이 될 것 같아요. 그러면 학생들도 좀 더 쉽게 따라올 수 있겠지요.
- 좋아요. 책이 조금 두꺼워지더라도, 처음부터 차례대로 다 읽지 않고도 어느 부분만 읽어도 쉽고 재미있게 도움이 될 수 있도록 구성해 보기로 하지요.
- 그래요. 이 세상에 새로운 것은 아무것도 없어요. 이제까지 우리가 해 온 깊이 읽기, 함께 읽기를 어떻게 편집하고 기록할 것인가를 함께 고민해 봐요.

□ 함께 읽기

어떤 책을 함께 읽을 것인가? 교사들이 먼저 읽어 볼 책 선정에 대한 논의부터 시작하였다. 함께 나누고 싶은 각자의 관심 독서 분야가 교차하여 다양한 책의 정보를 얻을 수 있었다. 그리고 함께 책을 읽어나가면서 나에게 울림을 주는 문장을 되새겨보며 각자의 삶을 추스르게 되었다. 또한 책을 읽고 생각을 나누는 시간을 통해 함께 사는 세상을 보는 눈을 키우고 교육에 대한 그림을 새롭게 그릴 수 있었다. 서로 다름을 확인하면서 각자의 색깔이 선명해졌고, 어울림을 위해 어떤 생각과 실천이 필요한지도 알게 되었다. 책을 함께 읽음으로써 함께하는 꿈을 꾸게 되었다. 너무나도 소중한 독서 경험이었다.

□ 함께 읽기가 깊이 읽기로

교사들의 함께 읽기 경험은 아이들과 깊이 읽기 수업을 할 때, 방법보다 본질에 대해 먼저 생각하게 만들어 주었다. 다양한 교사의 책 읽기 경험으로 아이들 수준에 맞는 책, 아이들의 고민을 담은 책, 아이들과 함께 나눴으면 하는 책을 고를 수 있는 안목이 생겼다. 이런 경험은 한 권 읽기에 가장 중요한 책 선정의 자율성에 큰 도움을 주었다.

그리고 함께 읽으면서 책의 주제를 어떻게 아이들 수준에 맞게 녹여낼 수 있을지 집단지성을 이용하여 다양한 정보도 나눌 수 있었다. 그리고 간과해서는 안 되는 한 권 읽기의 본질에 대해 더 생각해 보게 되었다. 한 권 읽기의 방법은 서로 다를 수 있어도, 그 지향점은 잊지 말아야 한다. 한 권 읽기의 독서 경험이 아이들이 스스로 책을 찾아서 읽는 독서 태도로 이어지고, 책 속에서 삶의 답을 찾아가는 평생 독자의 씨앗이 되어 좋은 독서가로 자랄 수 있기 때문이다.

'한 학기 한 권 읽기'는 아이들이 자신의 독서 수준에 맞는 책을 선정하여 함께 읽고, 책과 삶의 연결고리를 찾아내어 다양하게 생각을 나누고, 서로 다름을 인정하며 자신의 색깔을 내는 것을 한 편의 글로 표현하는 과정이다. 결국은 한 권 깊이 읽기로 자신만의 삶의 무늬를 만들어가는 것이다.

아이들과 의논하여 정한 책을 긴 호흡으로 읽어 내고, 독서 중간에 나누고 싶은 생각이 있으면 머물러 이야기를 나누고, 참으로 아름답다거나 공감된다는 문학적 감성의 여운을 오래 남기기 위해 교사들의 함께 읽기가 도움이 되었다. 교사들의 함께 읽기가 아이들의 깊이 읽기로 이어졌다.

□ 일곱 갈래 다양한 독서의 길

교사들은 아이들과의 수업 교감을 즐긴다. 특히 자신이 관심 있는 영역을 더 연구하여 이를 어떻게 수업으로 나타낼까에 대한 답 찾기를 좋아한다. 문학과 국어를 전공한 교사와 과학에 관심이 많은 교사, 아이들의 진로 교육과 혁신 교육의 방향 설정에 관심이 있는 교사들이 책 한 권으로 어떻게 감성을 높이는 수업을 할 것인가에 대한 연구와 고민을 모두 풀어 놓았다.

'독서 동아리', '토론', '동시', '고전'을 문학적으로 접근하고, 사회 과학의 '비문학 도서'를 창의융합적인 측면으로 접근하여 깊이 들여다보기도 했다. '초등 진로 교육'에 관심이 큰 교사는 책으로 자기 이해와 진로 탐색에 대한 답을 찾고자 했고, 혁신 교육에 앞장서 온 교사는 발도르프 이론을 바탕으로 아이들의 발달에 맞는 책을 골라 '예술 수업'으로 꽃피워냈다.

이렇게 하여 일곱 갈래의 '한 학기 한 권 함께 읽기, 깊이 읽기'의 여정이 그려졌다. 각자 길은 달랐지만, 그 길의 끝에서 아이들은 무지갯빛 아름다운 생각을 펼쳐내고 생각과 생각이 어우러져 더 넓은 세상을 향해 무한히 펼쳐지는 파노라마를 보여 주었다.

□ 자유로운 한 학기 한 권 읽기

오늘도 교직을 천직으로 여기며 오로지 아이들과 하는 수업과 수업 개선에 몰입하는 수많은 교사들께 이 책을 드리고 싶다. 책 한 권 읽기를 이렇게도 할 수 있음을 알게 된다면 각자의 관심과 개성을 살려 자신감과 기쁨을 가지고 아이들 앞에 설 수 있으리라 믿는다. 이제 '한 학기 한 권 읽

기'에서 '한 학기 한 권 함께 읽기, 깊이 읽기'로 발전해야 할 시기에 이 책이
여러 선생님과 학부모님들께 작은 도움이 된다면 더없이 기쁠 것이다.

교사들의 깊이 읽기와 아이들과 함께 읽기로 교육 과정 속의 '한 학기 한
권 읽기' 독서 수업에서 자유로워지길 바란다.